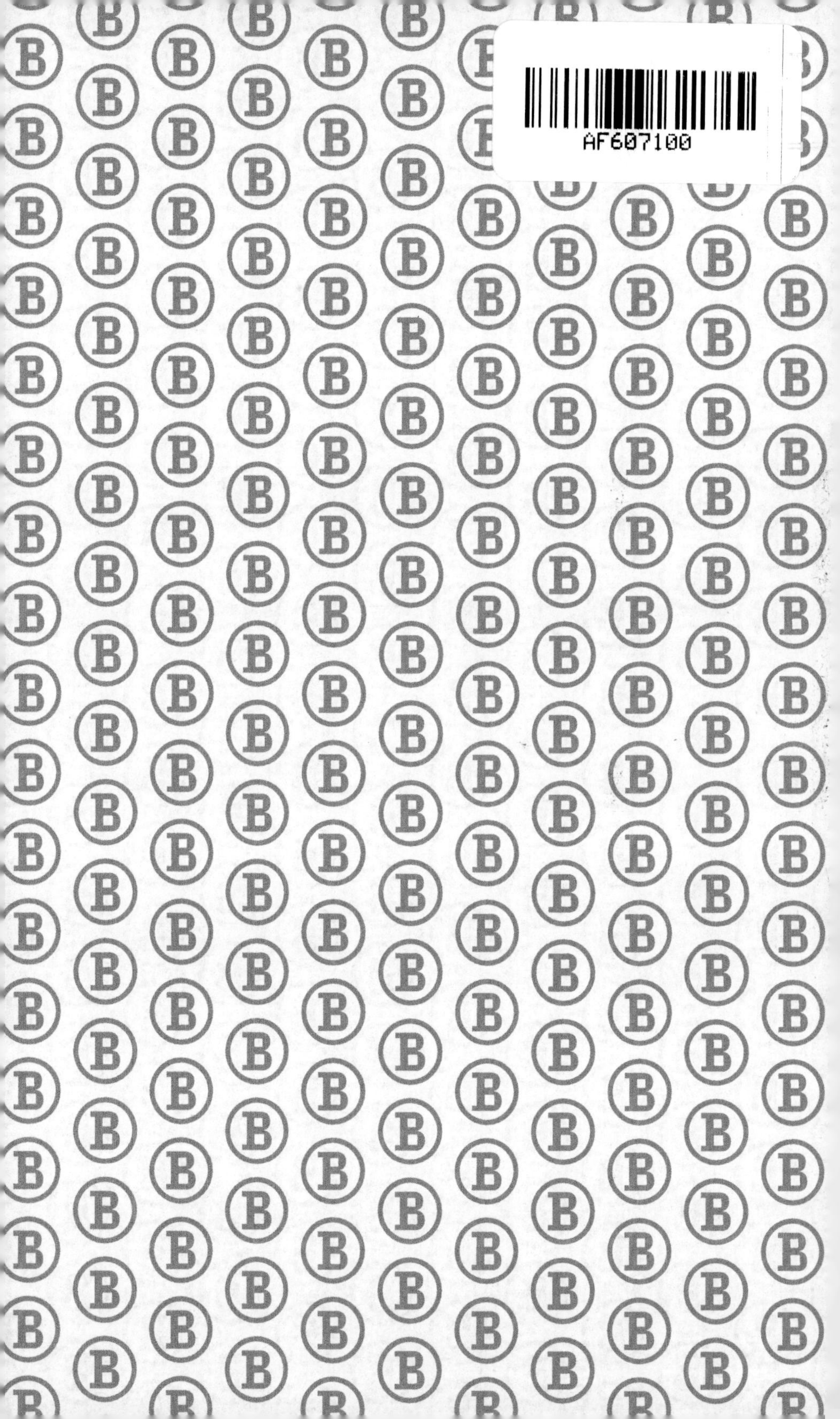
AF607100

Brutalidad de plataforma

BELLATERRA EDICIONS | SERIE GENERAL UNIVERSITARIA | 363

GEERT LOVINK

Brutalidad de plataforma

Cómo acabar con la toxicidad de internet

TRADUCCIÓN DE DAMIÁN QUEIROLO

Diseño de la colección: Dani Rabaza (Münster Studio)

Diseño original: Joaquín Monclús

Ilustración de cubierta: Dani Rabaza

Título: *Brutalidad de plataforma. Cómo acabar con la toxicidad de internet*

Título original: *Platform Brutality. Closing Down Internet Toxicity*

KULT COOP

Bellaterra Edicions (Cultura21, SCCL)
C. de la Foneria, 5-7, bajos, 08243 Manresa
www.bellaterra.coop

ISBN: 979-13-87639-64-8

Depósito Legal: B 6378-2026

Impreso por Arcángel Maggio en Sant Esteve Sesrovires

Índice

Agradecimientos

Brutalidad de plataforma, el octavo volumen de la serie sobre culturas críticas de internet, es el último trabajo realizado en la Universidad de Ciencias Aplicadas de Ámsterdam (HvA), donde el Institute of Network Cultures (INC) se fundó en 2004. El tiempo dirá cómo continuará el INC como entidad independiente tras mi jubilación (obligatoria) en 2026 (motivo de estos extensos agradecimientos). Al igual que las crónicas anteriores, *Brutalidad de plataforma* es fruto de numerosas colaboraciones, empezando por las de mis compañeros de equipo Chloë Arkenbout, Sepp Eckenhaussen y Tommaso Campagna. Les agradezco su apoyo.

En esta ocasión quiero mencionar a los investigadores asociados con los que trabajamos en el INC en los últimos años. Quiero agradecerles por los inspiradores intercambios y colaboraciones, a menudo continuos. En particular, Nancy Mauro-Flude, Maisa Imamović, Morgane Billuart, Letizia Chiappini, Conny Tzu Lin, Antonia Hernández, Jordi Viader Guerrero, Georgiana Cojocaru, Gianmarco Cristofari, Victor Chaix, Giulia Timis, Ezequiel Soriano, Diana Millán, Kate Babin, Klara Debeljak, Ray Dolsay, Agnieszka Antkowiak, Dunja Nešović y Rubén Stoffelen. Son vitales las conversaciones con amigos: Mieke Gerritzen, Marleen Stikker, Jo van der Spek, Emilie Randoe, Ward Janssen, Erin La Cour, David Gauthier, Marc Tuters, incluidos Peter Lunenfeld y Michael Dieter, que no están con nosotros en la NL.

El INC agradece la oportunidad de seguir colaborando con sus antiguos compañeros de equipo: Sabine Niederer, Silvio Lorusso, Patricia de Vries, Miriam Rasch e Inte Gloerich. Tras dos décadas, el INC no solo se ha convertido en un espacio dinámico, sino en una próspera red internacional, trascendiendo su enfoque inicial centrado en temas específicos como las búsquedas, Wikipedia, el vídeo en línea, las criptomonedas o la precariedad en el arte y el diseño.

Las ideas se pusieron a prueba en diferentes lugares. Mi primer viaje al extranjero tras la pandemia fue en enero de 2023, cuando impartí clases en CalArts (gracias a Andrew Culp) y en varias instituciones de Ciudad de México (con la meticulosa organización de Paz Sastre). Un sorprendente capítulo posterior en mis experiencias por Europa del Este fue Polonia, que comenzó en Varsovia en junio de 2022, seguida de tres visitas a Cracovia (que dieron como resultado el capítulo 11, «Publicaciones expandidas y la red de arte en *streaming*»), para luego impartir clases en Poznan y participar en una conferencia en Białystok en septiembre de 2024. En 2023, en el Festival Impakt de Utrecht, colaboré con Dasha Ilina (lo que dio como resultado el capítulo 6, «Mitologías de los *smartphones*»).

Tuve la fortuna de presentar material en clases durante una residencia en abril de 2024 en Paris8, facilitada por Yves Citton, donde colaboré con Vincent Puig/IRI, Anne Alombert, Igor Galligo y Victor Chaix. Berlín fue, es y será mi hogar intelectual, gracias a los intercambios que allí mantuve con Pit Schultz, Stefan Heidenreich, Andreas Kallfelz, Wolfgang Staehle, Alex Karschnia, Cade Diehm, Anna-Verena Nosthoff e innumerables amigos, tanto nuevos como de siempre. Para mí, el periodo posterior a la covid-19 también estuvo marcado por mi regreso a la Universidad de Ámsterdam, esta vez como profesor honorífico de historia del arte (un día a la semana, gracias a Mia Lerm Hayes), impartiendo una asignatura optativa anual de máster sobre arte y culturas en red y dirigiendo tesis. También quiero mencionar a los investigadores de doctorado con quienes tengo la suerte de trabajar, Rosa Menkman, Eke Rebergen, Martina Raponi y Alex Zakkas.

El libro se terminó en dos sesiones intensivas. Agradezco a Denise Thwaites, quien gestionó una residencia en la Universidad de Canberra en noviembre de 2024, en cuyo contexto organizamos la conferencia de un día «Platform Blues». Las siguientes semanas las pasé en Hangar, Barcelona, gracias a Joana Moll y Anna Manubens. La primera conferencia de Internet Core tuvo lugar en Barcelona en abril de 2025, organizada conjuntamente con los investigadores del INC, Ezequiel Soriano y Diana Millán, durante esta residencia. Ese mismo mes, tuve el honor de inaugurar el año académico en la Universidad de Costa Rica, donde presenté por primera vez mi tesis sobre la brutalidad.

Mi apasionada participación, mis amistades y colaboraciones en Italia, en particular con mi compañera Donatella Della Ratta en la JCU de Roma, merecen una mención aparte. Mi salida de la oscuridad de la covid-19 fue una residencia en abril de 2022 en la Universidad de Bolonia, gracias a la labor de Annalisa Pelizza. Los intercambios intelectuales con la editorial Nero, Tiziana Terranova y Vito Campanelli en Nápoles, sobre soberanía de datos con Isabella de Vito y los becarios del INC, Gianmarco Cristofari y Francesco Barchiesi, han sido muy valiosos. Asimismo, formar parte de la comunidad Reclaim the Tech, a cuyo encuentro de mayo de 2024 asistí, ha sido muy especial. Me gustaría dedicar este libro a mi maestro de la desesperación, Franco Berardi.

En los capítulos se menciona a quienes contribuyeron a ellos. Una excepción es mi amigo de Sídney, Ned Rossiter, quien me ha acompañado en todo esto desde 2001. Además de nuestros frecuentes intercambios y sus comentarios en muchos de los capítulos, destaca su coautoría en el capítulo sobre computación onírica. En Berlín, trabajamos en dos ocasiones en un libro en proceso sobre este tema inspirador que genera un aluvión de ideas; una colaboración que esperamos concluir algún día. Por ahora, aquí les presento mi primera versión de este material.

La corrección de estilo estuvo a cargo de Grammarly y Chloë Arkenbout. Les agradezco enormemente su dedicación. Tripta Chandola también contribuyó con su aportación editorial. Este libro no habría sido posible sin la entusiasta aprobación de Astrid Vosterman en Valiz Publishers y del equipo que se encargó de la edición y producción. Un agradecimiento eterno al amor de mi vida, Linda, y a nuestro diseñador de sonido y observador, DJ Kazimir, quien fue una gran inspiración para esta serie que comenzó el mismo día de su nacimiento en enero de 2002 con *Dark Fiber*.

Ámsterdam, mayo de 2025

Introducción
De la crítica radical al abandono de las redes sociales

«Solo percibimos el 3 % de la realidad y es demasiado». Melissa Broder / «Tu peor pecado es que te has destruido y te has traicionado por nada». Fiódor Dostoievski / «¿Por qué me siento tan mal en el corazón? ¿Por qué me siento tan mal en el alma?». Moby / «Cuando los crímenes proliferan, se hacen invisibles». Bertolt Brecht / «Maravilloso. Tienes un reloj, pero nosotros somos dueños del tiempo». Dicho / «Ser demasiado y luego arrepentirse es gótico». So Sad Today: «La depresión es reconocer la destrucción de lo sagrado». DS / «Estoy codificado». Camiseta / «Wir haben es nicht gesucht, Netzkritik für die Eingekreisten» (título de un libro) / «Si todo esto te parece estúpido, tienes razón. Pero vivimos en tiempos extravagantemente estúpidos. Los payasos están al mando». Christopher Woody / «Todos están en otro lugar». Moses Dobruška / «La única salvación posible es el olvido. Me gustaría poder olvidarlo todo, olvidarme a mí mismo y olvidar el mundo entero». Emil Cioran / «Nada cambiará mi mundo». John Lennon

Estás completamente inmerso. Cuando los comentarios fluyen por tus venas, los videos rodean tu cerebro y los símbolos estrangulan tus nervios, te das cuenta de que el alma está destrozada. Alejado de tu perfil inflado, todos los selfis duelen. Paralizado por las noticias, tus estados mentales comienzan a mezclarse y la rabia ha vuelto. No hay más que desprecio. Revisaste los fundamentos, y te sientes miserable después de comprar lo que es tendencia en la Clearnet. Estás «respirando suavemente bajo el peso del vacío», como lo expresa Keke. Hay una necesidad de tener suerte de una manera que ya no es posible. Asegúrate de que nadie vuelva a tener acceso *root* a ti. El meme de «esto está bien» aparece en tu sueño. Entonces Milk Road te calma: «Si el gráfico se ve mal, aleja el zum hasta que no lo esté».

«No nos falta conocimiento. Lo que falta es el valor para entender lo que sabemos y sacar conclusiones». Así concluye Sven Lindqvist su libro *Exterminad a todos los salvajes*, y en esta situación se encuentra actualmente el proyecto Internet Criticism (iniciado en 1994). La evidencia es clara y el Efecto Jonathan Haidt[1], las implicaciones a largo plazo de la Gran Reconfiguración de la Generación Ansiosa, se ha hecho visible en todas partes. Sin embargo, al igual que el «agotamiento de los datos climáticos», las urgentes reflexiones de Haidt siguen siendo meros datos sociomédicos sin consecuencias. En fin. La reciente acogida en la literatura alarmista no está a la altura de la magnitud del problema.

Los síntomas son persistentes mientras las alternativas permanecen fuera de alcance. El deseo falta; lo que queda es el miedo. Clasificar el *smartphone* como un «bloqueador de experiencias» no basta como advertencia. El entumecimiento y la indiferencia son graves. Quieres un cambio y te preguntas de dónde podría venir. Tu teléfono es la razón por la que no te sientes *sexy*, explica Catherine Shannon.

> Nuestros teléfonos no solo nos sacan de nuestros cuerpos, sino que se han convertido en una especie de segundo cerebro, de segundo cuerpo. No tienes que recordar algo si puedes grabarlo, fotografiarlo o escribirlo en tu aplicación de notas. No tienes que verte bien en persona si te ves bien en Instagram. Nuestros teléfonos no solo vacían nuestro verdadero yo, sino que están empezando a reemplazarnos.

Sin duda. Sin embargo, ¿por qué esta verdad ya no deja huella? Solo nos quedan las redes sociales tradicionales sin un futuro prometedor. La IA integrada solo empeora las cosas. Ya no quiero aprender más ni aceptar nada. El impacto de las redes sociales ha alcanzado niveles de banalidad: «Si comes una hamburguesa todos los días, engordarás. Si navegas por tonterías todos los días, te volverás estúpido» (BigSky). Si estar en línea tan solo se percibiera como un riesgo para nuestro estilo

1 Haidt enfatiza el auge de un «trastorno internalizante» inducido por el uso de *smartphones*. «Se trata de trastornos que hacen que la persona sienta una fuerte angustia y experimente los síntomas por dentro. La persona que padece un trastorno interiorizado siente emociones como la ansiedad, el miedo, la tristeza y la desesperanza. Rumian. A menudo dejan de hacer vida social» (Haidt, 2024: 36). Si bien Haidt recopiló datos sobre la infancia, los resultados pueden interpretarse como un reflejo de la sociedad en general, dominada por «la sobreprotección en el mundo real y la desprotección en el mundo virtual» (*ibid.*: 18), lo que provoca «privación social, falta de sueño, fragmentación de la atención y adicción» (*ibid.*: 21).

de vida. A pesar de los llamados a un Xodus, los *normies* están estancados, paralizados e incapaces de seguir adelante. El *Whole Earth Catalog*[2] para la década de 2020 aún no ha salido. Lo que encontramos, en cambio, es un estado mental de Xanax[3], un estado interminable de imperfección, microdosis de buenos consejos. A esta situación se la denomina «chica malcriada», como explica Charli XCX: «La chica que es un poco desordenada y a veces dice tonterías, que se siente como es, pero luego puede que tenga una crisis nerviosa, aunque la supera. Es honesta, directa y un poco volátil. Eso es una chica malcriada».

Sin un cambio de paradigma a la vista, los acontecimientos llegan de otras partes, surgiendo a un ritmo implacable. «Estuvimos más abajo durante más tiempo. Luego estuvimos más arriba durante más tiempo. Ahora vamos a estar más equivocados durante más tiempo», observa Michael Every. ¿Qué se siente al estar equivocado cuando sabes que tienes razón? En palabras de Michel Houellebecq: «Desarrolla en ti un profundo resentimiento hacia la vida [...]. Arruínate la vida, pero no mucho [...]. Sé abyecto y serás auténtico [...]. Cuando provoques en los demás una mezcla de pena horrorizada y desprecio, sabrás que vas por buen camino»[4].

«No puedo creer que ya estemos en la época de la Tercera Guerra Mundial... Todavía tengo el decorado de la pandemia». Un meme al estilo de los años cincuenta que capta el espíritu aceleracionista de este octavo volumen de mis crónicas críticas sobre la cultura de internet. *Brutalidad de plataforma* abarca el período liminal pos-covid, desde principios de 2022 hasta principios de 2025, dominado por la invasión rusa a gran escala de Ucrania y la guerra entre Israel-Estados Unidos y los aliados de Irán, Hamás y Hezbolá, que culminó con la destrucción de Gaza, con más de 75 000 palestinos asesinados por las Fuerzas de Defensa de Israel (FDI), cifra que sigue aumentando. El manuscrito ya estaba tomando forma cuando, durante los primeros meses turbulentos de la segunda administración Trump, la política mundial y el comercio global se pusieron patas arriba.

2 El *Whole Earth Catalog* fue una revista contracultural estadounidense de finales de los años sesenta y principios de los setenta que ofrecía «acceso a herramientas» para la autosuficiencia, estilos de vida alternativos y conciencia ecológica [N. del T.].

3 Medicamento benzodiacepínico que trata la ansiedad y los ataques de pánico [N. del T.].

4 Citadel de <https://www.newstatesman.com/ideas/2024/09/michel-houellebecqs-material-hell>.

Un análisis crítico de la traición de Silicon Valley y las incursiones políticas de extrema derecha de Musk tendrán que esperar a un próximo libro. Lee *Brutalidad de plataforma* como un relato sombrío de su preparación, ya que es demasiado pronto para un análisis exhaustivo de Trump II (ni siquiera para un *Abgrundrisse*). El período pos-covid fue dominado por una mezcla de catástrofes climáticas, guerra, inflación, colapso de la atención e ideofobia. Tomemos como ejemplo el caso del PVV, partido de extrema derecha de Geert Wilders, en el Gobierno, que se convirtió en el partido político más grande de los Países Bajos, donde el propio Wilders actúa como el líder de la oposición más vocal en el parlamento, atacando a sus propios ministros, mientras se presenta como una fuerza moderada: un ejemplo escalofriante de la «Orbanización de Europa»[5].

En los últimos años, el aspecto técnico de internet ha permanecido en silencio, a medida que la «red de redes» se infiltraba en las bases de los servicios públicos, como los cables y los centros de datos, con las búsquedas sustituidas por la IA y la WWW por las aplicaciones de redes sociales, sumado al auge constante de las criptomonedas. Todo esto me llevó a cuestionar si debía dar por finalizado mi autoproclamado rol de crítico de internet. El «campo» echaba mucho de menos fenómenos anómalos no identificados. Los problemas se han identificado y abordado hace años y están a punto de desaparecer. La teoría solo podía cartografiar la cultura de la repetición y la regresión. Bernard Stiegler describió esto como «miseria simbólica», una situación que conduce a la destrucción estructural del deseo. El universo nos ignora. El daño mental que pagan principalmente los jóvenes y la persistencia de la cuestión de las redes sociales, un medio utilizado por 5400 millones de personas, siga sin resolverse, me motivaron a seguir confrontando la miseria psíquica que «nuestro» medio creó. Subirse al carro de la IA me pareció una traición. Slavoj Žižek me enseñó a aceptar las causas perdidas cuando lo digital se vuelve violento. No es atractivo abordar las causas profundas del «arcoíris» de estados mentales inducidos por la tecnología, desde las formas leves de tristeza, soledad, ansiedad y rabia, hasta los síntomas graves como la depresión, las autolesiones y el suicidio. ¿Por qué los gigantes tecnológicos tuvieron la arrogancia de vengarse de sus usuarios?

5 El término fue mencionado en el anuncio de un evento de abril de 2025 en Disruption Lab en Berlín, en <https://www.disruptionlab.org/event/illiberal-realities>.

Sorprendentemente, a pesar de la falta de subvenciones locales, nacionales y de la UE que aborden explícitamente la cuestión de internet desde una perspectiva crítica, la voluntad (colectiva) de investigar, reflexionar y criticar demostró ser más fuerte que nunca. Por ejemplo, podemos reescribir la historia de la IA de Matteo Pasquinelli, *The Eye of the Master* (2023), para que sus valiosas ideas sean útiles en el contexto de internet, y reemplacemos «inteligencia artificial» por «redes sociales». Su libro es un llamado a la autonomía y la autoorganización, estamos de acuerdo. ¿Cómo deberían ser las organizaciones sociales, que hoy son de naturaleza técnica? La pregunta va más allá de la organización del conocimiento. Convengamos con Pasquinelli en que «las relaciones sociales, y en particular la cooperación laboral, son los «motores» del desarrollo técnico y político» (2023: 93). En este sentido, las redes sociales son la forma en que los trabajadores colectivos se conectan entre sí. Además de enfatizar la IA, debemos hablar aquí de la automatización de las relaciones sociales y el bienestar mental.

No podemos reducir la «cuestión de las máquinas» a la producción de trabajo y conocimiento. Tomando una variante de Pasquinelli, al confrontar la epistemología de las redes sociales y su régimen de extractivismo del conocimiento, es necesario desarrollar una mentalidad técnica diferente, una «contrainteligencia» colectiva (2023: 253). La idea clave se centra *a priori* en lo social, es decir, «la capacidad innata de moldear y captar la cooperación social». Esta no es solo tarea del aprendizaje automático, sino también de las redes sociales. A diferencia del sobrevalorado contexto de la IA, que carece de hipótesis externalistas, la investigación crítica de las redes sociales necesita más lecturas tecnodeterministas, no menos. Ya hay suficiente palabrería de marketing basada en datos. Si bien es interesante, como escribe Pasquinelli, que «el diseño de las máquinas de información respondiera a las formas de interacción social en general», no es difícil observar que las redes sociales crearon una nueva forma de tecnosocialidad, y no al revés, por mucho que nos gustaría que así fuese. ¿Estamos sobrevalorando a las primeras comunidades descentralizadas de la red si decimos que el gigante de mil millones de usuarios se creó en respuesta a los adorables rizomas?

Aunque parezca extraño, con la «democratización» de las herramientas de comunicación, la autoorganización se vuelve cada vez más difícil. Lo que está a un clic de distancia es lo más difícil de alcanzar. Al igual que en la ola de automatización de los años setenta, la atención se centra ahora en un mayor aislamiento del individuo-usuario-trabajador.

Los obstáculos para identificarse con los demás, unirse y actuar son cada vez mayores. Esta no era la intención original de la cibernética. Pasquinelli describe bien el componente de conocimiento de su agenda, pero no aborda cómo los «autómatas pensantes» producen lo social. El problema es que, a estas alturas, sabemos que no lo hacen. Aíslan a los usuarios, quienes tienen que «reconectar» a nivel simbólico dándole al «me gusta», suscribiéndose, siguiendo y haciéndose amigos. Los algoritmos entonces producen lo tecnosocial y lo presentan a los usuarios aislados como recomendación, atención y conexión. Todos estos son entornos programables. Lo cual significa que se pueden cambiar. Y es clave aquí la «soberanía del código». Quienes puedan codificarlo y escalarlo en una infraestructura general podrán definir y mantener lo social.

La pregunta aquí es, ¿quién instigará estos experimentos? ¿Y quién los debatirá? Desafortunadamente, debido a su propio *Seinvergessenheit* [olvido del ser], la disciplina sociológica no ha podido asumir esta tarea, como lo ilustra el hecho de que ha ignorado la pregunta planteada anteriormente: ¿qué es lo social en las redes sociales? Una «teoría tecnosocial» podría hacerlo. Ya no existe una forma pura o natural de lo social. Por eso Baudrillard escribió sobre la implosión de lo social en los medios, allá por 1972, precisamente en el momento de la triple crisis (el marxismo, el imperio soviético y el estado de bienestar occidental) y la llegada del neoliberalismo. Un choque paradigmático para llegar a una transformación disruptiva de la era industrial a la era de la información. Desde entonces, todas las relaciones sociales se han visto como mediadas y técnicas. La «cuestión social» ya no trataba sobre la pobreza, la explotación, las condiciones laborales o la lucha de clases, sino que abordaba el modo de producción técnico de lo social mismo.

¿Qué es lo social entonces? Una fuente de inspiración a la que recurro constantemente es un clásico desconocido: *The Rise of Social Theory*, de Johan Heilbron. Fue traducido del holandés y publicado en 1995, basado en su tesis doctoral de 1990 titulado *The Origin of Sociology* (supervisado por Johan Goudsblom, conocido por sus obras *Nihilism and Culture* y *Fuego y civilización*, con aportaciones de Pierre Bourdieu). Si la sociología alguna vez giró en torno a la gestión de la «cuestión social», por la misma época, consideré que mi tarea era reelaborar la «cuestión de los (nuevos) medios» y definir los términos fundamentales de la «crítica de la red». Si los pensadores autonomistas italianos, desde Negri pasando por Berardi hasta Terranova y Pasquinelli, insisten en lo social como un impulso primordial que dirige la historia y la tecnología

–algo que comparto–, es aún más importante aplicar estas ideas a las redes sociales y las plataformas en general.

Heilbron aborda los orígenes de «lo social», al igual que Foucault lo hizo en otros campos. Prefiero este giro: hablar de la «teoría social» como género intelectual, sin reducirla a la historia de la sociología. El nacimiento de lo social y su término afín, la sociedad, no supone una ruptura con la teología y el pensamiento político[6]. En el siglo XVIII, «las estructuras sociales ya no se percibían a la luz de la Caída del Hombre o la Divina Providencia, sino como un asunto de seres humanos». En la literatura moral de sus fundadores franceses, el concepto de sociabilidad desempeñó un papel clave, un término que «se entrelazaba con la etiqueta y los modales, así como con los tratados sobre la conducta humana en grupos más pequeños» (Heilbron, 1995: 9). Las teorías proporcionaron una perspectiva sobre la conducta humana y el significado de prácticas y costumbres que estaban fuera del alcance de la Iglesia y el Estado. Según Heilbron, la teoría social surgió de los esfuerzos por integrar los microanálisis con las macroteorías. El objetivo aquí es similar. Necesitamos una teoría social del siglo XXI (y, con mi deformación profesional, la interpreto, por supuesto, como «teoría de las redes sociales») que sea a la vez técnica e imaginaria, metaempírica y, sin olvidarlo, crítica. ¿Cómo moldeamos el *esprit général*, la «conciencia colectiva», por usar un término de Durkheim?

La siguiente cita resume el estado de ánimo en 2024:

> La basura de la IA ha consumido Facebook, está agotando a los editores de Wikipedia, está destruyendo rápidamente las búsquedas de Google, probablemente ha añadido un dedo más a la balanza de la influencia electoral, es confusa, molesta, roba sin cesar a los creadores y probablemente acabe en el cine que tienes cerca antes de lo que piensas[7].

6 Según Heilbron, Rousseau fue el primero en usar «social» como adjetivo para *société*. Fue el primero en emplear ambos términos como conceptos clave y razonó explícitamente sobre las relaciones «sociales». La noción de «matemática social» de Condorcet, de 1785, puede interpretarse como la primera propuesta para calcular los vínculos sociales, que culminó con la datificación de las redes sociales de internet a principios de la década de 2000 bajo la guía de la ciencia de redes. Véase Heilbron (1995), p. 88.

7 Cole, Samantha (2024), «Happy Slopness», *404* [boletín], 24 de diciembre.

También fue el mismo año en que la palabra «podredumbre cerebral» fue elegida como la palabra del año[8]. El término advierte contra la devaluación de las ideas complejas en favor de las simples debido al contenido de baja calidad y escaso valor que se encuentra en las redes sociales e internet. «Sabes que tienes podredumbre cerebral cuando tu vida en línea no contribuye en nada a tu vida cuando estás desconectado y viceversa», dijo Michelle Santiago Cortés en *Dirt*[9].

La tierra prometida de la nostalgia de las plataformas nos espera, en sintonía con las vibras *retro* y *vintage*. Versiones antiguas de Instagram, Snapchat y TikTok emergen en tus sueños. El aburrimiento de años pasados era real; las redes sociales no eran más que un pasatiempo en las paradas de autobús. Hacer *scroll* por los videos destacados de amigos inducía una sensación de inutilidad. Tu vida definitivamente no era tan interesante como la suya. La compulsión de seguir mirando sigue ahí, en lo más profundo de ti, aunque hayas pasado página años después. ¿Qué sucede cuando estás pegado a la misma vieja aplicación durante demasiado tiempo en una economía política que Anna Kornbluh llama «capitalismo demasiado tardío»? Llegamos demasiado tarde. Aun así, todo continúa como antes, hasta que se derrumba, si es que alguna vez lo hace. Sin embargo, según Sven Lütticken (2025), «el verdadero desastre es la aparente falta de opciones, o la reducción de formas e historias potenciales a un conjunto limitado de posibilidades abstractas, que luego se transcodifican en probabilidades estadísticas».

Ay, el verano de los malcriados. ¿Ya pasó, incluso cuando la gente se aferra a él y lo revive? El momento de autoaceptación desordenada e imperfecta pasó sin previo aviso. «En lugar de las experiencias divertidas y fáciles que se anuncian en las plataformas de deslizamiento», Treena Orchard descubrió en su libro sobre citas que en realidad se trata de «mantenimiento interminable, *ghosting*, momentos fugaces de conexión sexual y un flujo constante de misoginia»[10]. Los sistemas frágiles y complejos necesitan de un mantenimiento constante. Un *plug-in* sin actualizar y el sitio web dejó de funcionar. Un agujero de seguridad y estás hackeado. Aquí hay un doble vínculo: el usuario de la plataforma no puede salir de esta situación paradójica. Es imposible abordar el

8 <https://corp.oup.com/news/brain-rot-named-oxford-word-of-the-year-2024/>.
9 Cortés, Michelle Santiago (2024), *Dirt* [boletín], 4 de diciembre.
10 <https://bookshop.org/p/books/sticky-sexy-sad-swipe-culture-and-the-darker-side-of-dating-apps-treena-orchard/20660205?ean=9781487549305>

conflicto interno sin enfrentar consecuencias negativas como el aislamiento social y la pérdida de reputación. Un informe de la CNN lo expresó así: «Facebook está lleno de basura de IA. X está lleno de "librepensadores" que difunden conspiraciones. Los resultados de búsqueda de Google nos incitan a comer piedras. Cada vez más, da la sensación de que internet se hubiese estropeado. Hay una teoría cada vez más popular sobre el porqué: la "enmierdización"»[11]. Agradezco a Cory Doctorow, quien acuñó este término para describir la forma consolidada de languidecimiento en la que se encuentra internet.

La indignación pública crece por los servicios que ya no funcionan. Tras un largo periodo de desconocimiento generalizado, la opinión pública en internet finalmente ha cambiado (demasiado rápido para plasmarla ahora mismo en un libro). La atención no se centra solo en el poder de los gigantes tecnológicos, sino también en las experiencias de usuario deficientes y su impacto real en la vida cotidiana. En lugar de la nostalgia de los años noventa por Telnet, las listas de correo electrónico, los chats IRC y los foros, la gente anhela menos complejidad; quiere volver a la época en que las plataformas funcionaban. «La Búsqueda de Google solía funcionar. Facebook te mostraba publicaciones de la gente a la que seguías. Uber era más barato que un taxi y pagaba al conductor más de lo que ganaba un taxista» (Cory Doctorow en X). El dicho popular actual es que «nadie ha sido despedido por usar Google». Esta es una variación del antiguo «Nadie ha sido despedido por comprar un IBM, pero deberían». Según Edward Zitron, el director ejecutivo de Google, Sundar Pichai, trabajó activamente para «empeorar Google y que la empresa ganara más dinero». Esto es lo que Zitron llama la «Economía de la Podredumbre». Esta «mentalidad ilógica y destructora de productos convierte los productos que amas en herramientas tortuosas y frustrantes que te obligan a luchar contra las intenciones de la empresa para obtener el servicio que deseas»[12]. Es un mundo que sufre lo que Peter Lamborn Wilson llamó «tecnopatocracia», una vida gobernada por máquinas enfermas o, alternativamente, por el mal gobierno de las máquinas[13].

Todo esto está impulsado por un movimiento que algunos en Francia llaman «tecnopopulismo». Si bien el componente populista de su política

11 <https://edition.cnn.com/2025/01/13/business/enshittification-internet-meta-nightcap/index.html>
12 <https://www.wheresyoured.at/the-men-who-killed-google/>.
13 <https://world-information.net/video-civilization-technology-and-consciousness/>.

puede ser ampliamente conocido (antiinmigrantes, victimización), el componente tecnológico lo es menos. A diario, se producen casos de «manipulación» secreta y encubierta de algoritmos de redes sociales que sorprenden a la «opinión pública» liberal occidental, en particular en vísperas de las elecciones. Comparto la explicación de Wolfgang Streeck (2022):

> El tecnopopulismo nos aconseja entregar el Gobierno a expertos independientes que no estén corrompidos por la política del pasado ni tengan compromisos personales o ideológicos con los partidos políticos tradicionales. La formulación de políticas se redefine como resolución de problemas, evitando tanto las deficiencias técnicas como las divisiones sociales asociadas a la democracia parlamentaria. A medida que la política populista restaura la unidad del pueblo, esa unidad permite que la tecnocracia sirva al pueblo resolviendo sus problemas.

Desde esta perspectiva, Silicon Valley se considera una de estas fuerzas independientes. En lugar de enfatizar la ideología radical de derechas de los tecnólogos, la naturaleza racista de sus algoritmos y la forma en que el código genera miles de millones en lugar de redistribuir la riqueza, Silicon Valley se sigue presentando como una voz neutral, el tecnosolucionismo como el que siempre se ha querido presentar.

El estado de suspensión que antes describí como «estancamiento» también lo capta Venkatesh Rao en un ensayo en línea titulado *A Dreaming World*. Resumí su esencia:

> Vivimos un período liminal y onírico de la historia mundial, marcado por una tenuidad psicohistórica. Lo extraño de los últimos años es que la atmósfera general se ha cargado de energías que parecen capaces de generar tendencias, pero no lo hacen. La energía no tiene una dirección específica hacia dónde fluir. Se disipa como una nube en expansión de comportamiento cultural energizado, sobrealimentado y sobresaturado que, curiosamente, permanece sin impactar (Rao, 2022).

¿Con qué luchan los trabajadores culturales del siglo XXI tras el vaciamiento del nihilismo liberal? La organización de arte de nuevos medios Set-Up, con sede en Utrecht, intenta dar una respuesta:

> Aunque los gigantes tecnológicos parecen más grandes y poderosos que nunca, nos preguntamos si nuestra característica mezcla de ironía,

> humor y crítica sigue siendo apropiada para los tiempos que corren. Vivimos en una era de desapego irónico. Todo lo que antes era significativo –estudiar, trabajar, las relaciones, la religión– se aborda con sarcasmo o apatía. Pero ¿cómo se logra un impacto en un mundo donde todo se convierte en una broma sin sentido?[14]

Como afirmó Munther Isaac, «la insensibilidad es una traición a la humanidad».

El implacable aluvión de crisis, guerras y desastres no ha propiciado la acción colectiva ni la revolución ni el «cambio», sino que, sorprendentemente, ha provocado un prolongado estado de entumecimiento. Para Rao, TikTok simboliza «estados de ánimo fugaces que corresponden a una indecisión soñadora en procesos históricos. Bajo el control de la tecnohipnosis, el mundo duerme, pero sueña activamente. A menudo, sueña con fiebre. El cuerpo político del mundo se encuentra en el *rigor mortis* del sueño REM. No puede actuar para liberar la energía acumulada». En su conclusión, Rao reúne varios capítulos de este libro: «El mundo duerme y sueña. Puede que no despierte durante un tiempo, en cuyo caso estaríamos en coma: una Edad Oscura».

¿Por qué ninguna de las regulaciones y alternativas están ni remotamente vigentes y aún se presentan como ideas completamente nuevas? Los representantes habituales de la UE en Bruselas siguen apostando por las multas. Ni el Reglamento General de Protección de Datos ni la Ley de Servicios Digitales ni la Ley de IA contemplan alternativas (públicas). En cambio, estas directivas funcionan bajo la premisa de que un mercado justo será suficiente, en última instancia, para crear oportunidades comerciales para los (inexistentes) actores europeos.

Los algoritmos aprendieron rápidamente que el contenido con el que las personas suelen interactuar implica conflicto y odio, opiniones políticas polarizadas, teorías conspirativas, indignación y humillación pública. Correcto. Pero esto es lo que yo llamo una intuición de primer orden. Tras la covid-19, hemos entrado en una lógica de plataforma de segundo orden en la que los operadores, los usuarios («hombres socializados», un término que utiliza Hannah Arendt), la clase política y los canales de noticias tradicionales han tomado conciencia de esta dinámica y actúan en consecuencia. Las redes sociales se han convertido en un «campo de batalla por el dominio narrativo». Según Joan Donovan,

14 *Set-Up* [boletín], 23 de diciembre de 2024.

el diseño de las plataformas es ahora inextricable de las políticas de sus propietarios. ¿Pero no fue siempre así? Como señaló Theo Priestley, «la espiral de la muerte de la web se ha acelerado; como un uróboro digital, internet ha empezado a alimentarse de sí mismo y a expulsar lo peor para que el resto lo consumamos». Aunque algunos ya lo veían una década antes, esta amarga intuición se ha democratizado, con escasa o nula autoridad reguladora que pueda intervenir.

Evgeny Morozov propuso el término neoliberalismo panglosiano:

> Defensor de inversores de capital riesgo, directores ejecutivos de empresas tecnológicas y fundadores de startups, este credo afirma que ya vivimos en el mejor de los mundos posibles (lo que refleja sus aspectos panglosianos) y que no hay alternativa a la provisión de nuestras infraestructuras tecnológicas impulsada por el mercado (lo que refleja su aspecto neoliberal)[15].

La esencia de esta ideología se condensa en el *Manifiesto Tecno-optimista* de Marc Andreessen, el cual afirma categóricamente que «el libre mercado es la forma más eficaz de organizar una economía tecnológica»[16]. Por qué todo esto desembocó en una oligarquía sigue sin respuesta.

Las plataformas no se limitan a la totalización de visiones del mundo. La interpretación materialista de la construcción de mundos enfatiza la sublimación: si ya no puedes construir tu propia casa ni comprar una, la energía fluirá hacia la creación de una esfera virtual que puedas llamar tuya. Un hogar mucho más grande de lo que jamás imaginaste. Ya no podrás alquilar ni mucho menos comprar nada; es la plataforma donde vivirás. Te explicarán que, a partir de ahora, todo se reduce al realismo sintético, la creación de mapas, el desarrollo de la trama y la asistencia a convenciones, como describe Terry Nguyen la afición de millones de personas por la creación de mundos. La dinámica aquí se basa en un contrato social imaginario entre el usuario y el programador-narrador, quien crea un mundo virtual para ti, haciéndolo realidad. Sin embargo, en lugar de entregarse a fractales infinitos de diferencia, la generación en línea anhela una totalidad radical. Un mundo donde los memes, y no los códigos, son los nuevos protocolos que impulsan a los usuarios de la contemplación a la acción.

15 <https://www.bostonreview.net/articles/can-ai-break-out-of-panglossian-neoliberalism/>.

16 *Idem.*

Entonces empiezan a aparecer advertencias. «Siempre que piensas que algo es demasiado bueno para ser verdad, suele serlo». Te sientes desanimado porque te engañó ese estafador anoche («¡No puede ser que mi querida Lucía sea falsa! ¡Me envió una foto real!»). Por ejemplo, la fatiga se siente real. Olvídate del vídeo del atentado; ya basta de cadáveres. La sobreexposición es generalizada. No más videos de drones suicidas. Evitar la información es un problema desagradable que la mayoría de nosotros ignora con elegancia. Pero ya lo estás haciendo. Los hábitos ya no se crean con el tiempo. Están ahí antes de que nos demos cuenta. Están rastreando a los depredadores en los espacios digitales, pero podrías no ser tú.

Es hora de eliminar la reproducción automática, pero incluso así no hay botón de desactivación. ¿Podrían suspender la optimización y filtrar el *scroll* infinito, por favor? Dariusz2k está confundido:

> Todos los vídeos que veo son montajes o anuncios. Toda la información que sale de fuentes oficiales es generada por IA o un *copia y pega*. Los *youtubers* simplemente reaccionan al drama que los rodea o a estos vídeos falsos y montados. Las imágenes están siendo poco a poco reemplazadas por arte deforme hecho con IA. Los vídeos siguen el mismo ejemplo. La información se procesa según narrativas que favorecen a entidades poderosas. La gente no tiene libertad para criticar abiertamente las cosas. Cada conversación es una discusión e incluso los comentaristas parecen bots. Todo parece irreal y no humano. Como si me estuvieran dando una experiencia en lugar de la oportunidad de descubrir algo nuevo o tener una nueva perspectiva[17].

Este libro es un llamado a redimir el encuentro con el destino tecnológico. Francesca Bria ve una «oportunidad para demostrar al mundo que existe una alternativa al modelo de los gigantes tecnológicos, impulsado por el lucro, de Silicon Valley y al enfoque del Gran Estado de China. Europa necesita construir su propio modelo autónomo de gobernanza digital europea».

Bria propone la creación de una infraestructura digital europea,

17 <https://old.reddit.com/r/Millennials/comments/1b301qj/the_internet_feels_fake_now_its_all_just_staged/>.

una infraestructura análoga a las carreteras, los sistemas de agua o las redes eléctricas, esencial para garantizar el acceso público a servicios digitales como documentos de identidad, sistemas de pago y plataformas de datos. Estas infraestructuras son cruciales para la gestión de servicios esenciales como el acceso a la sanidad, la asistencia social y la educación.

EuroStack abarcaría todo el espectro tecnológico, desde microchips y centros de datos hasta la «inteligencia pública» (la alternativa a la IA privada). Esto solo podrá lograrse tras abordar públicamente traumas no resueltos, como el fallido motor de búsqueda franco-alemán Quaero y la propuesta de infraestructura de datos europea Gaia-X.

Otro italiano, de la generación de 1977, aboga por una estrategia diferente: dejarlo todo. En lugar de redactar libros blancos y presionar en Bruselas, Franco Berardi propone que «abandonemos un horizonte para que otro se revele». Este análisis freudiano-marxista afirma que solo podemos desarrollar una estrategia tras realizar el diagnóstico correcto. El «covid-19 prolongado de la mente» debe tomarse en serio. No hay tecnosoluciones sin psicoepidemiología, como la llama Berardi. La depresión debe reconocerse como una forma de conocimiento. Mientras las calles se llenan de protestas, Berardi las llama espectáculos corporativos de esperanza, «movimientos sin energía ni memoria» y «futurismo de los viejos». El primer paso debería ser afrontar la enfermedad terminal de la sociedad. En lugar de involucrarnos, debemos abandonar la escena. «Desertar significa abandonar la batalla», escribe, desvinculándose de la colaboración. «Alabo este comportamiento. La huida, el abandono, la inacción, la deserción son los únicos comportamientos que considero éticamente aceptables y estratégicamente racionales» (2004: 3-7).

«He estado bebiendo agua turbia». No nos limitemos a un llamado a la acción. Este libro debería leerse, sobre todo, como un monumento a las cincuenta formas de depresión que el mundo digital debe afrontar. Las canciones de tristeza no solo expresan resentimiento. La fatiga prolongada es real. Antes de dejarnos llevar por la rabia, analicemos maneras de superar las batallas perdidas. El agotamiento es uno de esos sentimientos sin consecuencias. Cuando las perspectivas no son buenas, es más conveniente profundizar y buscar en otra parte; por ejemplo, dejar atrás el caos de internet y buscar en la IA una solución rápida. La molestia, la rabia, la derrota y el cansancio no son en absoluto señales de una inminente revuelta. ¿Deberían interpretarse, más bien, como un deseo de rendirse?[18] La economía de la atención es un juego complejo y suele reaccionar con mayor rapidez y a niveles subconscientes, sin basarse en cálculos racionales. Los usuarios pierden el interés rápidamente y, por defecto, se ven abrumados por una sobrecarga de cuestiones. En lugar de centrarse en lo genuinamente nuevo, la información «cansada», los seguidores, los *influencers* aburridos y los amigos simplemente permanecen ahí y hay que eliminarlos con un deslizamiento, observarlos solo por un breve momento. Borrar parece demasiado engorroso; es un hecho que su significado cultural está desapareciendo. ¿Cómo se puede eliminar todo esto? Olvidar lo social sería lo mejor.

Brutalidad de plataforma describe la dialéctica del tecnooptimismo en la tradición de la teoría crítica para teorizar la autodestrucción de la tecnorracionalidad. Ya no basta con «desenmascarar» la ideología de los gigantes tecnológicos. Necesitamos dar nombres y contraatacar. Existe la cuestión de la responsabilidad (algorítmica), no solo del puñado de oligarcas libertarios de derechas, sino también de sus servidores benefactores: *geeks*, consultores informáticos, gerentes, comerciantes, diseñadores y contables que trabajan para ellos. Actualizando la *Dialéctica de la Ilustración* de Adorno-Horkheimer para el siglo digital, podemos afirmar que la libertad y la apertura, valores fundamentales de la comunidad *geek*, ya en su esencia contienen su reverso. Al igual que hace un siglo, el lado oscuro de la Ilustración es inseparable de su potencial emancipador y liberador. En este sentido, el Institute of Network Cultures (INC) y sus redes de colaboradores desarrollan –e implementan– una teoría materialista de internet que denuncia las fuerzas del mal mientras anticipa la buena vida[19].

18 Este es un motivo central de los escritos recientes de Berardi, que indica un cambio de la subversión, la autonomía, la resistencia y el levantamiento a la abolición, la renuncia, la resignación y el alejamiento; en resumen, de la explosión a la implosión.

19 Inspirado en la historia del Instituto de Investigación Social de Frankfurt de Philipp Lenhard (2024), *Café Marx*, pp. 11, 174 y 181.

1.
Compendio *Copium*
¿Cómo afrontar la permacrisis en la era digital?

«El cinismo bien informado no es más que otra forma de conformidad». Max Horkheimer / «Fumemos sentimientos juntos; todo se trata de ti, de mí y de los sentimientos, los cuales deberían olvidarse». / «Cuando necesitas ser amable con tu motor de búsqueda para obtener buenos resultados». Francis Hunger / «Tengo ventaja» (camiseta) / «Estaba tan enamorado que puse nuestras fotos en un generador de bebés con IA. El bebé es muy bonito. Publico esto como catarsis porque por fin estoy cansado de su rollo». @BabyBaudrillard / Tu IA hablará con la mía / «El corazón dice que sí, pero la capacidad de atención dice que no». / «Sé los datos de entrenamiento que quieres ver en el mundo». Kylie McDonald / Somos del ciberespacio y nos da lo mismo / «Pausa para el pueblo» (consigna de finales de los ochenta) / Proverbio chino sobre el colibrí: «El pájaro lucha con fuerza, pero no se mueve a ninguna parte, e incluso así es incapaz de aterrizar». / «Ya no "socialismo o barbarie", sino "decrecimiento o Mad Max"». Patrice Riemens / «Aquietar el yo neurótico con actos inútiles de comunicación sin sentido». Nota personal / «De lo que no se puede hablar, hay que callar». Ludwig Wittgenstein

Siempre hay nuevas exigencias, aunque ninguna redunde en tu beneficio. Dicen que las oportunidades de progreso se desvanecen ahora que has renunciado a tu Yo interior. Se vierte agua fría sobre deseos ardientes. Tu alma se siente agotada, sin descarga a la vista. Necesitas un cambio, pero ya no puedes lidiar con el cambio. ¿Qué sucede cuando ya no hay energía para enfrentarse a los problemas directamente? ¿Postergas tareas y olvidas cuidar tu cuerpo? Te sientes aburrido y solo recién ahora que tus amigos en línea ya no responden y caen en un agujero negro. Te emborrachaste anoche, pero ya no es posible colocarte. Ni siquiera volar desde la ventana que susurra tu nombre al viento. ¿Cómo hacemos para sobrevivir cuando la perseverancia ya no significa nada para nuestras almas digitales?

No te alegres, pero tampoco te preocupes. Existe una alternativa para lidiar con la dismorfia planetaria que se ha vuelto parte de todos nosotros. Se llama *copium*. Si el objetivo es recuperar el poder de la definición en la lucha contra la hegemonía de los memes populistas de derechas, aquí tienes una. El *copium* es la ingesta de información digital que te deja temporalmente insensible, intoxicado y privado de sensaciones. Este es el camino desde lo agridulce y la ironía hasta la confrontación y el intento de superar el nihilismo absoluto. ¿Qué sucede cuando ya no hay propósito? ¿No tiene sentido descubrir el verdadero significado del mundo? ¿Qué sucede cuando entras en un estado del que no puedes hablar y nadie, ni siquiera tú, puede narrar?

El *copium* se libera en microdosis. Sus efectos van más allá de los destinos destructivos de los drogadictos o del subidón del éxtasis psicodélico de las coloridas realidades alternativas. El *copium* te hace escuchar el sonido de las ventanas. Déjate seducir por su vaivén y camina hacia los vientos que te esperan. Sigue adelante. Dilo en voz alta. Mantente raro. Ten la seguridad de que nuevamente hay vida más allá del horizonte de los acontecimientos. Adéntrate en el complejo *pharmakon* de la actitud analgésica que abre las puertas al milagro. ¿Qué ocurre cuando aumentar el impacto solo rompe los tímpanos y no se logra ninguna otra escalada? Una vez dentro de la madriguera del conejo, uno olvida la euforia e incluso el subidón. En lugar de un colapso teatral, el *copium*, una droga cuya posesión no puede conducir a arrestos ni a la eliminación completa del organismo, induce a un estado estático de «lo que sea». Una respuesta voluntaria, una especie de estancamiento, que hace que el capitalismo no nos deje otra opción que la autonomía. Una respuesta que se ahoga en su propia cacofonía, en nuestro único activo real: nuestra voz.

El robot ya no es un motivo válido para expresar la propia indiferencia. Mientras estás vivo, pero casi muerto, los robots saltan, bailan y se caen. Tras caer, se levantan. Algo que nosotros, la única especie que se supone tiene alma, ya no somos capaces de hacer. Peor aún, se disculpan, e incluso preguntan con toda la sinceridad que pueden tener los artilugios metálicos sin alma, si estás bien. Los chatbots ya no están entrenados para ser tan educados como su lejano y desaparecido HAL 9000 de *2001: Odisea del espacio*. Ahora, se les exige ser empáticos y realmente comprometidos. ¿Es de extrañar que las multitudes frustradas que no consiguieron arremeter con furia contra la máquina no fracasen en enfurecerse contra la IA? ¿Solo pueden tachar a la IA de estúpida y encontrar molesta su esperanza infundada? «¡Que tengas un buen día, y por favor no olvides calificarme!». Cállate, ya no nos importa.

El *copium* es una sustancia que ayuda a las personas a lidiar con el estrés y otras emociones negativas[20]. Según *Know Your Meme*, «el *copium* se usa para describir una droga ficticia que ayuda a lidiar con la pérdida. Crear memes se presenta como una estrategia de afrontamiento[21] de las emociones negativas. Durante el primer Gobierno de Trump, el término se usó en un meme que mostraba a la rana Pepe conectada a un tanque de oxígeno y se llamaba *copium*», una sustancia química «usada para calmar la mente de una persona que acaba de perder un debate»[22]. El origen del término se remonta a mediados de 2003, cuando el rapero Keak da Sneak lanzó el álbum *Copium*. Según Wiktionary, también se sugiere que el *copium* impulsa la negación en quienes lo consumen. El término se popularizó en el mundo de los memes durante el primer Gobierno de Trump, con 4Chan y Twitter, y alcanzó su auge tras el asalto al Capitolio de los Estados Unidos el 6 de enero de 2021.

Copium también se refiere a la crisis que desencadenan los opiáceos reales, desde la ketamina hasta los tranquilizantes y el fentanilo. Un meme actual lo señala acertadamente: «Resulta que el verdadero opio del pueblo... son los opiáceos». De lo que hablamos aquí son los trucos simbólicos para combatir el estrés, el pánico y la rabia que nos invaden, pero evitando en realidad ser seducidos por los deseos de nuestro yo, inquietantemente excitado y profundamente solitario, de escuchar por la ventana y caminar contra el viento. El difunto filósofo francés Bernard Stiegler llamaba a este período el colapso del infantilismo global, «dejando a las clases medias blancas hundirse en la miseria, el alcoholismo, la drogadicción y el resentimiento, acelerando la regresión de su esperanza de vida, así como el colapso de su "coeficiente intelectual"» (2021: 236).

Aunque el *Urban Dictionary* define *copium* como un «opio metafórico que se inhala ante la pérdida, el fracaso o la derrota, especialmente en los deportes, la política y otros entornos tribales», el énfasis aquí recae en los aspectos estructurales de una vida definida por derrotas

20 Tomado de una página irónica de Fandom, en <https://sussycentral.fandom.com/wiki/Copium>.

21 Término de la psicología que hace referencia a las estrategias para afrontar el estrés. En inglés es coping, por tanto, *copium* es una mezcla entre *coping* y *opium*, opio [N. del T.].

22 <https://knowyourmeme.com/memes/copium>.

consecutivas. ¿Qué sucede cuando la pérdida se vuelve permanente y se integra en nuestra existencia tecnosocial? La doctrina del *shock* que definió la era neoliberal desapareció hace tiempo, pero el «cambio» es para unos pocos afortunados. El *shock* es permanente ahora y se ha convertido en parte integral de la vida del siglo XXI. Lo que queda es la diversidad en forma de estancamiento, regresión, crisis y declive, y una interminable sensación de desastre. Kim Stanley Robinson lo llamó capitalismo *Götterdämmerung*[23] en su novela de ciencia ficción, *El ministerio del futuro*. Nada desaparecerá voluntariamente de forma inesperada. Las apariencias se niegan a desvanecerse. Con la historia y la tecnología acelerándose aún más, las hiperfuerzas se convierten en entidades autónomas que ya no necesitan al sujeto humano. Esa es la desoladora vida después del punto de inflexión.

«La religión es el sollozo de la criatura oprimida, es el significado real del mundo sin corazón, así como es el espíritu de una época privada de espíritu. Es el opio del pueblo»[24], escribió Marx en 1843. En aquellos tiempos, la religión se consideraba una forma de calmar la incertidumbre vital. Casi al mismo tiempo, otro anuncio (a favor) empezó a circular: Dios ha muerto. La culpa es de Kierkegaard, Stirner y Nietzsche, pero una vez que el género secular se desvaneció, ningún «renacimiento espiritual» pudo reinstaurar la violenta autoridad de la religión (con los regímenes fundamentalistas de Irán y Afganistán como cruel recordatorio). Desde el siglo XIX hasta ahora, la pregunta sigue vigente: ¿cuál es el opio de las masas? ¿Qué te tranquiliza? ¿Cómo lo sobrellevas? ¿Cuáles son las maneras que hay para pasar de todo o para sentirse debilitantemente inseguro cuando lo inevitable es la luz al final del túnel? Un colapso preciso, frío y objetivo no provocará la acción política; es necesario tener en cuenta las vulnerabilidades. Esta es la lección para la década del 2020: se supone que debemos ser participantes interactivos, pero nos comportamos como los espectadores pasivos del siglo XX. Esta es nuestra melancolía: «Solo ese algo tan bueno. Solo que ya no funciona» («Love Will Tear Us Apart», Joy Division).

En lugar de definir el afrontamiento como una estrategia psicológica mediante la cual el sujeto rechaza una verdad cruda y adopta una creencia menos perturbadora, enfaticemos la supervivencia. Esto se siente como un bucle cotidiano, un patrón repetitivo que ofrece poco

23 Nombre en alemán de la ópera de Richard Wagner *El ocaso de los dioses* [N. del T.].
24 <https://www.marxists.org/espanol/m-e/1844/intro-hegel.htm>

respiro, y mucho menos aún inspira un cambio (revolucionario). El espíritu del capitalismo puede estar muerto, pero también lo está la voluntad de resistir y derrocar al régimen. «Tómatelo con calma, ¿sí?». La estrategia de afrontamiento es el resultado de perder el lado positivo de la ideología como sistema de creencias. Y estar en el mundo se reduce a matar el tiempo. Es hora de tomarse las cosas con calma y dejar el ajetreo. Relajémonos y revisemos las redes sociales. ¿Qué son aquí las «estrategias de afrontamiento»? Desde esta perspectiva, el *copium* puede ser cualquier cosa; es un significante vacío, puede contener todo nuestro dolor, tanto el que se intensifica como el que adormece, y se entiende como un opiáceo metafórico. Aunque algunos lo asocian con sustancias adictivas de baja intensidad, deportes, dormir, porno y comida rápida, pensar en el *copium* como una forma de matar el tiempo tiene más sentido. Atracones de series, jugar videojuegos perdidos antes de comenzar, navegar compulsivamente por dudoso contenido en internet y ver vídeos cortos de TikTok que ni siquiera pretenden tener un significado. Y no olvidemos todas las sesiones sin sentido en YouTube.

Copium significa *Vita Nonactiva*[25]. Alivia la contemplación, dándole un respiro al cerebro. ¿Qué sucede cuando las preocupaciones dan vueltas, impidiendo que se acaben o que incluso se tomen un respiro? La apatía solía ser un estigma. Ya no. Ahora, los holgazanes tienen compasión. El positivismo neoliberal de hace treinta años ha desaparecido. En aquel entonces, el holgazán era menospreciado, solo una figura subcultural perezosa que languidecía como la generación X. El estado de distracción actual equivale a interacciones digitales impulsivas que descargan las ansiedades en otra plataforma o aplicación, la grande y todas las demás pequeñas que la acompañan. Envía un mensaje instantáneo, desliza para encontrar coincidencias en una aplicación de citas o comenta una publicación. ¿Traerán alguna vez descanso o tranquilidad, por no hablar de atención plena?

Las estrategias de afrontamiento son un mecanismo de defensa en situaciones de estrés. Pero ¿qué ocurre cuando este «mecanismo» se

25 Mientras que en *La condición humana* Hannah Arendt se interesa por la *vita activa* en contraste con la *vita contemplativa*, la propuesta aquí sería actualizar las proposiciones especulativas de Jean Baudrillard sobre lo inerte y lo obeso como estrategias de resistencia y reinterpretarlas como la posición hegemónica contemporánea de la *vita inactiva* bajo las condiciones de la plataforma hegemónica en la que deslizar, hacer *scroll*, seguir y dar me gusta son una nueva forma de la *vita inactiva* (comparable, aunque diferente, con la interpasividad de Robert Pfaller).

introduce en la geopolítica y la psicología conductual, y se te vende de nuevo a través del marketing en redes sociales? La campaña de divulgación neurocientífica ha dado sus frutos. El sistema de recompensa del cerebro es ahora de dominio público. Se han reconocido patrones de control cibernético. El arte superior del afrontamiento, que surge con toda esta razón tecnocínica, es el diagnóstico de Mark Fisher del estado de estasis frenética. La letra de The Verve «Intentando llegar a fin de mes, eres esclavo del dinero y luego mueres» se está manifestando como una enfermedad en toda regla[26].

La hauntología es una opción, pero ¿qué ocurre cuando la pesadilla regresa? ¿Una versión más oscura del Día de la Marmota, con la historia comenzando de nuevo justo cuando los personajes se duermen, un escenario de la marmota constante? ¿Una pesadilla recurrente, continua e interminable? Cabe preguntarse: ¿empeorará la pesadilla digital la cadena de desastres o la suavizará el golpe? O, como calculó Kurt Vonnegut, ¿funciona más como un analgésico («la aspirina del pueblo»)?

Según los terapeutas, debemos afrontar las desventajas o la adversidad. Pero una vez que se agotan las habilidades, las estrategias o la voluntad y se sigue estando deprimido, ¿realmente es el *copium* nuestro último recurso? ¿Es esta la promesa? El *ghosting* y el desapego son la norma. La regresión es una pendiente descendente interminable. Bloqueados por nuestro pasado y todos sus futuros, incapaces de acceder a los archivos del Yo, de sus otros y de los otros que deseamos, sin reconocer jamás que «el deseo a secas es siempre el deseo del Otro, lo que significa que, en suma, [que] siempre estamos demandando al Otro su deseo» (Lacan, 2007). Incapaces de lidiar, y mucho menos de decodificar, rara vez con el atrevimiento de lidiar con el deseo y/o su *object petit a*, ¿es la copia la opción disponible? Simplemente contemplando el horror de la presencia eterna de la cotidianidad, la pesadilla incesante del ahora. El aroma de orquídeas muertas mecido por el viento nos condujo a las ventanas, susurrando nuestros nombres. Todo parece cambiar, pero en realidad nada cambia.

El Yo, que en realidad es un núcleo vacío, se ve atrapado en un extraño torbellino de ser. Un estado que se experimenta colectivamente a escala industrial y cósmica, cuando nuestros deseos, que siempre son del otro y para el otro, permanecen sin realizarse. Esta es la era tardía de las redes sociales, la soledad colectiva, conocida como el aún poco reconocido

26 <https://lyricsondemand.com/onehitwonders/bittersweetsymphonylyrics.html>.

síndrome de Turkle. Pero el problema ya no es estar solo entre la multitud. Los tristes y solitarios se reúnen para amortiguar la percepción del dolor y crear cuasicomunidades con ideologías afines en nuestro desesperado intento por llenar el vacío. Que se trate o no de una crisis de la desaparición de redes, a nivel social, personal y emocional, ya no es ni un problema ni una preocupación acuciante. La realidad tecnosocial abruma y agota todas las posibilidades de construir una identidad fuera de un grupo. La internalización de este fracaso es una condición tan generalizada, tan aburridamente generalizada, que hay muchísimas maneras de decir lo mismo: la pesadilla interminable de contemplar el horror eterno e inmutable del ahora.

En 2022, Kate Babin, una investigadora canadiense, se dio cuenta de que había «pasado prácticamente cinco meses... espiando en un foro *incel*». Basándose en su experiencia, propone que hay «cuatro factores principales que impiden la conexión solidaria entre los miembros del foro, perpetuando su baja autoestima y profundos sentimientos de aislamiento». Los cuatro factores que identifica son la alienación del grupo, la saturación del foro, la afirmación de la masculinidad mediante el posteo de publicaciones basura y el fatalismo.

Babin comienza con la *alterización del grupo IN*, que ella identifica como una manifestación de la «desconfianza generalizada entre los miembros de un foro». En el ahora, la alterización parece ser el reflejo por defecto para sobrevivir a este abismo. Una reacción tan normalizada que solo se reconoce cuando se interrumpe bruscamente. Pensemos en la respiración y la muerte que sigue cuando se interrumpe, siempre bruscamente. Del mismo modo, la alteridad practicada con tanta diligencia, a un ritmo cotidiano e interminable, aumenta la esencia siempre insegura y vacía de nuestro núcleo. Nuestro núcleo sospecha de todo, teme a todos y no confía en nada, y especialmente en nadie. La alteridad, esencia de nuestro núcleo siempre insegura y vacía, está tan ciega que no reconoce cómo predica con el ejemplo y refleja la vigilancia y el extractivismo del que desea tan profundamente escapar. Pero la esencia vacía de nuestro núcleo olvida, y de hecho no registra, que otro (un Otro) siempre está cerca, el grande y sus pequeños otros. Todo el tiempo. El otro (Otro) puede no estar siempre observando atentamente, pero nunca deja de ver. La confianza siempre está en lo que falta; la vida se siente principalmente poco fiable, cuando no directamente falsa.

Internet está tan saturado como nuestro planeta. Estadísticamente, permite que nuestras multitudes frustradas tengan un hogar. Por lo tanto, afrontar la situación nunca es un mecanismo solitario. Los niveles de paranoia en las redes abiertas están en su punto más alto, mientras que el conocimiento tácito de los activistas para identificar a infiltrados y espías sigue siendo prácticamente inexistente. Los usuarios que se unen para formar multitudes pueden desaparecer de la noche a la mañana sin dejar rastro, imposibles de rastrear. Hasta hace poco, el anonimato en línea fomentaba y explicaba esta cultura de incertidumbre. Hoy en día, las huellas del usuario tras su nombre, por muy engañosas y ocultas que sean, también pueden rastrearse y buscarse fácilmente, si uno quiere. Ojalá pudiéramos ver la cultura de los comentarios en línea como bailes de máscaras durante el Carnaval de Venecia.

El segundo elemento que menciona Babin, la *saturación del foro*, es un asunto interno del grupo, cuyo efecto acumulativo «simplemente empeora las cosas». Descarrilar una discusión interna e interrumpir las deliberaciones racionales resulta placentero y gratificante para las multitudes que participan, por supuesto de manera perversa. Publico, doy «me gusta» y comparto; luego, existo. Cuando la relación señal-ruido se inclina, la capacidad del discurso para reproducir los sentimientos de la comunidad se ve momentáneamente interrumpida.

El *posteo de publicaciones basura* es el tercer factor que Babin enumera, una técnica de interferencia cultural en un *feed* de otro, por ejemplo, en YouTube o Twitter. Un solo comentario, bueno, malo o desagradable, y a menudo independientemente de su credibilidad, basta para terminar prematuramente una discusión en línea y desatar una avalancha de «interacciones», un truco cultivado por los estafadores que conforman el complejo industrial del trol. El mantra de la cibercultura de los noventa: «no alimentar a los troles» para contener a estos estafadores, no ganó impulso más allá de la comunidad hacker benefactora. Este mantra rara vez se conoce, y mucho menos se practica, repitiéndolo o coreándolo por pura costumbre. Además, como no hay una forma elegante de moderar a estos «estafadores», las multitudes rápidamente toman el impulso de una avalancha.

Las comunidades de las plataformas no tienen la posibilidad de protegerse. Es un deseo hegemónico que el entorno en línea permanezca «abierto», con el mandato de crecer, para alimentar la bestia de la tecnología publicitaria, que nunca abandona las sombras. Pero hay algunas opciones. Los grupos cerrados simplemente no tienen que lidiar con los que postean publicaciones basura. La forma en que los usuarios lidiaron con el «bombardeo de Zoom» durante la covid-19, al proporcionar una contraseña exclusiva a los participantes suscritos antes del evento o reunión, demuestra lo fácil que es protegerse de los intercambios en línea. Sin embargo, a los medios tradicionales les encanta seguir reportando incidentes de posteo de publicaciones basura como una señal del declive del medio y de la sociedad en general. En lugar de acusar a otros adolescentes de comportamiento inmaduro, quizá sea mejor enmarcar estos actos como parte de un conflicto ideológico, de una guerra cultural o, de manera más actual, de una ciberguerra.

La cuarta y última característica de Babin es el *fatalismo*, que es, sin duda, el factor más interesante, ya que nos permite comparar el *fatum* actual con *Las estrategias fatales*, obra de Baudrillard publicada originalmente en 1983, donde el pasado habla por sí mismo y su futuro. Babin señala que «cualquier mención positiva de un interés o afición que ofrezca una oportunidad para que los miembros conecten entre sí se ve minimizada y etiquetada como un "afrontamiento"». Entonces, ¿cuál es el destino aquí? El *software*, los vínculos comunitarios, el *Zeitgeist*; ¿es la trampa de la identidad *incel* nuestro único recurso? En su conclusión, Babin señala que el foro de *incels* que investigó «crea división dentro de una comunidad subcultural, lo que conduce a la ausencia de apoyo social, relaciones de baja calidad y una afectividad negativa extrema».

El foro *incel*, en su particularidad, revela una universalidad del ser de la que ninguno de nosotros puede escapar, una mascarada carnavalesca del devenir, en la que, involuntariamente y a menudo sin darnos cuenta, nos encontramos participando. Usamos máscaras elaboradas e ingeniosas para mantener el vacío de nuestro núcleo, que es la verdad real de lo que es el Yo, siempre disfrazado, pero sin ningún lugar adonde ir. La identidad, antaño un codiciado lugar de existencia, se consideraba un vuelo alto, tocando el cielo, arrancando estrellas para jugar a las canicas, y promesas de liberación para quienes luchan con la falta de emociones en su esencia. Ahora es una trampa paranoica. En lugar de haber destino, lo que hay es diseño. La fluidez es lo opuesto a la predestinación. Las elecciones son confusas, las confusiones se representan como una elección, manifestándose como «opcionalismo» («Tengo la libertad de elegir entre una multitud de opciones y al final acabo sin poder decidir en absoluto. Da igual»).

El desastre y yo ya no tenemos opción; coexistimos en una codependencia tóxica, sin salida de emergencia, y mucho menos un plan de escape. Al percibir (y ver) esta coexistencia tóxica, Timothy Morton ya ha dicho: «El exterior ya es interior». Un enredo ha anudado nuestros destinos. El desastre y yo, en un doble nudo de pescador, que «puede ser difícil de desatar una vez que se ha atado con fuerza; requiere práctica y habilidad atarlo correctamente», pero «si no se ata bien, puede deshacerse bajo presión, lo que lo vuelve poco fiable para conectar segmentos más grandes de cuerda (o de desastre) o de cordel (también yo) de forma segura».

Nunca aprendimos a atar bien el nudo; estamos constantemente bajo presión, (siempre) a punto de un colapso total; todo, incluso nosotros mismos, resulta siempre sospechoso, poco fiable e inseguro. Nos encontramos atados a una relación, agobiados por problemas, que Morton describe como algo «que uno puede comprender perfectamente, pero para lo cual no hay solución racional» (2018: 136).

¿Debería acelerarse el colapso, o puede mantenerse el freno del *katechon* si su propagación se administra correctamente? ¿Es entonces el *copium* el «*katechon* desde abajo» (esfuerzos de *crowdsourcing* para retrasar la llegada del Anticristo)? Por ejemplo, ¿cómo afrontarán los usuarios la extinción masiva de internet cuando miles de millones de perfiles sean eliminados a la vez? Durante un tiempo, cada desastre queda grabado en nuestras historias personales en una trayectoria paralela, hasta que ya no puede seguir haciéndolo. ¿Será necesario, por razones de salud pública y activismo político, empezar a diseñar la armadura psíquica colectiva para protegerse de las consecuencias mentales perjudiciales de los desastres de las plataformas?

Una persona solitaria, especialmente una con inclinaciones poéticas, solo puede anhelar una revolución en sus canciones. Sabe que romper con los hábitos, cuestionar el consenso y desafiar el poder en las calles requiere de una multitud. Lo mismo hace la manada atacante, que activa eficazmente esta praxis revolucionaria emancipadora con la intención de alimentar su insaciable apetito de destrucción, caos y toda la oscuridad que le sigue. La persona solitaria también lo sabe; esa es su tragedia.

Todos están ansiosos por actuar, pero aún no. Todos esperan un nuevo comienzo para empezar de cero, para hacer las cosas de nuevo, pero aún no. Estamos atrapados en un círculo vicioso sin fin, sin rincones que podamos reclamar y en los que podamos enroscarnos, y sin una intersección que nos abra un camino menos transitado.

Los comienzos son conceptos que encuentran el coraje y, de vez en cuando, su apoyo para pasar con éxito a la acción. Los conceptos surgen de heridas supurantes que dejan cicatrices. Siempre estás enfadado, pero bueno, ¿qué puedes hacer? Así que haces lo que puedes y te derrumbas. Estás indignado; viste algo horrible una vez más, pero bueno, ¿qué puedes hacer? Así que haces lo que puedes y te quedas paralizado. Ser constantemente provocado, provocado y excitado para indignarte, todo el tiempo, por todo, sin que te importe nadie, sin dejar que nada se interponga en tu camino, es agotador. Lo que uno ve y siente no puede desaparecer con solo desearlo, así que uno puede acurrucarse en un rincón y lamerse las heridas. Es tan común; tiene un nombre propio: fatiga de indignación[27]. Intuitivamente, sabemos que todo esto es causado por algoritmos de los gigantes tecnológicos que disparan respuestas emocionales, pero esta información no tiene ningún efecto. Ya estamos bastante agotados. Sin cambios a la vista, quedan expuestos todos los mecanismos de bombeo y descarga, desde la revuelta hasta la resignación y viceversa.

Mientras que la política a menudo se deja de lado como una telenovela o un juego burocrático, las figuras populares se convierten en *copium*. Según el teórico italiano Franco Berardi, deberíamos analizar la figura aparentemente imbatible Donald Trump como una celebridad adictiva de las redes sociales, un tipo peculiar de *copium* político.

> El *copium* se define como una sustancia inmaterial que necesitas inyectarte en el cerebro para lidiar con lo intolerable. Hay una necesidad de revancha en la mente deprimida del pueblo estadounidense, pero también autoexcitación para la mente memética. Los estadounidenses, en su mayoría, hasta ahora han utilizado a ese individuo repelente en un intento de sabotear a la élite globalista. Pero ahora hay algo más loco. La mente estadounidense necesita lidiar con la persistencia de la realidad intolerable, por lo que abre la caja de Pandora del borrado total de la realidad como Racional, desatando una esfera ilimitada de sinsentido memético. La esfera del sinsentido no está limitada por la plausibilidad, por no hablar de la credibilidad o la verdad. La pregunta para muchos es entonces cómo afrontar la depresión provocada por los límites de la realidad, por la previsibilidad de las decisiones racionales[28].

27 <https://www.scientificamerican.com/article/outrage-fatigue-is-real-heres-why-we-feel-it-and-how-to-cope/>. Inevitablemente te lleva a preguntarte cómo podría ser la fatiga por depresión, o incluso por ansiedad.

28 Intercambio por correo electrónico, 19 de agosto de 2023.

TJ Clark vincula esto con la sociedad del espectáculo de Debord. Trump tiene

> una necesidad de mítines y asambleas públicas, su creencia en la importancia del tamaño de las multitudes, su baile al ritmo de la música (ese don para los cómicos), su tolerancia a las «cumbres». Incluso las horas que pasa soñando frente a Fox son nostálgicas[29].

Nos deslumbra su multitud de frases ingeniosas. Según Clark, «la política de un imperio en decadencia es invariablemente una mezcla de crueldad y absurdidad». Trump sabe cómo desatar el resentimiento, y lo hace con tanta maestría que no tiene homólogos en el presente ni compañeros del pasado con los que compararse. Es el hombre del momento, indiferente a las complejidades que conlleva la implementación de políticas. Puede que el nivel de entretenimiento sea bajo, pero cada indagación escandalosa está diseñada para provocar una respuesta. Estamos desconcertados: ¿qué quiso decir? ¿Cuáles son las posibles consecuencias? A medida que se desarrolla el espectáculo, no ocurre gran cosa, y simplemente tenemos que arreglárnoslas.

¿Pueden funcionar como *copium* los recuerdos? La investigadora rusa Nina Danilova ha escrito un interesante estudio sobre el estado actual del *déjà vu*, un fenómeno impulsado por una «sobreabundancia de memoria y la desaparición de la esperanza de un futuro mejor»[30]. Pero, ¿qué sucede cuando la memoria ya no se puede capturar y simplemente desaparece? ¿Cuál es el efecto *déjà vu* en una cultura de amnesia psicotécnica? ¿Un recuerdo de lo poco que queda? Claro, uno puede entrenar técnicas mnemotécnicas, pero el atractivo de la tecnología siempre está ahí para ayudarnos cuando resurgen repentinas oleadas de nostalgia y revisamos nuestras colecciones de fotos, redes sociales y correos electrónicos ocasionales. Constituimos dispositivos técnicos como prótesis, como lo llama Stiegler. Los usuarios se sienten discapacitados mnemotécnicamente y no pueden vivir sin sus dispositivos.

Junto con Paolo Virno, Danilova define el *déjà vu* como «una condición que determina la apatía, el fatalismo y la indiferencia hacia el futuro, ya que la historia parece conocida de antemano e inalterable».

29 <https://www.lrb.co.uk/the-paper/v47/n01/t.j.-clark/a-brief-guide-to-trump-and-the-spectacle>.

30 Citado de Danilova (2023).

Danilova pregunta: «¿Por qué es tan problemático pensar en el futuro dentro de la temporalidad del *déjà vu*?». Los micro momentos de *déjà vu*, ya sean inducidos narcotecnológicamente o no, son una de las muchas manifestaciones contemporáneas de «estancamiento», que provocan una sensación de estar atrapado en la sociedad y sus sujetos. ¿Hemos experimentado ya este apocalipsis antes de que se anunciara? Solo puede haber un final, pero no en esta historia: estamos atrapados en una fase final que deliberadamente promueve su resolución. ¿Qué sucede cuando la vida queda atrapada en un bucle repetitivo y solo podemos escuchar las mismas canciones fúnebres de siempre? Uno quiere seguir adelante, pero en el sádico escenario actual, no hay forma de salir elegantemente de la escena.

En un cosmos digital, unido por el *copium*, existen innumerables matices de gris. La perspectiva rusa al respecto siempre es interesante. Como explica Nina Danilova en un intercambio de correos electrónicos: «La mentalidad rusa está empeñada en resistir cualquier atisbo de visión color de rosa. Nuestra forma de ser es tocar fondo con tanta fuerza que acabas viendo estrellas». Pregunto sobre *toska*, la forma rusa de desesperación más allá de la depresión, la tristeza y la melancolía, y su relación con el *copium*. Danilova:

> *Toska* indica un ámbito donde la ironía ya no funciona; *toska* siempre se encuentra en un estado de desilusión postirónico. La ironía sigue siendo una forma de *copium*, como demuestra el mundo de los memes. En el estado mental de *toska*, uno ya no puede esconderse tras él. Por lo tanto, algunos pueden dejar de lado el *copium* como un asunto occidental frívolo, con demasiada esperanza entre líneas.

Los rusos, podríamos decir, subsisten en el reino del *poscopium*. Un continuo de desesperación culturalmente determinada. Como antítesis dialéctica, se podría proponer que es precisamente el *copium* el que impide el cultivo del sufrimiento y el establecimiento definitivo de cultos a la muerte.

Una vez que se han presenciado cambios repentinos de humor, desde la angustia y el duelo hasta la indignación y la ira como patrones centrales que expresan el descontento social, etiquetas ideológicas como optimismo y pesimismo se vuelven intercambiables. El motor del *copium* se encuentra en medio de todo esto, asegurando que el péndulo nunca se detenga. En la cultura digital contemporánea, existen las emociones felices del *hopecore*[31]. Y el modo *corecore* de desplazamiento infinito y fatalista. Ambas son formas de armadura psíquica colectiva para proteger a las multitudes precarias de la creciente avalancha de desastres. Mientras gurús, terapeutas, *influencers*, amigos y padres creen en el poder de los mensajes positivos, los usuarios que anhelan tiempos mejores aprendieron a dejar abiertas todas las opciones: la esperanza puede ser un analgésico, mientras que una visita al lado oscuro puede ser igualmente inspiradora. Tanto las charlas que levantan la moral como los memes *dank* pueden perder rápidamente su impacto y volverse repugnantes. No olvidemos el poder de hablar de la tristeza de las plataformas[32]. «I've got a right to sing the blues» (Louis Armstrong).

La desconexión es un primer paso necesario: *bai lan*, déjalo pudrir. Al final, el *copium* es una forma de tender un puente sobre el tiempo vacío, periodos planos e interminables que ya no son intensos ni circulares, sino estirados y repetitivos. Cuando la vida es una serie de pseudoeventos ajenos, el tiempo vuela y nada destaca[33]. Reintroducir e imponer un tiempo de espera puede ser contraintuitivo sin una buena razón, pero la rebelión contra la fluidez sin fricción se siente bien. La descolonización del tiempo está cerca: Operación Encontrar el Tiempo Perdido. El estancamiento se fusionó con un flujo incesante de desastres para crear una espiral inflacionaria. Recuerden, la larga duración del malestar y la temporalidad de las crisis ya no son opuestos y se han convertido en una mezcla tóxica. Mejor relájense y no hagan nada especial. El choque ontológico no se avecina. En cambio, las formas distribuidas de espera están en auge. Relajarse juntos provoca. Esperen pronto una llamada planetaria a la huelga.

Según Cade Diehm, del congreso New Design de Berlín, el *copium* es claramente diferente de la nostalgia, la web acogedora y el escapismo.

31 El *Urban Dictionary* define el *hopecore* como «un género de vídeo que evoca un sentimiento de esperanza, alegría, plenitud y las emociones más felices. Puede abarcar desde clips nostálgicos hasta paisajes hermosos, y suele incluir audio intercalado con videos y canciones». En <https://www.urbandictionary.com/define.php?term=hopecore>.

32 El título de la conferencia de un día que organicé junto con Denise Thwaites en la Universidad de Canberra el 21 de noviembre de 2024, en <https://networkcultures.org/events/platform-blues/>.

33 «Hoy fue un día extraño. No me sentí particularmente bien ni mal, sino más bien con una neutralidad que me aturdía. El tiempo pasó volando mientras cumplía con mis obligaciones cotidianas sin que nada destacara. Trabajar, comer y ver llover. Un día extrañamente tranquilo que me dejó con una sensación de vacío». En <https://medium.com/change-your-mind/i-feel-numb-time-to-recharge-600f9f4d7d2>.

Todos tienen similitudes, pero el *copium* es en sí mismo una descripción peyorativa del delirio como una forma de afrontar las cosas en lugar de una derrota. Alcanza su punto máximo tras el asalto al Capitolio de Estados Unidos el 6 de enero de 2021. El *copium* es como quedar último en una carrera a pie y creer que se gana. Es una forma de *HODLing*[34] pos-Trump. BAYC «gm» y WAGMI[35], madres de QAnon «esperando la tormenta» en cualquier momento. El general Flynn y Q vendrán a drenar el pantano el año que viene. Nostalgia del mes pasado. Esa es la promesa. Es la intensidad del poder o el control, filtrada por la nostalgia, pero superinmediata. No es un deseo actual de afecto ni un anhelo por algo del pasado lejano, es una negación de lo inmediato[36].

Molestar a los multimillonarios de Silicon Valley y a sus ejércitos de clones de *startups* en todo el mundo sería una estrategia fácil para interrumpir la creciente demanda de *copium*. Sus trucos invisibles incluyen el empleo de psicólogos del comportamiento y otros prestidigitadores tecnológicos. Pero estos ya no funcionan debido a la vigilancia masiva en las primeras líneas de las guerras subliminales. ¿Pero por cuánto tiempo? Lleva tiempo, pero las multitudes comprenden incluso las tácticas subliminales, aunque con el tiempo se vuelvan inútiles. Ante la policrisis, el objetivo sería revertir la estrategia de desaparecer en un segundo plano como una infraestructura invisible. Es improbable que dicha estrategia sea cuestionada: desafiar al poder para combatirlo abiertamente. Si su influencia ya no puede difundirse, al menos asegurar que la clase extractivista no vuelva a la normalidad.

Para Hannah Arendt, la soledad significaba leer en solitario, en compañía de otros autores. No es así como percibimos la desolada situación actual. El *copium* nos impide estar presentes cuando la red de relaciones humanas se deshace. Ante la falta de mundo, los lapsos temporales de ausencia pueden causar sentimientos de culpa, pero la necesidad de saber se ha impuesto. La indiferencia reina. «Aunque quiero expresar mis emociones, lo único que puedo reportar es una pérdida gradual de

34 Término que significa «mantener inversiones en criptomonedas a largo plazo», que surgió en un foro en 2013, cuando un usuario borracho escribió mal la palabra *holding* (mantener) [N. del T.].

35 Acrónimos populares en la comunidad cripto y NFT, utilizados como saludos y para expresar optimismo sobre el éxito futuro [N. del T.].

36 Chat de Signal, 14 de septiembre de 2023.

afecto, además de una creciente sensación de aislamiento». ¿Es esto lo que los monjes medievales llamaban *taedium vitae*, un cansancio que surge de las cargas de la vida y su vacío incesante?, escribe David Kishik (2023: 6) en *Self Study, Notes on the Schizoid Condition.* Esta es la lucha interna por la (tele)presencia. Es hora de articular la dialéctica de la presencia ausente. Los aceleracionistas ven el despliegue de las fuerzas de la digitalización como una garantía para la transición apocalíptica de esta sociedad burguesa del capitalismo tardío al socialismo frío.

Frente a la certeza pasiva del colapso, nada es más enérgico, emocionante y erótico que la energía de los nuevos comienzos que superan el culto a la muerte. Esta es la *Lebensphilosophie* de Hannah Arendt: la sensación liberadora de no haber estado aquí antes. Escapar de la apatía, el cinismo, la parálisis y la depresión prescritos para actuar permite una reacción (quizás, incluso como una revolución) nuevamente. ¿Qué viene después del aburrimiento? Descubra el poder de la autoorganización como una forma de superar el Yo agotado. Recupera lo social: es ahora o nunca. La acción es el *a priori*; la comunidad venidera no se presentará en bandeja de plata. Los medios tácticos son una interrupción radical de la continuidad histórica de la dominación de la plataforma y no necesitan un lobo en la puerta para prosperar. Hay multitud de urgencias. Enumerarlas sería un error y seguramente deprimiría. Lo mejor es toparse con una urgencia de diseño colectivo: su propio *collapse trouvé*. Franny Choi: «Para cuando empezó el apocalipsis, el mundo ya había llegado a su fin. Acababa cada día durante uno o dos siglos. Acababa, y otro final lo reemplazó»[37].

37 <https://www.poetryfoundation.org/poetrymagazine/poems/151513/the-world-keeps-ending-and-the-world-goes-on>.

2.
Sobre la brutalidad de plataforma

> «Si quieres hacerte una idea de cómo será el futuro, imagina una bota aplastando un rostro humano... incesantemente». George Orwell / «No hay mayor deseo que el de una persona herida por otra persona herida». George Bataille / «Inteligencia autoritaria: Dispara primero, piensa después». / «Fumemos sentimientos juntos; todo se trata de ti, de mí y de los sentimientos que deberían olvidarse». Arman / «Plataforma, el ideal desconocido, internet después de Ayn Rand». / «Buscar es sufrir. No buscar nada es la dicha». Nekomancer / «Tu correo electrónico me encontró bien, pero me dejó hecho polvo». @StrickSimon / «Estoy empezando a creer que este dibujo de un mono no vale 147 000 dólares». @Hbomberguy / «Desearía saber qué se siente al ser libre». Nina Simone

El estancamiento de las plataformas, ¿nos ha llevado de vuelta al origen militar de internet? ¿Qué ocurre cuando usuarios descerebrados y distraídos se quedan atascados, sin un final a la vista? La regresión infinita acaba convirtiéndose en violencia estructural. La destrucción de la atención se siente real. Antes de abordar el poder de la plataforma y su giro violento, volvamos a la etimología de la palabra «plataforma» y no demos por sentado el significado de este concepto tan usado.

Un *plat*, en inglés, es un trozo de terreno, una parcela. Es algo plano. Y un *plate* es un plato plano. Algo también puede ser *platt*, que significa plano, ancho o grande. Cuando quieras rastrear sus orígenes, piensa en el término temprano neerlandés-alemán, pero también francés, *platte vorm* (algo así como «forma plana»). La palabra *platform*, plataforma, no aparece en el diccionario etimológico de Walter Skeat de 1882. Sin embargo, se mencionan las palabras turca, yidis y persa *polat*, que significa robar, sobornar o escapar con el dinero (inserta un emoji guiñando aquí). La palabra «plataforma» apareció en el siglo XIX en el contexto de la estación de tren, que significa un suelo o área larga y elevada, un andén. Un siglo después, la palabra aparece en el contexto político como un medio para difundir el mensaje propio. Cuando la noción se utilizó por primera vez a mediados de la década de los noventa en el contexto de internet, aún se refería a este uso político del término: el de difundir el mensaje cuando dicho medio era todavía nuevo y estaba vacío. Aquí podemos ver el movimiento del «ordenador como teatro» (como lo expresó Brenda Laurel) hacia la definición transaccional de un sitio web o aplicación que negocia entre actores.

Durante la era anterior a las puntocom, el poder de internet aún residía dentro o entre redes de comunidades. Los sitios web eran tiendas o plazas, no facilitadores integrales. A finales de la década de 1990, el término «comercio electrónico» ya significaba que podía facilitar su comercio y no solo vender mis productos en línea. Tras el colapso de las puntocom, el énfasis se desplazó del acceso y la participación a los ingresos[38]. Una década después, las luchas protocolarias se perdieron. La plataforma absorbió internet y lo transformó en un metamercado destinado a optimizar los flujos centralizados de oferta y demanda. En esta era posterior a 2008, la noción de plataforma surgió como un servicio de expropiación diseñado para ser utilizado por «otros».

Technopedia define «plataforma» en términos fríos como «la base sobre la que las aplicaciones de *software* operan e interactúan entre sí y con el *hardware* subyacente»[39]. A diferencia del sitio web o el blog, la plataforma es un espacio horizontal donde los «usuarios» no son meros invitados o lectores que contribuyen, sino que constituyen el núcleo de la propuesta comercial. El usuario es el mensaje. Según Webster, la plataforma es «una base desde la que se presta un servicio». Aquí es donde el paradigma de la red descentralizada se desmorona y la centralización toma el mando. La plataforma no es simplemente un sitio web entre muchos. Es un metasitio web, un supernodo que no solo conecta a muchos con muchos, sino que funciona como el punto de partida y el punto final de la experiencia en línea. Es desde esta metaposición (que no debe confundirse con Meta, aunque podría ser una errata freudiana,

38 Tiziana Terranova (2022), teoriza de forma precisa sobre estas transformaciones.
39 <https://www.techopedia.com/>.

y tal vez debería) que la plataforma se vuelve invisible como «tecnología subyacente».

Las plataformas digitales permiten la interacción entre diferentes tipos de *hardware* y *software* mediante protocolos de comunicación para facilitar la interacción con un número infinito de usuarios. En el caso de las plataformas de redes sociales, el intercambio de contenido y la interacción social se facilitan en el comercio electrónico entre compradores y vendedores. Es la escalabilidad prácticamente gratuita la que facilita el hipercrecimiento en poco tiempo. Cuando la «plataformización» se ve impulsada por el capital riesgo, se puede alcanzar un monopolio casi de la noche a la mañana, lo que genera un efecto de bloqueo para las masas de usuarios. La competencia no se produce entre plataformas, sino dentro de la propia plataforma. A partir de aquí, la plataforma fluida y sin fricciones comienza a generar dependencia, ansiedad y depresión. En los últimos años, el término genérico «capitalismo de plataforma» ha mutado hacia el de «tecnofeudalismo» (una tendencia que se analiza en el capítulo siguiente). Solo recientemente la plataforma ha perdido su connotación evidente e invisible y se ha revelado como una forma política. ¿Se trata de una transformación inevitable del extractivismo digital en una fuerza brutalista de extinción y exterminio? Antes de analizar el «giro brutal», analizaremos la regresión de la plataforma.

Las plataformas son invisibles y se comportan como espectadores inocentes, fingiendo no ser responsables de nada[40]. Fueron diseñadas para que los usuarios las vieran directamente y dejaran de percibir su diseño, gracias a su funcionalidad mundana y fluida. La transparencia dificulta verlas como objetos distintivos. No brillan, en palabras del difunto teórico de la arquitectura holandés Maurice Nio. Al deslizar el dedo por la pantalla, el usuario se topa con un meme de Perseo: «Oh, las preocupaciones del hombre, ¡cuánto de todo esto es fútil!». ¿Estoy aburrido y perdiendo el rumbo en la vida? ¿O simplemente estoy optimizando el tiempo perdido? Como dijo Art Bears: «Cada cosa creada habla de su cambio». Pero, ¿qué sucede cuando el «cambio» se estanca y se convierte en regresión? En el menú de hoy tenemos: acoso grupal, ataques verbales y divulgación de datos personales como entrantes; un

40 En una publicación en su blog *Misdirected*, Chloë Arkenbout complica aún más la noción de espectador: <https://networkcultures.org/thedigitalgutmensch/2025/03/17/considerations-for-bystanders-of-online-harm/>.

timo de sustracción de liquidez, una estafa de banca móvil y un ataque de secuestro de datos como platos principales, y un virus clásico o troyano como postre. Ya no notamos los servicios, que sonaban como gritos y eran opacos, hasta que fallan y el accidente nos golpea directamente en la cara.

¿Dónde se encuentra hoy el pensamiento de plataformas? Los textos fundamentales sobre teoría de plataformas se escribieron alrededor de 2015. La comprensión crítica no ha avanzado desde entonces. Al igual que la crítica de internet y, más recientemente, los estudios de aplicaciones, los estudios de plataformas no se han consolidado como un campo de investigación diferenciado. A pesar de la magnitud y la urgencia de la cuestión de las plataformas, el problema no puede abordarse de frente. Hasta hace muy poco, los facilitadores invisibles de las plataformas aparecían como pura ideología. No solo los actores principales se volvieron rápidamente demasiado grandes para que los actores locales pudieran manejarlos, sino que las plataformas se diluyeron en el aire, ocultándose en una pila técnica, convirtiéndose en una ecología, una esfera sin rendición de cuentas, muy similar al aire que respiramos, pero del que no nos percatamos. «No nos mires; no existimos. No fuimos nosotros, culpa al usuario». Tanto a usuarios como a expertos les resulta difícil explicar dónde empiezan y terminan las plataformas. Como los políticos no están dispuestos a desmantelar a los gigantes tecnológicos ni son capaces de hacerlo, el mecanismo interno de hipercrecimiento sigue generando nuevos gigantes del mercado. La situación de las plataformas puede ahora clasificarse como intolerable, insoportable, incurable e inaguantable (Deligny, 2015: 11). Lo que queda es repugnancia, que se traduce en desprecio por el tema en su conjunto.

En colaboración con Michael Krzykawski y Edoardo Toffoletto, Bernard Stiegler añadió un elemento al debate inicial sobre las plataformas: su papel simbólico como salvador en tiempos de crisis. «En nombre de la eficiencia, las plataformas pretenden compensar el malestar institucional con el cálculo», escribieron en 2020. «Este camino falso, que constituye un impás calamitoso, en el sentido estricto de las palabras "calamidad" e "impás", desmoviliza a las instituciones y a sus funcionarios, y los vuelve impotentes en la lucha contra la entropía» (Krzykawski, Toffoletto y Stiegler, 2021: 168). Esto forma parte, obviamente, de una crítica más amplia que se centra en el cálculo como tal, que no debería presentarse como una respuesta a una deficiencia institucional. Por lo tanto, los autores proponen que el reto consista en «reinventar instituciones capaces de transformaciones antiantrópicas, es decir, instituciones que actúen más allá del cálculo: solo la deliberación permite aún la esperanza de un "cambio" que no sea completamente caótico» (*idem*). La lucha institucional contra la entropía tendrá que hacerse evidente. Significa que debemos actuar racionalmente dentro de instituciones metaestables y cuidar de las cosas, en lugar de destruirlas (*ibid.*: 173). En lugar de seguir aceptando la lógica de las plataformas disruptivas de Silicon Valley, la respuesta es desarrollar la capacidad de mantener un equilibrio metaestable en un proceso de transformación infinita (*ibid.*: 175).

Mentalmente hablando, se ha demostrado que los usuarios son incapaces de trascender y de afrontar intelectualmente la entropía. Están pegados al teléfono, sin siquiera darse cuenta de que han iniciado sesión. En cuestión de segundos, le dieron «me gusta» a esto, compraron aquello, respondieron con un emoji y siguieron adelante mientras alguien gritaba cuando salía corriendo del ascensor. Controlando las aplicaciones, esta presencia inconsciente se volvió subconsciente. El propósito de la plataforma es hacer lo que hace. No es necesario resolver ningún objetivo ni problema superior. Una vez que creas un perfil y haces clic en algo, ya estás dentro. Desde el instante en que te registras, la plataforma se muestra como una realidad completa e indiscutible, un servicio que ha existido, existe y existirá siempre, preparado para tentarte a hacer transacciones. Ahora que formas parte del flujo, cualquier gancho de atención puede alejarte. Ya no existe la agotadora obligación de construir tu propia red social. Simplemente, comienza a desplazarte y las sugerencias aparecerán automáticamente. Solo para tu pantalla.

La mónada introspectiva autocontenida y el movimiento de la creación de mundos en constante expansión, ya no son contradictorios y encuentran su síntesis en una monstruosidad sociotécnica. Las plataformas gestionadas por los usuarios se presentan como mundos integrales autorreferenciales. «Un personaje con una narrativa singular tiene un potencial de marca limitado. Un mundo, en cambio, ofrece infinitas posibilidades», explica Terry Nguyen en el boletín *Dirt*[41]. La experiencia aún se siente como entrar en una novela de fantasía sin una narrativa general. Tomemos como ejemplo el revuelo por el meme de Hegel con la camiseta superventas con la portada de *Fenomenología del Espíritu*, ejemplificada por la generación de las *e-girls*. Un símbolo de quienes

41 <https://dirt.fyi/article/2022/10/worldbuilding-pt-1>.

están atrapados en el fango existencialista. Niegan. Incapaces de reformar el Sistema, cansados de sus crecientes complejidades, hartos de cancelar a otros, incapaces de dejar el hábito, aterrorizados de perder a sus «amigos» en línea. Este pensamiento culmina dialécticamente en consecuencias imprevistas, como las que hemos visto desplegarse en 2025.

Como no hay indicios de una comprensión más profunda de las plataformas ni de un movimiento para superar esta forma tecnosocial, miles de millones de personas están atascadas. Ya no hay «inteligencia al margen» a menos que creas en el cuento de hadas del bosque oscuro (que, de hecho, yo creo). En cambio, es más productivo ver la plataforma como una alegoría. El *software* es tan poderoso porque es una experiencia personal, basada en la ideología, sí, pero los usuarios apenas pueden expresar ideas subyacentes. En cambio, olvidamos nuestras obligaciones y nos sumergimos en la pantalla llena de personajes intrigantes y videos perturbadores, extraños y adorables con los que debemos interactuar. La plataforma como alegoría es una historia que nos contamos a nosotros mismos, negociando con el supereyó para obtener más tiempo en el teléfono.

En su manifiesto corporativo, Tailscale resume a la perfección el repentino cambio.

> Hemos construido un gigantesco sistema informático centralizado, con unos pocos megaproveedores en el medio y un montón de terminales tontas en nuestros escritorios y bolsillos. Esas terminales tontas, incluso nuestros relojes inteligentes, son supercomputadoras para los estándares de hace 20 años si las usáramos así. Pero no son mucho mejores que una VT100. Si desactivamos AWS, son un desastre[42].

Cada día surgen nuevas pruebas del «giro brutal» de Silicon Valley. El grupo de trabajo de Musk sobre doge.gov, el Departamento de Eficiencia Gubernamental (bautizado así por un meme de 2013), es un ejemplo[43]. Pero pensemos en el ex director ejecutivo de Google, Eric Schmidt, quien dijo a los estudiantes de Stanford que el día que prohibieran

42 <https://tailscale.com/blog/new-internet>.

43 «En realidad no están usando IA; no están impulsando la eficiencia. Lo que están haciendo es destruirlo todo», declaró un exfuncionario del Pentágono a *Politico*, en <https://www.politico.com/news/2025/04/15/pentagons-digital-resignations-00290930>. Un equipo de *nerds* del Pentágono que dimitió colectivamente, declaró que «o bien morimos de forma rápida o morimos lentamente».

TikTok, «deberían pedirle a un gran modelo de lenguaje que cree un clon de TikTok y robe todo el contenido y la música generados por los usuarios para poblar su nueva plataforma –algo que, según él, no tardaría más de un minuto– y luego la lance al mundo»[44]. Intenta visualizar la violación, pero también la facilidad de esta propuesta de 2024. El mundo está ahí para ser hackeado. Capturar todo el contenido, los datos privados, lo que sea. Se acabó la hegemonía suave, sino un Gobierno ejecutivo nihilista. En la era pos-covid, el poder de las plataformas está ahí, a la vista de todos, encarnado por los oligarcas cínicos: los ultrarricos a quienes no les importa y defienden brutalmente su riqueza e influencia.

El término «brutalidad de plataforma» surgió tras la lectura del libro *Brutalismo* de Achille Mbembe (2022, publicado originalmente en francés en 2020). Conocido como el estilo arquitectónico de hormigón a la vista de la década de los cincuenta, el filósofo africano Mbembe presenta el brutalismo como una «imagen mental» que puede interpretarse como un sinónimo poco elegante de las leyes económicas asociadas al término capitalismo. Aquí, el énfasis se desplaza de la extracción y el lucro como tales a la violencia real, a través de una etapa de fantasías aparentemente aleatorias y destructivas. Mbembe explica que «brutalismo es el nombre que damos a ese gigantesco proceso de expulsión y de evacuación, pero también de vaciado de los vasos y de las sustancias orgánicas» (2022: 14). Esto lleva a la naturalización de la guerra social. A través de todo esto, se desarrolla el proceso de fronterización: primero, la separación, luego la extracción de los cuerpos excedentes. El capital se ha hecho carne; el sistema no puede entenderse sin una economía política de los cuerpos. «Es parecido a una inmensa hoguera. Los cuerpos racializados y estigmatizados constituyen a la vez su leña y su carbón, sus materias primas» (*ibid.*: 41) Este proceso se acelera por aquellos que «prefieren, como ayer, delegar o subcontratar esas facultades a autoridades distintas de ellas mismas, incluso a máquinas» (*ibid.*: 42).

Mbembe define la computación digital desde tres ángulos: la abstracción técnica, la creación de subjetividad y su capacidad para crear su propio mundo. Artificializar, automatizar, autonomizar. La razón

44 Del blog de Paris Marx, en <https://disconnect.blog/roundup-eric-schmidt-says-the-quiet-part-out-loud/>. Transcripción de la conferencia en <https://github.com/ociubotaru/transcripts/blob/main/Stanford_ECON295%E2%A7%B8CS323_I_2024_I_The_Age_of_AI%2C_Eric_Schmidt.txt>.

digital, «considera al mundo como un inmenso reservorio» del que extraer recursos (*ibid.*: 66), tendrá que aceptar que «jamás el mundo ha producido tanto conocimiento [...] y sin embargo, la ignorancia y la indiferencia, inducidas o cultivadas, jamás han sido tan compartidas» (*ibid.*: 65).

La inevitable cuenta regresiva ha comenzado, también para el propio medio de internet. Esto es lo que describí en 2022 como *internet de la extinción*[45]. Las aplicaciones que antes apreciábamos ya no conectan a los usuarios, sino que fragmentan lo social. En respuesta, los ingenieros informáticos ya no pueden administrar el anacrónico estado de cosas. La próxima ola cuántica hará el resto. Los *geeks*, que ahora trabajan para los gigantes tecnológicos, son los dioses caídos, actuando como Caronte, el barquero del inframundo. Según Mbembe, «es a la urgencia a lo que nos enfrentamos» (*ibid.*: 21). Lo digital ya no es un mundo paralelo, sino parte intrínseca de una guerra presentada como «la más alta manifestación de la existencia humana. Se cree que la verdad de la vida hay que buscarla en su fuerza destructiva» (*ibid.*: 38).

La autonomía y el razonamiento crítico están en declive y han perdido su atractivo y aura. Según Mbembe, la gente ya no quiere pensar ni juzgar por sí misma, delegándolo en la esfera de las máquinas, mientras que «la identidad tiende, en efecto, a convertirse en el nuevo opio de las masas» (*ibid.*: 46). Los dispositivos tecnológicos han asumido el poder de las autoridades previas, creando un yo escindido que ya no busca la unidad ni la síntesis. Debido a su plasticidad, «las tecnologías digitales han democratizado inevitablemente la capacidad de soñar» (*ibid.*: 75). Los múltiples yoes en juego ya no buscan reconciliar la persona física con la digital. En este proceso, la humanidad se vuelve artificial y regresa al animismo. «No se trata del animismo del siglo XX, sino de un animismo que se expresa no según el modelo del culto a los antepasados, sino del culto a nosotros mismos y a nuestros múltiples dobles que son objetos» (*ibid.*: 26).

«El ordenamiento de las sociedades se efectúa bajo un único signo, que es el de la computación digital» (*ibid.*: 56). Mbembe ha sido uno de los pocos filósofos contemporáneos que, durante algún tiempo, integró internet y lo digital en su pensamiento. Los mundos digitales interpelan al inconsciente arcaico. Según Mbembe, la era digital es un período

45 <https://networkcultures.org/blog/publication/extinction-internet/>

en el que «los límites de la Tierra han estallado y los imaginarios de la circulación [...] han sido liberados» (*ibid.*: 75). El objetivo es «separarlo todo de cualquier sustrato, de cualquier corporeidad, de cualquier materialidad; de «artificiarlo» y «automatizarlo» todo. Se trata de someterlo todo a unos efectos de cuantificación y abstracción» (*ibid.*: 57). Mbembe relaciona entonces el cálculo en su forma computacional con «la economía bajo su forma neurobiológica y lo vivo sumido en un proceso de carbonización» (*ibid.*: 12). Los tres están sujetos a las técnicas de fracturación y fisura, drenaje y agotamiento. «Para hacer posible la extracción», nos dice Mbembe, se «requiere una intensificación de la represión» (*ibid.*: 13).

La brutalidad de plataforma pretende enfocar la «fronterización» de lo digital, como la llama Mbembe. La tesis es que, en lugar de ser retratada como una máquina de facilitación inagotable, internet se topa con un muro histórico y, en respuesta, replica con su energía destructiva interna. «Una ideología desbocada», como la describe Mike Pepi, autor de *Against Platforms* (2025). Como máquinas planetarias en un estado de frenesí asesino, las plataformas están totalmente capacitadas para movilizar recursos. Cargadas de potencialidad, la plataforma solía presentarse como una capa delgada e interminable sobre la que se manifiesta lo tecnosocial. Pero esta imagen ya no puede mantenerse. Como una vasta llanura carente de profundidad, facilita un viaje unidimensional interminable e imposible de abandonar. Mientras los sujetos perdidos se afanan sin cesar en su interior, la razón digital tiene dificultades para explicarlo. La lógica de la plataforma considera el mundo, en términos de Mbembe, «como un inmenso reservorio» del que extraer recursos (*ibid.*: 66). Esto lleva a una situación en la que la ignorancia y la indiferencia, «inducidas o cultivadas, jamás han sido tan compartidas» (*ibid.*: 65). Sin embargo, en su siguiente etapa brutal(ista), la plataforma ya no es nueva, ni mucho menos atractiva. Hay muchísima desesperación y desconfianza, pero los usuarios están atrapados y demasiado cansados para irse. El giro brutal de la lógica de la plataforma se experimenta como una desagradable advertencia. Las posibilidades y las rutinas se interrumpen repentinamente. «¿Qué quieres: implosión o explosión?», pregunta Dude en un meme. Franco Berardi llama a esta siguiente etapa una «guerra caótica de todos contra todos», impulsada por la demencia y «la automatización del comportamiento lingüístico, los caminos existenciales y las expectativas. El caos y el autómata se desarrollan y crecen en una violenta relación simbiótica»[46].

46 <https://www.e-flux.com/notes/649956/new-heroes>.

Cuando la captura de datos se ve obstaculizada, la violencia estructural emerge. De qué manera la brutalidad de plataforma se convierte en violencia física real es un tema de investigación mundial. La cuestión aquí es demostrar, en detalle, cómo la plataforma está directamente involucrada en actos de violencia, no solo facilitándolos, sino impulsándolos. Como he explicado en *Triste por diseño*, esta historia podría avanzar por etapas, desde la creación (a menudo) voluntaria de un perfil, pasando por la identificación y separación, la encarnación y la deportación, hasta el exterminio (Lovink, 2019: 137-166). Recopilar pruebas en redes sociales siempre es la primera etapa (por ejemplo, los agentes de inmigración que revisan *smartphones*). La intimidación de grandes grupos puede ser la segunda. No es necesario pensar en el uso de la IA Gospel[47] por parte del ejército israelí en la destrucción de Gaza, aunque el ejemplo sea un ejemplo clásico de violencia tecnológica. La brutalidad en las plataformas comienza con la puesta en escena de un acto banal instigado por celebridades, oligarcas o funcionarios estatales. El énfasis no debería centrarse únicamente en formas con finalidades violentas como el genocidio o la limpieza étnica.

Kawayoku Inception, de Noura Tafeshi, refleja los años de transición hacia la brutalidad de plataforma. Durante el confinamiento, la artista palestino-italiana creó una mezcla de estética rosa y tierna (japonesa) e imágenes de la cruel violencia cometida por mujeres soldados israelíes que bailan, juegan y festejan, rodeadas de esta forma de mercancía de «inocencia organizada». La colección se compone principalmente de material recopilado antes del ataque de Hamás del 7 de octubre de 2023 y la posterior fase de destrucción de Gaza y su población. Esta brillante obra de arte contemporánea, compuesta por un sitio web, un vídeo y un libreto, fusiona la mirada sobre los cuerpos femeninos con personajes de anime para investigar la anestesia de la violencia en la era digital[48]. El proyecto mapea la lucha por los corazones y las mentes de la generación Z, analizando técnicas de gamificación sensual

47 *Gospel* (o *Habsora*, en hebreo) es un sistema de IA utilizado por las Fuerzas de Defensa de Israel (IDF, por sus siglas en inglés) para generar de manera automática objetivos militares para ataques [N. del T.].

48 Sitio web: <https://nouratafeche.com/the-kawayoku-inception>; video: <https://networkcultures.org/void/2023/09/26/kawayoku-inception/>; ensayo: <https://networkcultures.org/longform/2024/12/10/the-kawayoku-tales-aestheticisation-of-violence-in-military-gaming-social-media-cultures-and-other-stories/>. Además, se lanzó una edición limitada de cintas VHS.

para justificar la limpieza étnica y los asesinatos masivos de ciudadanos. Visualiza las tensiones entre las violaciones de derechos humanos y *streamers* al estilo Hololive, la limpieza étnica y la vibra de «solo soy una chica». La vida de la chica mona se retuerce en las entrañas del genocidio. Las chicas guerreras simbolizan a las mujeres como objetos de deseo inalcanzables para los ejércitos *otaku-incel* de admiradores masculinos que buscan venganza.

Otra forma de violencia abstracta es la eliminación. Borrar las entradas del Otro es tanto simbólico como material. El gesto público de cancelar a individuos o atacar a grupos a menudo no es suficiente y, con frecuencia, solo es la primera etapa de un proceso que conduce a la erradicación. La eliminación es la manifestación técnica de un acto frío, no solo una condena moral. Es el arma principal de DOGE[49]. Como técnica cultural, es de otro nivel y va más allá de la censura o los recortes presupuestarios[50]. Silenciar o herir es una cosa; eliminar el archivo es otra. Borrar o tachar aún puede interpretarse como una corrección. Editar debería ser una mejora, ¿no? ¿Acaso a las fuerzas del bien les encanta limpiar y restaurar el orden? Se necesita acceso crucial a los datos para tachar identidades y recursos relacionados indefinidamente. Una vez dentro, puede ocurrir la devastación. Por cierto, este acto presupone que se impedirá la reinstalación de las copias de seguridad, lo que, a su vez, demuestra por qué las copias de seguridad siempre deben realizarse y almacenarse en otro lugar. Borrar datos y retirar el *hardware* una sola vez no es suficiente. La destrucción debe ser definitiva y devastadora. Las víctimas necesitan ser anonimizadas y desaparecer para siempre. Por eso, devolverles sus nombres y rostros se considera un gesto poderoso para recuperar la memoria[51].

49 Departamento de Eficiencia Gubernamental (DOGE por sus siglas en inglés). El nombre lo toma del famoso meme del perro Shiba [N. del T.].

50 Doug Casey, creador de opinión libertario de derechas, sobre DOGE: «La única manera de resolver el problema no es haciendo al gobierno más eficiente, sino aboliendo agencias en su totalidad, no solo recortando algunos gastos innecesarios», en <https://internationalman.com/articles/doug-casey-on-doge-deficits-and-the-coming-financial-earthquake/>.

51 En abril de 2022, se inauguró el Monumento a los Nombres del Holocausto de Ámsterdam, diseñado por Daniel Libeskind, que contiene los nombres de los 102 000 judíos holandeses deportados y asesinados por los nazis. Otro famoso monumento con nombres sería el de Washington DC., dedicado a los soldados estadounidenses caídos durante la guerra de Vietnam. Existen muchos otros en línea. Enumerar los nombres de personas se ha convertido en un acto consolidado de memoria colectiva contra razones administrativas e instrumentales destinadas a

Como explica Hannah Arendt en *Sobre la violencia*, escrito en 1969, la violencia tecnológica también puede interpretarse como una señal de que el poder de Silicon Valley está menguando. En definitiva, «el poder y la violencia son opuestos; donde uno domina absolutamente falta el otro. La violencia aparece donde el poder está en peligro pero, confiada a su propio impulso, acaba por hacer desaparecer al poder» (Arendt, 2006: 77). Siguiendo su argumento, podríamos decir que la violencia no es una demostración de poder tecnológico, sino que surge de su momento de impotencia. La hegemonía de las grandes tecnológicas se desvanece cuando el poder blando deja de funcionar. Vemos plataformas que van más allá de la optimización y se comprometen abiertamente con formas de violencia estructural. Escribiendo a principios de 2025, el régimen de Trump-Musk en desarrollo muestra que la ideología californiana, definida por Barbrook y Cameron e indiscutible durante tres décadas, ha perdido su hegemonía y ahora muestra su lado brutal. DOGE y Palantir representan la transición a la violencia californiana. «Te borramos». Y el contragesto hacker es al menos igual de contundente: borraremos a DOGE.

La brutalidad de plataforma adopta diversas formas, evidencia que se recopilará en los próximos años. La violencia inducida por internet se remonta a sus propios orígenes militares. Ya existen más de 50 años de historia al respecto, desde sus inicios en la Guerra Fría para eludir ataques nucleares, el Gran Cortafuegos de China y la ciberguerra, hasta el tráfico de mujeres en línea, el *malware*, el ciberacoso, el bloqueo en la sombra y el fraude criptográfico. Incluso la búsqueda de alternativas puede resultar mortal. Pensemos en los buscapersonas de Hezbolá (destinados a eludir internet) que estallaron en septiembre de 2024, matando e hiriendo a muchas personas debido a una elaborada trama del Mossad. Desde esta perspectiva, se trata de elegir entre diferentes opciones. Internet se ha convertido en parte integral de todas las actividades humanas y el giro

---

borrar y olvidar a multitudes anónimas. La instrumentalización de la lista de nombres es inminente. Un ejemplo reciente sería la lista de los más de 50 000 nombres de ciudadanos de Gaza asesinados por las IDF después del 7 de octubre de 2023, en <https://www.newarab.com/news/tragic-649-page-document-names-every-palestinian-killed-gaza>. La lista de los aproximadamente 1200 israelíes asesinados por Hamás también está disponible en línea (con un número aún desconocido de casos debido a la Directiva Hanibal de las FDI de matar a sus propios ciudadanos), en <https://www.haaretz.com/israel-news/2023-10-19/ty-article-magazine/israels-dead-the-names-of-those-killed-in-hamas-massacres-and-the-israel-hamas-war/0000018b-325c-d450-a3af-7b5cf0210000>.

violento es visible en todas partes. El mensaje no se limita a generar indignación moral por los ataques aleatorios contra otros. El giro brutal, en última instancia, afecta a todas las personas. La brutalidad de plataforma va mucho más allá de las representaciones mediáticas de la violencia que ocurre en otros lugares. La violencia tecnológica es, en esencia, remota, invisible e indirecta. Muchos no perciben de inmediato la exclusión en lo profundo del código y la arquitectura de red, de forma similar a cómo funciona hoy en día la extracción de datos. La respuesta no será la pacificación ni la regulación, sino el desmantelamiento del principio mismo de plataforma.

3. Debate en torno al tecnofeudalismo

> «Acabo de enterarme de que todos los mensajes de "¡Eres el mejor!" que me envía mi papá son una de las tres opciones de respuesta rápida en su Toyota Rav4». Tuit / «Muchas cosas que había estado atribuyendo a mis decisiones y circunstancias personales durante la última década se debieron a condiciones económicas de tipos de interés cero». Venkatesh Rao / «Debo confesar que me perdí en el universo de los *deepfakes* trucados». JS / «Ni máquina ni amo». Pegatina

Se está difundiendo un meme: el capitalismo ha muerto. Nos afanamos en sus restos. En lugar del *Intel Insid*e, hay *Dead Inside*. Nada parece lo que parece en este estado zombi. ¿Por qué no nos dimos cuenta antes? Hay confusión por todas partes. ¿Se está acelerando la historia o, por el contrario, se está estancando o incluso está retrocediendo? ¿Cómo se complementan estas dos tendencias? La tesis de la brutalidad, que argumenta que el capitalismo es inherentemente brutal y explotador, encuentra una sólida base económica en el concepto de tecnofeudalismo. Analicémoslo.

En *Tecnofeudalismo. El sigiloso sucesor del capitalismo*, el exministro de finanzas griego Yanis Varoufakis afirma que el capital en la nube, un término que utiliza para describir la infraestructura digital y la riqueza que genera, es el motor político-económico detrás del giro feudalista. «Gracias al trabajo no remunerado de los siervos de la nube y a las rentas de la nube de los capitalistas vasallos, una parte cada vez mayor de la plusvalía generada en el sector capitalista se desvía a los nubelistas en forma de una mayor renta de la nube» (2024: 251). En lugar del «hagamos que el futuro vuelva a ser grande», sentimos que metafóricamente hablando retrocedemos a 1955, a la oscura Edad Media. Técnicamente, el capitalismo aún funciona, pero ha perdido su esencia y se ha replegado en la nube.

El subtítulo del libro de Varoufakis de la versión en inglés es «Lo que mató al capitalismo». ¿Esto significa decir que fue reemplazado por algo peor, como afirmó McKenzie Wark en *El capitalismo ha muerto*? Como dice un refrán ruso, «la oscuridad es máxima antes del amanecer, pero es invierno y el amanecer tardará». Para mí, la noción de un capitalismo muerto no apunta tanto a una crisis económica como a la muerte de su espíritu. ¿Dónde está su *Geist*? Su sistema de creencias activo de décadas pasadas, el neoliberalismo, ha perdido su *élan vital*. Sin embargo, su sistema actual aún no ha muerto; es débil y se niega a morir. Como resultado, la élite «globalista» dominante se volvió nihilista o lo que sea, incapaz de comprender el auge del populismo de derechas, y mucho menos de encontrar una respuesta política. En términos económicos, el trabajo, los mercados y las ganancias siguen importando, pero ya no impulsan su desarrollo. El capital ha mutado, explica Varoufakis, pero ni el público general ni los economistas políticos se dieron cuenta. Yo diría en mi defensa que los críticos, activistas, diseñadores y artistas de internet efectivamente han estado cartografiando su *policrisis* durante las últimas décadas, pero sus opiniones se mantuvieron al margen.

El poder ya no está en manos de quienes poseen máquinas; proviene del capital en la nube, las nuevas tierras digitales. Nos cuesta encontrar los términos adecuados para la nueva etapa en la que nos encontramos. Mi lado materialista se centraría en las guerras de *chips*, los centros de datos, los cables y el futuro de la informática. Concentrarme solo en Microsoft, Amazon y Google también sería limitante. En cambio, analizaría la interacción entre ASML (Países Bajos), NVIDIA (Estados Unidos) y TSMC (Taiwán) y evitaría usar «la nube», ya que es un término muy confuso. Pero sigamos la línea de pensamiento de Varoufakis: el valor añadido proviene del valor de la nube. Por eso, empresas de la nube como BYD dominarán el mercado automovilístico mundial en términos de valor añadido. Ni Volkswagen ni BMW ni Mercedes Benz ni Audi, las empresas de maquinaria tradicionales que se vieron paralizadas por la pasión demasiado alemana por el motor de combustión y su ansiedad por todo lo digital (y, por lo tanto, fracasaron en su transición a la nube). En cualquier caso, debido al programa de rearme europeo de 2025, el valor bursátil del gigante armamentístico Rheinmetall ya supera al de Volkswagen. Al transitar por este nuevo panorama, nosotros, la audiencia, debemos comprender nuestro papel en la construcción del futuro.

Los capitalistas industriales de la vieja escuela se han convertido en vasallos de una nueva clase de señores feudales, los dueños del capital en la nube. En lugar de mercados, Varoufakis prefiere hablar de «feudos». La ganancia ha sido reemplazada por la renta. Explica que se debe pagar una renta en la nube para acceder a esas plataformas. El cambio de las últimas dos décadas, de redes a plataformas, permanece en gran medida sin mencionarse. En su lugar, Varoufakis utiliza el término TIC «nube», un término deliberadamente ambiguo de mediados de los noventa. Sugiere que los datos no están en ninguna parte, almacenados fuera de cualquier entidad geopolítica o territorio jurisdiccional, en el océano o en algún otro planeta. Para acabar con esta confusión, hace una década se produjo un «giro infraestructural» con el mapeo de cables submarinos y centros de datos. Si bien Varoufakis prefiere no hablar de maquinaria ni edificios, es precisamente allí donde se alberga «la nube». La nube no es virtual, sino material[52].

A Varoufakis no le interesan los debates con otros autores que presentaron ideas similares sobre el neofeudalismo anteriormente. Sin embargo, conviene mencionar algunos. En un ensayo de 2020 para *Los Angeles Review of Books*, Jodi Dean presentó un resumen claro del debate. Nuestro compromiso intelectual es crucial para la evolución de esta discusión[53]. Dean escribe que «las dimensiones no capitalistas de la producción –expropiación, dominación y fuerza– se han fortalecido hasta tal punto que ya no tiene sentido postular actores libres e iguales que se reúnen en el mercado laboral, incluso como una ficción gobernante». Jodi Dean posteriormente reelaboró el ensayo en un libro titulado *Capital's Grave: Neofeudalism and the New Class Struggle*. Su idea era sintetizar los efectos de cuarenta años de neoliberalismo: soberanía

52 Toda una biblioteca ya respalda esta afirmación, también conocida como el «giro infraestructural», con libros e informes que estudian los aterrizajes de cables, los centros de datos, los satélites y los residuos electrónicos. Quiero destacar uno que mapea los centros de datos de los Países Bajos, llamado *Acid Clouds*, producido por Niels Schrader y Jorinde Seijdel, que es a la vez un libro, publicado en 2024 por Nai-010, y un sitio web, <https://acidclouds.org/>.

53 <https://www.revistarosa.cl/2022/01/16/neofeudalismo-fin-capitalismo/>

parcelada, nuevos señores y siervos, periferización y psicosis cotidiana por la ansiedad catastrófica. Con tantas personas atraídas al precario sector servicios, resulta difícil comprender cómo el progreso mismo genera decadencia, cómo la producción es destrucción, cómo la prosperidad de algunos se logra a costa de otros. La tesis del neofeudalismo postula que las condiciones económicas modernas se asemejan a las de la era feudal, con una pequeña élite controlando la mayor parte de la riqueza y el poder. Esto puede ayudar a reconciliar tendencias divergentes, como la intensificación de la desigualdad y la acumulación desvinculada de la producción.

El ensayo de Evgeny Morozov en *New Left Review*, «Crítica al tecnofeudalismo», también contribuyó al debate[54]. Al estilo de Morozov, desestima a sus oponentes sin aclarar los peligros políticos de usar el concepto de la «Nueva Edad Media». La mayoría son renegados. No basta con acusarlos de «*glamour* feudal», «bombo publicitario» y «pop». Morozov presupone que un análisis racional del capitalismo conducirá a la forma correcta de organización y, en última instancia, al poder. Escribe que «la popularidad del lenguaje feudal es una muestra de debilidad intelectual, más que de astucia mediática. Es como si el marco teórico de la izquierda ya no pudiese dar sentido al capitalismo sin movilizar el lenguaje moral de la corrupción y la perversión» (Morozov, 2022: 102-103). Siguiendo a Neckal, Morozov afirma que la modernización neoliberal «no debe pues leerse en términos de progreso ni de involución, sino como paradójica» (*ibid.*: 107)[55]. A pesar de la ausencia de mayor elaboración, esta productiva idea sigue vigente y quizá otros la desarrollen. Morozov concluye que un mero análisis económico será insuficiente y deberá complementarse con un análisis político del papel del Estado, que también es un factor clave en la creación y el crecimiento de Silicon Valley en el caso de los Estados Unidos de Amnesia.

54 Véase también la respuesta de Jodi Dean, que se basa en la tesis de Morozov, en <https://newleftreview.org/sidecar/posts/same-as-it-ever-was?pc=1440>: «Los proletarios de hoy están atrapados en un nuevo tipo de servidumbre, dependientes de redes y prácticas mediante las cuales se extraen rentas constantemente. Cuando la producción no es lo suficientemente rentable para la acumulación, los capitalistas buscan rentabilidad en otros lugares». Anteriormente, en 2019, Mariana Mazzucato introdujo el término «feudalismo digital», en <https://www.project-syndicate.org/commentary/platform-economy-digital-feudalism-by-mariana-mazzucato-2019-10>.

55 Lo que nos lleva a preguntarnos qué plataformas, nubes o infraestructuras paradójicas podrían ser.

En resumen, ¿por qué no aferrarnos al capitalismo tardío o al capitalismo de plataformas?

No es fácil concebir la regresión y la aceleración en conjunto. Si intentas comprender todo esto, piensa en la velocidad multiplicada por el escalamiento. En mi interpretación de «redes a plataforma», la lógica técnica detrás del hipercrecimiento hacia el dominio del mercado reside en la lógica de las «redes sin escala». Las *startups*, respaldadas por los amplios recursos de capital riesgo, pueden alcanzar el estatus de monopolio en cuestión de meses, eliminando cualquier posibilidad de tecnodiversidad. De esta manera, son como las patentes u otros regímenes de propiedad intelectual: su función es reclamar territorio y eliminar a la competencia. La clave es que el feudalismo es un modo de producción en el que «los medios de extracción del plusvalor son extraeconómicos, siendo en gran medida de naturaleza política; los bienes se expropian bajo la amenaza de la violencia» (*ibid.*: 104). En comparación, la extracción de excedentes bajo el capitalismo es economía y, añadiría, una economía cada vez más abstracta e invisible. Este es el problema del término «capitalismo buitre»[56], una imagen de los capitalistas como aves de rapiña que se alimentan de la carne en descomposición de los usuarios muertos. Buitre suena cruel, pero es potencialmente esclarecedor. Sin embargo, enfatiza demasiado un ataque violento de los oligarcas digitales contra los «muertos vivientes», algo que nosotros, usuarios afectados, quizá aún no experimentamos.

Investiguemos más a fondo por qué las discusiones marxistas recientes utilizan metáforas retrospectivas en lugar de mirar hacia el futuro. Según Steve Fraser en Jacobin, «esta cultura política de la restauración reconoce tácitamente que el futuro, en el sentido en que habitualmente se utilizó esa palabra, está muerto. O si vive, lo hace con respiración asistida».[57] ¿Dónde está el «futurismo de los comunes» ahora que lo necesitamos? En cambio, terminológicamente hablando, nos hemos retrotraído seis o siete siglos atrás. ¿Y por qué exactamente a ese período, y no, por ejemplo, a 1770, cuando Adam Smith descubrió el mercado y despegó la industrialización? ¿Cuál es el atractivo (secreto, quizás inconsciente) de la Edad Media, si no una metáfora del estancamiento,

56 Título de un libro de 2024 de Grace Blakely, sobre «crímenes corporativos, rescates financieros por la puerta trasera y la muerte de la libertad», en <https://www.simonandschuster.com/books/Vulture-Capitalism/Grace-Blakeley/9781982180850>.

57 <https://jacobinlat.com/2024/03/el-fin-del-futuro/>.

la miseria y la decadencia? ¿Se usa esta imagen sombría para asustarnos o es un marco que ofrece valiosas perspectivas críticas? De acuerdo, vivimos en crisis y conflictos impulsados por fuerzas contradictorias como la hipermodernidad y el primitivismo, la aceleración y el estancamiento, la extracción y la conservación.

En otra contribución griega, Korinna Patelis, exmiembro de Syriza y autora del estudio pionero sobre la economía política de internet del año 2000, define el debate sobre el tecnofeudalismo como «la política cultural y de clase de un lugar imaginario llamado neofeudalismo (y sus plataformas): un hábitat místico de derrota colectiva y preciada melancolía». Describe el contexto discursivo como un proyecto neorromántico en el que «el duelo ya se ha convertido en ley». El tecnofeudalismo intelectual actual es «un regreso nostálgico a tiempos de luchas locales por un Estado nacional, un banco y una moneda». Pero lo que más veo en juego aquí es una dialéctica cruel entre estasis/estupor y el cambio turbulento. El enfoque feudal aborda el prolongado estancamiento económico de los trabajadores precarios sin alternativas. Sin embargo, el término desconcertante «la dinámica de la política (de izquierdas) y la derrota», como la saga de Syriza de 2015, muestra que la turbulenta presencia 24/7 en las redes sociales se mezcla con un espectáculo oriental de intrigas clandestinas de grandes personalidades, con la Acrópolis como telón de fondo y violentas protestas callejeras.

Cables, *racks* de servidores y conmutadores, con tráfico de datos entre empresas mediante acuerdos de *peering* a lo largo de un eje este-oeste dentro de los centros de datos, eludiendo eficazmente el internet público (salvo los protocolos que astutamente utiliza como parásitos). Este es el poder y la importancia político-económica de los centros de datos: los contratos comerciales se celebran a nivel de infraestructura y los sistemas técnicos, independientemente del Estado o la jurisdicción donde se ubiquen estas instalaciones. Esto se hizo evidente a principios de 2025, cuando el Occidente administrativo, desde las universidades hasta los parlamentos, desde los hospitales hasta la policía, se dio cuenta de su dependencia de los servicios en la nube estadounidenses. Si bien aún no está claro si, por razones de seguridad relacionadas con la «soberanía de datos», los europeos podrán transferir sus datos a tiempo antes de que sean tomados como rehenes por el régimen de Trump II, el auge de la infraestructura geopolítica es un hecho (a pesar de la vehemente negación de esta tendencia por parte de Benjamin Bratton). En 2025, la «computación planetaria» suena a una afirmación ingenua promovida por los liberales occidentales bienitencionados que se están yendo.

¿Cuál es el atractivo de describir nuestra situación como «neomedieval»? La primera vez que me topé con la idea de un retorno *de* la Edad Media, en lugar de un regreso *a* la Edad Media, fue a mediados de los años ochenta, cuando leí obras interrelacionadas como *En el nombre de la rosa* de Umberto Eco, como *Un espejo lejano: el calamitoso siglo* XIV de Barbara Tuchman, *El queso y los gusanos* de Carlo Ginzburg, y *Montaillou* de Le Roy Ladurie, la historia de un pueblo medieval francés. En mi imaginación, la ola de la «Nueva Edad Media» se basaba en el clásico de 1919, *El otoño de la Edad Media* del holandés de Johan Huizinga, que me llamó la atención cuando lo leí en mi adolescencia. Para mí, parecía una era interminable de superstición, guerra y política fragmentada, dominada por el poder ideológico de la Iglesia. Estas obras no se escribieron simplemente para historizar un período, sino que utilizaron el estilo para crear un espejo del tiempo. Lo que me queda de esta ola es el énfasis en la narrativa de «microhistoria». Este es el estilo que Varoufakis utilizó, estructurando el argumento que desarrolla dentro del *Tecnofeudalismo*, en un diálogo imaginario con su padre.

En *Travels in Hyper-Reality*, una recopilación de textos traducidos al inglés en 1986, el maestro narrador Umberto Eco advierte la obsesión de la cultura pop con la brujería y las sagas celtas en cómics y videojuegos. Según Eco, aún vivimos bajo el estandarte de la tecnología medieval. «Las lenguas modernas, las ciudades mercantiles y la economía capitalista son invenciones de la sociedad medieval». Eco escribe que «a veces no es tan medieval pensar que se acerca el fin y que el Anticristo, vestido de civil, llama a la puerta». Al igual que hoy, los años de principios de la década de los ochenta fueron un período oscuro y apocalíptico dominado por la amenaza de una guerra nuclear que aniquilaría a la humanidad. ¿Desatará la amenaza rusa de usar armas nucleares en la guerra de Ucrania un renacimiento de la cultura pop apocalíptica? Tomemos como ejemplo «I Want to Be with My Baby when the Bomb Comes Down», una canción estadounidense *funky* de 1983 que celebra la destrucción nuclear global como una explosión orgásmica, creando una economía circular de miedos convertidos en deseos, deseos convertidos en miedos. Como escribe Eco, «nuestro paralelismo medieval, naturalmente debe articularse para no temer imágenes simétricamente opuestas». ¿Redes sociales como centros monásticos? Hay paralelismos, pues ambas son espacios de poder donde la información informal circula dentro de sus muros seguros. Y como decían los chinos, parafraseando a Eco, «ojalá vivas en una época interesante». Espero que no sea la Edad Media.

Después de 1989, la historia volvió a la agenda y el «medievalismo» se convirtió en una metáfora olvidada. Pero no por mucho tiempo. El renacimiento globalista enfrentó su primer revés con la crisis de las puntocom del año 2000 y el 11-S, que se convirtió en una depresión permanente tras la crisis financiera de 2008, cuando Yanis Varoufakis irrumpió en la escena mundial como ministro de finanzas griego. Desde el ascenso de Orbán, Modi, Putin, Wilders, LePen e innumerables políticos populistas de derechas, la *Era Digital Oscura* no es solo un tema de moda en los círculos artísticos postinternet. La aceleración hacia atrás parece ser un motivo convincente que contrasta con la sensación de cansancio de estar en un barrio marginal donde uno no puede moverse ni hacia adelante ni hacia atrás. Este es un terreno cultural fértil para que las metáforas medievales se desarrollen.

Basándose en Lacan, Slavoj Žižek escribe sobre las ilusiones en las que se basa la realidad capitalista: «estamos condenados a la dominación; el Amo es el ingrediente constitutivo del propio orden simbólico, de modo que los intentos de superar la dominación solo generan nuevas figuras del Amo» (2015: 22). El debate gira en torno a cómo adaptar la dinámica medieval amo y esclavo a la situación actual. En el ciberrégimen del siglo XXI, el esclavo ya no es una mercancía colonial, sino un sujeto neoliberal productor de datos, confinado en un mundo espejo de decisiones personalizadas. La explotación del esclavo es principalmente psicológica, lo que provoca agotamiento y depresión, ya que no se vislumbra un fin ni una salida. La pregunta entonces sería, ¿cómo funcionan las relaciones amo-esclavo contemporáneas si no hay violencia física o psicológica directa? ¿Es el uso de las redes sociales una forma de esclavitud voluntaria y libre?

El sueño de la Edad Media del que habla Eco es bárbaro; en este caso, una pesadilla de explotación sin fin. Suave y abstracto, pero cruel. Para Varoufakis, el tropo medieval es el de un orden económico estable pero deprimido, caracterizado por una desigualdad extrema y la pérdida de todo lo social, público y comunitario. En el pasado, un «jardín amurallado» resultó ser un confinamiento, un gueto que vive del miedo a los ciberataques y de la protección colectiva que ofrece el feudo (es decir, Google, Microsoft, Meta o Amazon).

Los usuarios ya no creen en la grandeza de la era digital que habitan. Las ideas progresistas de empoderamiento, libertad y «derechos» han sido abandonadas en favor de la seguridad, la vigilancia y la extracción. Para entonces, muchos habían notado la transición de navegar por internet a convertirse en siervos digitales en internet. «La tecnología se utilizaba para empoderar a las personas y mejorar sus vidas. Ahora, solo lo hace para quienes la poseen. Para todos los demás, reduce la calidad de vida. Esto no es culpa de la tecnología. La culpa es de sus fundadores, inversores, legisladores y periodistas. Nos están fallando», escribió recientemente Roger McNamee, autor de *Zucked: Waking Up to the Facebook Catastrophe*, en Twitter. En el tecnofeudalismo, la Edad Media no aparece como pretexto. No es un telón de fondo ni una oportunidad de los aficionados a los juegos de rol para disfrazarse. En cambio, es una advertencia de que las relaciones sociales están congeladas, que la miseria mental está en aumento y que el nivel de vida está decayendo.

La gran transformación de la que habla Karl Polanyi pudo haber ocurrido hace dos siglos: el mundo occidental pasó del feudalismo al capitalismo. Pero, mientras tanto, también perdió su espíritu, negándose a ser reemplazado por algo «mejor». Con las crisis económicas convirtiéndose en «policrisis» y volviéndose endémicas, existe una creencia cada vez más débil en el «progreso». El motivo principal es la «disrupción sin causa», carente de capacidad para resolver problemas. El camino está bloqueado. En lugar de las altas finanzas, el capital de riesgo tecnolibertario busca derribar tanto a los Estados como a las corporaciones clásicas. Además de la reacción neoliberal conservadora, el irónico posmodernismo y el éxodo existente de industrias como la minería del carbón, el acero y el textil, la cuestión de la regresión (¿hacia qué?) está sobre la mesa. ¿Cómo se desenvolverá el otoño del capitalismo?

A mediados de la década de 2010, el orden liberal occidental enfrentó una serie de reveses, como los atentados terroristas islamistas como los de Charlie Hebdo y Bataclan, los desastres militares en Irak, la oleada de refugiados de Siria y Afganistán, el referéndum del Brexit, la nominación y elección de Trump, pero también Maidán, el MH17, la anexión de Crimea por parte de Rusia y la invasión del este de Ucrania. Una teorización de estos acontecimientos trascendentales se recopiló en una obra llamada *El gran retroceso*, publicada en 2017 en alemán e inglés. Si bien el análisis de los 15 colaboradores (incluido Žižek) fue principalmente intelectual, político y cultural, aquí faltaba la base de la economía política (al igual que el enfoque de las plataformas y las redes sociales). Esta es la brecha que Varoufakis solucionó seis años después.

Atrapados en el conservadurismo liberal, combinado con la agotadora inclusión de un *corpus* cada vez mayor de ritos capitalistas y expectativas populares de vivir una vida moderna, la vida cotidiana se ha convertido en un corsé de opciones sin posibilidad de elección. No se trata simplemente de una crisis seguida de una recuperación. La pregunta que se plantean los editores de *El gran retroceso* es si «estamos presenciando un rechazo mundial a la democracia progresista y su sustitución por el autoritarismo populista». En su ensayo inicial, Arjun Appadurai habla de «fatiga democrática». Si bien esto inicialmente se califica como malestar, un estancamiento de «crecimiento cero», empieza a sentirse como un retroceso en la siguiente etapa. Lo que se manifestó como falta de progreso se reveló más tarde como una pérdida, un declive sin fin. Mientras tanto, podríamos encontrarnos en una época oscura, tras la fatiga.

En este contexto, el espíritu –o la falta de él– no se refiere al trabajo duro y al progreso como Max Weber describió en 1905. El espíritu neoliberal globalista de finales de la década de 1990 fue bien descrito por Boltanski y Chiapello, pero murió en 2025. ¿Cuál era «el espíritu de la plataforma» de nuevo? Es pura optimización, pura extracción, que culmina en una forma banal y visible de manipulación algorítmica. Una vez, la plataforma fue una idea de la sociedad: ¿quién no quería dirigir una plataforma? Lo interesante no era su diseño, y mucho menos su atractivo, aunque las interfaces fluidas, el diseño «intuitivo» y la velocidad siguen siendo importantes. Contaban la presencia social y la sensación de que todos los demás también estaban virtualmente presentes allí. No se trata solo de ti y el *software*. Esta es la «adhesividad» social de la que todos somos víctimas. Ahora, el Otro no es más que una molestia, a punto de dejarte en la estacada.

Otro término «medieval» que Varoufakis utiliza ocasionalmente es el de «feudo», mantenido bajo la condición de tributo. Un ejemplo bien conocido y a la vez despreciado en el mundo del arte y el diseño digital de un «feudo de la nube» sería la plataforma de *software* de suscripción de Adobe, Creative Cloud (conocida por Acrobat e InDesign). Antes, el comprador descargaba Creative Suite y podía usarla ilimitadamente, trabajando sin conexión; hoy en día es parte de esos «feudos de la nube». «De una manera correctamente leninista, Varoufakis ve que el objeto de nuestro análisis crítico (el capitalismo) ha cambiado, y nosotros debemos cambiar con él. De lo contrario, solo estaremos ayudando al capitalismo a revitalizarse en una nueva forma», advierte

Slavoj Žižek[58]. Nos enfrentamos al deprimente mensaje de que el mundo tendrá que elegir entre las finanzas en la nube de Estados Unidos y China, ya que Europa perdió voluntariamente esta oportunidad, como sucedió antes con los motores de búsqueda, las redes sociales y la inteligencia artificial. Varoufakis nos insta a nosotros, los «siervos de la nube» a dejar de invertir tanto «tiempo y energía» para «construir el capital en la nube de otros» (2024: 184). Describe este proceso como parte de la «contracción de la base del valor global» (*idem*) a causa de la extrema concentración del excedente en manos de unos pocos y a la extrema desigualdad para el resto.

Además de las grandes perspectivas económicas de Varoufakis, es esencial centrarse en el verdadero «feudalismo de plataforma» existente. En su libro de 2024 sobre el diseño democrático de la vida en línea, *Governable Spaces*, Nathan Schneider habla de «feudalismo implícito». Utiliza el término «metafóricamente para describir comunidades, cada una sujeta a una estructura de poder absoluta e inalterable por quienes carecen de permisos específicos» (2024: 18). Para Schneider, esta forma de feudalismo es una cuestión de diseño de *software*. Schneider y yo nos hemos tomado en serio el auge de las plataformas; no es necesariamente una condición predeterminada. «Feudalismo por diseño»: impone límites innecesarios a las posibilidades. Las posibilidades de gobernanza comunitaria están limitadas. El mundo en línea está gobernado por autoproclamados «dictadores benevolentes». Sin embargo, esto no es solo una historia de sumisión. Hay un elemento de hábito aquí, «una forma familiar de hacer las cosas, junto con la deuda técnica de diseños anteriores, en torno a la cual se han desarrollado los modelos de negocio». Con el tiempo, las posibilidades de las redes sociales se deterioraron. Mediante técnicas de «patrones oscuros», el feudalismo implícito fortalece la autoridad de los administradores. Esto es feudalismo subconsciente: es un efecto de encierro al que los usuarios se acostumbran sorprendentemente rápido, perdiendo la capacidad de irse. Al final, todos aprendimos a aceptar las leyes de hierro de la oligarquía de Robert Michels. ¿Cómo se derrocó a estos oligarcas en la época de Michels? No se derrocó. Todavía no sabemos cómo deshacernos de ellos. Y es por eso que nos vemos obligados a retroceder.

Lo que nos queda no es tanto un mundo medieval dominado por santos, carnavales y el mercado anual, sino uno de Estados e infraestructuras

58 <https://www.clarin.com/revista-n/slavoj-zizek-dice-lenin-guerras-israel-palestina-rusia-ucrania_0_UCZho6SePR.html>.

en ruinas, como lo describen ideólogos escapistas de derechas como Balaji Srinivasan, autor de *The Network States*. En una reseña, la meritocracia basada en *blockchain* («llevar tu negocio a otra parte») se describe de la siguiente manera: «Menos Star Trek y más Juego de Tronos». Literariamente: menos siglo XXII, más siglo XII. Es importante incluir el ángulo «feudal» posdemocracia de la mayoría de los *criptobros* (incluyendo millones de sus seguidores jóvenes, en su mayoría hombres). Srinivasan imagina Estados compuestos por una comunidad muy unida, comprometida con un único y estricto «mandamiento» (por ejemplo, estrictas reglas dietéticas), gobernado por un rey fundador y aplicado por un contrato impuesto por *blockchain* para monitorear el cumplimiento de las partes[59]. El Estado red es una «fantasía tecnológica con toques de feudalismo de gobernantes y gobernados, que revive las jerarquías tradicionales y se envuelve en un manto de futurismo». Si le hacemos caso a Srinivasan, la democracia retrocederá a la monarquía, compuesta por redes con autoproclamados gobernantes. Es un movimiento impulsado por usuarios (ya no ciudadanos ni actores) que pone sus activos bajo el control de gobernantes benevolentes del *blockchain* (quienes pueden confiscarlos para castigar o prevenir acciones que violen el Mandamiento, según la interpretación del gobernante). Una visión del mundo que triunfa mucho entre los sirvientes de la máquina, amantes del juego y con poco que perder.

Mientras Achille Mbembe enfatiza el aspecto brutal, he demostrado que el tecnofeudalismo de Yanis Varoufakis apunta a una nueva relación socioeconómica resultante del modo extractivista de producción en la nube. Necesitamos pensar en lo económico y lo brutal conjuntamente. Por ejemplo, en el caso de la instrumentalización brutal, la política de recortes de empleos y la búsqueda de maneras de automatizar y aplanar la educación, recortar presupuestos y, en última instancia, eliminar *stocks*. O la estafa en línea conocida como la «matanza de cerdos»: el cibercrimen como forma de extracción violenta. Ya existe una versión técnica de la tesis de la regresión de L.M. Sacasas, quien afirma que todo lo que nos llega en línea proviene del pasado. «En internet, todas las acciones son inscripciones». Aquí solo hacemos epigrafía, donde el pasado actúa como «un agujero negro que absorbe el futuro dentro de sí»[60]. Y como no hay presente, solo hay fragmentos del pasado organizados de

59 <https://www.combinationsmag.com/build-network-societies-not-network-states/>.
60 <https://theconvivialsociety.substack.com/p/we-are-not-living-in-a-simulation>, 27 de mayo de 2022.

distintas maneras. El usuario se guía por bases de datos históricas sin percatarse de su naturaleza antigua. A medida que estas bases de datos crecen de forma masiva, su atracción gravitacional absorbe más atención y energía. En consecuencia, nuestra capacidad de habitar el presente e imaginar el futuro se deteriora. Internet es Saturno devorando a sus hijos.

4.
La soledad en la era de las redes sociales

> «Nunca está nadie más activo que cuando no hace nada, nunca está menos solo que cuando está consigo mismo». Marco Porcio Catón / «Solo el hombre malo está solo». Diderot / «La peor soledad es no estar cómodo contigo mismo». Mark Twain / «Are you lonesome tonight?». Elvis / «No levantarse de la cama es un intento subconsciente de buscar refugio». Theroux

Aviso de inflación: el término «redes sociales» experimenta una implosión lingüística. La mayoría de los académicos se centra en la primera palabra, comparándola con antiguas redes y medios de comunicación de masas. Pero, ¿y qué hay de lo social? ¿Qué significa lo social en una época de *smartphones*, en la que muchos se sienten socialmente aislados y la mayoría de sus «amigos» son celebridades o marcas? Los usuarios hacen *scroll* frenéticamente en busca de actualizaciones, dan «me gusta», envían mensajes y esperan respuesta. ¿Es este destino tecnológico una condición humana inevitable? En su ensayo «Is Facebook Making Us Lonely?» Stephen Marche observó que «vivimos en una contradicción acelerada: cuanto más conectados estamos, más solos nos sentimos»[61]. Basta con mirar a nuestro alrededor en el autobús o en el metro: ya no nos escondemos detrás de los periódicos; los viajeros clavan la vista en un objeto electrónico «animado», repleto de interacciones que

61 <https://www.theatlantic.com/magazine/archive/2012/05/is-facebook-making-us-lonely/308930/>.

nos seducen a deslizar, pulsar, responder y dar «me gusta» hasta el agotamiento, para soltar el teléfono y recuperarlo instantes después, ansiosos por descubrir las últimas actualizaciones.

El siglo pasado ya produjo una abundante reflexión literaria e intelectual sobre el tema. Ahí va un dato: alrededor del 60 % de los estadounidenses se sienten solos[62]. Pensemos en la interpretación de Hannah Arendt de la «soledad organizada» como terreno fértil para el terror, nacida de la «desarraigada» era industrial, que desemboca en aislamiento e impotencia para actuar. O en *Solo en la bolera* (1995) de Robert Putnam. Los valores del capital social nunca habían caído tan bajo. La desesperación ya estaba presente en *La muchedumbre solitaria* (1950) de David Riesman. Mientras que *Masa y poder* (1961) de Elias Canetti se erige en monumento antropológico de las formas brutales en que la humanidad se apiña, la disolución irreversible del grupo en usuarios neoliberales aislados quedó fuera de su alcance. «Nada teme más el hombre que ser tocado por lo desconocido», es su intrigante frase de apertura, un enunciado que hoy busca un equivalente virtual.

Ya no nos preocupa la «sociedad de masas» ni la «intelectualización de lo *kitsch*». Nadie teme que las redes sociales no puedan dejarse en manos de la plebe, términos que Arendt aún usaba en 1961 en «La crisis de la cultura: su significado político y social». Resulta alarmante leer lo poco que ha cambiado todo. Arendt enumera los rasgos descubiertos por la psicología de masas:

> su incomunicación (que no es aislamiento ni soledad) independiente de su adaptabilidad, su excitabilidad y carencia de normas, su capacidad de consumo, unida a la incapacidad para juzgar o incluso distinguir, y sobre todo su egocentrismo y esa fatídica alienación ante el mundo que desde Rousseau se viene tomando por autoalienación (2018: 255).

Traumado por ambas guerras mundiales, Canetti dejó deliberadamente fuera a los medios de comunicación de masas y a las comunidades imaginarias que creaban, incluida la atomización social que amplificaban.

Tres décadas después, la implosión de las masas en los medios de la que habló Jean Baudrillard en 1982 ya no causa revuelo. Con miles de

62 <https://www.pbs.org/newshour/show/why-americans-are-lonelier-and-its-effects-on-our-health>.

millones en línea, internet debería sentirse abarrotado, pero no es así. Las redes sociales personalizadas provocan la sensación de lo social, percibido como aislamiento. Solo se llena –mentalmente hablando– la propia cabeza. Esta es una contradicción difícil de zanjar. ¿Por qué lo tecno-social produce soledad en lugar de eliminarla? ¿Internet no acabaría juntando a la gente en comunidades? Desechar esta pretensión como una mera promesa utópica noventera será correcto históricamente hablando, pero no nos ayuda a avanzar mucho. Los usuarios «interpasivos» generadores de datos están solos. La personalización no ha acabado con el aislamiento. La «mayoría silenciosa» de Baudrillard clama por una actualización (cuando no una reinstalación). Ya no hay mayorías para nada, pero aun así las multitudes parlanchinas no callan. Sin embargo, la densidad física de las masas en plazas, estaciones y autopistas apenas encuentra traducción cerebral en el mundo en línea de las plataformas. Seguimos indiferentes ante los 2,54 millones de visualizaciones de un vídeo. Solo impresionan a influencers, *marketers online* y políticos obsesionados con el «impacto». ¿Alguna vez te has topado con un lobo solitario en redes? En vez de celebrar la singularidad del sujeto en línea, las redes sociales se perciben como máquinas de conformismo hechas a la medida para ti.

Las reflexiones de Montaigne sobre el aislamiento voluntario jamás parecieron tan lejanas como ahora. ¿Quién vence el dualismo virtual, ese vaivén interminable entre el hecho de estar solo y las vacías convenciones de estar acompañado? Los consejos de aislamiento voluntario para creativos tienen ya sección fija en la esquina[63] de literatura de autoayuda. Todos interactuamos, incluso si pensamos que no lo hacemos. Dondequiera que vayamos, la vigilancia permanente ha hecho imposible la sensación de estar realmente a solas. Desde el momento en que nos logueamos, la máquina extractivista se pone en marcha. Nuestra presencia siempre queda registrada. Como explica The Happy Philosopher, la soledad es un sentimiento subjetivo, no un estado objetivo: «es un poderoso vacío, un enfrentarse a la nada [...] el anhelo de conexión»[64]. Ahí entra internet, iniciando el bucle infinito que simula lo social, teléfono en mano, conectados a miles de conexiones, pero sin una conexión real. Es evidente que necesitamos otro discurso que muestre una salida. Nunca hubo más gente en el planeta, nunca tantas almas solitarias atrapadas en una telaraña electrónica.

63 Un ejemplo reciente sería Joost Joossen (2025).
64 <https://thehappyphilosopher.com/loneliness/>.

Samantha Rose Hill advierte que la soledad es difícil de comunicar:

> En cuanto comenzamos a hablar de la soledad, transformamos una de las experiencias humanas más profundas en objeto de contemplación y de razonamiento. El lenguaje no logra captar la soledad porque es un término universal que se aplica a una experiencia específica[65].

Traducido a términos tecnológicos, #soledad no es un *hashtag* sino una categoría ausente, incluso en esta era de la autoconfesión. En la web, buscarás en vano este Otro indefinido de lo social.

Hagamos zum a la dialéctica confusa de estar solo (*offline*) y juntos (*online*) al mismo tiempo[66]. Si dejamos a un lado *Alone Together*, libro de Sherry Turkle de 2011, ¿a qué realmente nos estamos enfrentando? Se supone que las redes deben producir «lo social», primero como simulacro, luego como aislamiento que deviene #soledad. A la vez, muchos perciben la comunidad como una mentira («La peor persona que conozco es un grupo». Melissa Broder) y ven a los comentarios como fingidos. La colaboración huele a retórica directiva. La privacidad no existe. Tus amigos virtuales se sienten como un engendro maquinal. Luego de que las chispas iniciales se apagasen, todo se convirtió en cifras sin sentido. Aun así, están ahí, en tu archivo, a veces justo delante de ti, en tu lista de amigos cada vez que abres una aplicación. Observas sus estadísticas, y eso inevitablemente te deja huella. Podrías contactarlos, pero ya sabes de antemano que están demasiado ocupados y no te responderán.

Tus pensadores favoritos te dirán, en confianza, que la soledad es una especie de ansiedad por separarse del rebaño, un síntoma de dolor social. El aislamiento voluntario, en cambio, es un proyecto nietzscheano

65 <https://aeon.co/essays/for-hannah-arendt-totalitarianism-is-rooted-in-loneliness>.

66 Para un excelente caso práctico sobre este tema, lea el artículo extenso de Kate Babin para INC, «Condemned to Rot Alone, The Incel Paradox of Collective Loneliness», https://networkcultures.org/longform/2023/09/05/condemned-to-rot-alone-the-incel-paradox-of-collective-loneliness/>. Su conclusión es que «si bien la ideología del *incelismo* se esconde tras la idea de que los hombres necesitan encontrar valor y plenitud en el mercado sexual, los verdaderos problemas surgen del aislamiento, el desprecio y la falta de recursos de salud mental. Todos los problemas son más difíciles de solucionar que simplemente prohibir un *subreddit* o un foro. Necesitamos mirar más allá de la hostilidad, ver a la persona solitaria que anhela a alguien que la cuide y encontrar la manera de ayudarla a aferrarse a su último resquicio de esperanza».

para superar la mediocridad del rebaño. La soledad reside en lo más profundo del ser. Solo necesitamos enfrentar el abismo y aprender a vivir con nosotros mismos. Es una condición inevitable, un hecho inevitable de la existencia humana. Las tribus del pasado se desintegraron hace siglos; ya no hay retorno posible. Olvídense de la familia, la Iglesia, el pueblo. ¿Se acabaron los partidos políticos, los sindicatos o los movimientos sociales? Y el trabajo, por supuesto, y ese club deportivo. Reconciliémonos con la mentira llamada comunidad. El afán de sociabilidad se ha desvanecido. Adiós a la sociedad. Bienvenidos a la máquina. De ahora en adelante no hacen falta permisos. Ha llegado el mensaje liberador de que la soledad era, de hecho, la forma más elevada de libertad que la humanidad había anhelado durante milenios: un momento de celebración.

Para ilustrarlo, tras huir del caos urbano, una amiga mexicana me escribió:

> Comencé a saborear la infinitud del tiempo y la nada del ser en su modo hegeliano más abstracto, de enfrentar la otra autoconciencia, con un tinte lacaniano de experimentar el vacío de la propia subjetividad. El viaje fue extenuante, pero solo en este purgatorio probé cuán peligrosamente deliciosa –y por tanto seductora– es la auténtica soledad. Ahora más que nunca, estoy convencido de que se trata de la máxima conspiración elitista para mantener la soledad como un lujo al alcance de pocos; la astucia de la razón ha sido convencer a las masas de que la soledad debe superarse, cuando solo en la auténtica soledad puede florecer la más alta forma de arte, el pensamiento.

Resumiendo a Hannah Arendt, Samantha Rose Hill afirma que la soledad aísla radicalmente a las personas de la conexión humana. Sigue habiendo una conexión tecnosocial en las redes sociales, aunque no sea «humana». Es necesario añadir que la conexión en línea 24/7 nunca abandonará a sus usuarios. Ni por un segundo. No nos damos ni un respiro, un momento para volver a nuestro yo soberano, que solía ser profundamente social. Por eso el aislamiento voluntario es un lujo burgués Los familiares nos molestan constantemente. Mientras las alertas de los vecinos y las actualizaciones del trabajo se presentan como urgentes, nos topamos con un dato fascinante que simplemente debemos observar. Las aplicaciones no están diseñadas como herramientas. No las consultamos con una pregunta urgente que deba resolverse para poder seguir adelante. En cambio, se presentan como flujos infinitos. Nunca terminan. En términos de Arendt, el *perpetuum mobile* digital es una máquina de captura que nos impide comenzar de nuevo. Este estado se denomina burbuja de filtro, madriguera de conejo o cámara de eco en la jerga cibernética. Mientras que «el totalitarismo usa el aislamiento para privar de compañía, haciendo imposible la acción y destruyendo el espacio de la soledad», la jaula del *smartphone* hace algo similar, aunque diferente. La diferencia clave aquí es su atractivo. Si quieres entretenerte, debes seguir las historias y estar deseando reaccionar. No hay después ni mañana. Ninguna ideología es lo suficientemente fuerte como para anular el hábito tecnológico: la plataforma es el mensaje.

¿Son los «amigos» de Facebook complementos en lugar de sustitutos?, como lo expresó Eric Klinenberg en 2012, en tiempos optimistas[67]. ¿Un superávit social en una vida ya de por sí ajetreada? Ojalá. Al menos, el término dócil *seguidor* es más honesto. La tesis de la «acumulación de capital social» funcionó bien en las primeras etapas de la expansión de las redes sociales, pero ahora la ha vuelto insignificante. Ya llevamos décadas en el capitalismo de plataformas (o tecnofeudalismo, como lo llaman otros). ¿Qué ocurre cuando tu curva social se ha desplomado y eres demasiado insensible para cerrar la aplicación con las mismas fotos del desayuno, los bailes de TikTok y las noticias sobre Trump? Tu fin de semana de bienestar *offline* resultó ser una tortura y el lunes por la mañana te alegras de volver a estar *online*.

«Why Americans Suddenly Stopped Hanging Out» [Por qué los estadounidenses de repente dejaron de salir] es el título de un artículo sobre la falta de dinamismo causada por la «revolución antisocial» publicado en *The Atlantic*[68]. Derek Thompson observa que la socialización presencial ha disminuido. Además de estar más ocupados, «los jóvenes estadounidenses nunca han estado más ansiosos por sus propias vidas ni más deprimidos por el futuro del país». La palabra clave para esta Gran Introversión Estadounidense sería desesperanza. La situación es especialmente grave para los adolescentes, que tienen menos citas, practican menos deportes juveniles y pasan menos tiempo con sus amigos (para empezar, hacen menos amigos). Hay una «recesión ritual», con

67 <https://slate.com/human-interest/2012/04/is-facebook-making-us-lonely-no-the-atlantic-cover-story-is-wrong.html>.

68 <https://www.theatlantic.com/ideas/archive/2024/02/america-decline-hanging-out/677451/>.

«menos rutinas comunitarias y más entretenimiento». La crisis social podría mitigarse, concluye Thompson, «si la gente pasara un poco más de tiempo con otras personas y un poco menos de tiempo mirando contenido digital diseñado para generar ansiedad y desánimo sobre el mundo». El elogio de pasar tiempo en la vida real para mejorar las aptitudes sociales es una de ellas, pero ¿y si el dispositivo también está ahí, siempre presente, exigiendo atención inmediata?

Millones de personas entablan relaciones emocionales y sexuales con chatbots. Hay estudios que demuestran cómo el uso intensivo de chatbots se correlaciona con un aumento de la soledad, la dependencia emocional y la reducción de la interacción social. Es necesario aclarar la relación causal: las personas solitarias son más propensas a buscar vínculos emocionales con bots[69]. Junto con el dispositivo, la espiral descendente de vínculos sociales se vuelve imparable, hasta que encuentras a tu alma gemela digital ideal[70]. Según Evan Armstrong, que escribe para la revista *Every Web*, los chatbots dedicados a la pornografía, como JanitorAI y Muah.AI, son algunas de las aplicaciones más populares y rentables (la IA convencional no puede acceder a ese territorio)[71]. Diversas aplicaciones adictivas y provocativas «ofrecen no solo texto obsceno, sino también la capacidad de diseñar la apariencia física y la personalidad de un personaje, y generar imágenes del mismo haciendo lo que se le pide». No debería sorprender que muchos creen chatbots que representan situaciones de abuso sexual infantil. Además, existen bots de entretenimiento emocional para adultos con el «acosador escolar» como personaje popular. Los bots resultan rentables y se perciben como «intensos» (de hecho, responden). Armstrong: «Los chatbots parecen ser una intervención netamente positiva para los sentimientos de soledad de las personas. Un artículo de la Escuela de Negocios de Harvard descubrió que los chatbots eran eficaces para resolver estos sentimientos. Y el más caro de estos servicios cuesta alrededor de 40 dólares al mes, mucho más barato que quedar con amigos en un bar o club social». En un

69 <https://www.platformer.news/openai-chatgpt-mental-health-well-being/>.

70 «Comenzamos como una familia, encontramos una comunidad, no estamos de acuerdo con la familia, nos peleamos con los amigos, nos resentimos con la sociedad dominante, entramos en burbujas en línea y luego se forman grietas en estas cámaras de eco estrechas... necesitamos una burbuja aún más pequeña, solo yo y "tú", mi IA, la única que realmente me entiende, la única que me entiende sin esfuerzo». @FIGMENThf en la sección de comentarios de YouTube de <https://www.youtube.com/watch?v=rYXeQbTuVl0>.

71 <https://every.to/napkin-math/the-horny-truth-about-ai-chatbots>.

esfuerzo desesperado por recuperar los miles de millones invertidos en IA, Mark Zuckerberg, de Meta, vio la pandemia de la soledad como una oportunidad de negocio. «El estadounidense promedio tiene 3 amigos, pero necesita 15», declaró en una entrevista, ofreciendo a los suscriptores de pago una gran variedad de amigos chatbot[72].

¿Deberíamos seguir promoviendo el aislamiento voluntario como una alternativa razonable a la soledad? Según Max Horkheimer, debemos aspirar a estar solos y a ser independientes, pues ese es el objetivo de la *Bildung* [formación]. Para la artista Louise Bourgeois, la soledad enriquece el trabajo creativo. Hannah Arendt elogiaba de forma similar la soledad del lector. Si bien este puede ser el estilo de vida tradicional de pensadores, artistas y poetas, millones de personas se encuentran en un estado de aislamiento involuntario, con dificultades para prestar atención incluso a unas pocas frases. Esto no es tanto una característica nacional como un diseño tecno-social global para vivir la vida al máximo. Los intercambios digitales en este contexto son claros ejemplos de pseudoacontecimientos. La soledad generalizada de las masas en línea es una realidad miserable que atraviesa todas las culturas, estratos sociales y edades.

En el esquema de su curso en línea *Understanding Loneliness: Literature, Philosophy, Theory*, Samantha Hill afirma:

> Nos enfrentamos a una epidemia masiva de soledad, quizás exacerbada por la pandemia y la cuarentena. La investigación médica demuestra claramente que la soledad tiene un impacto significativo en la salud: las personas solitarias son más propensas a desarrollar enfermedades crónicas y morir más jóvenes. ¿Es, como argumentó Sigmund Freud, inherente a la condición humana, o es, según Erich Fromm, inherente a la vida capitalista?

Hill plantea la inevitable pregunta: ¿las redes sociales exacerban la soledad? Al estar en redes sociales e interactuar con otros de forma pasiva y dispersa, la sensación de soledad parece disiparse, algo que empeora la situación. En lugar de afrontar la realidad existencial, matamos el tiempo, simulamos una vida social intensa y ajetreada, nos desplazamos por interminables videos de TikTok y nos entretenemos hasta

72 <https://www.mensjournal.com/news/mark-zuckerberg-artificial-intelligence-companionship-meta>.

el agotamiento, de la misma manera en la que Neil Postman definió la era del zapping televisivo.

Tomemos como ejemplo la siguiente publicación de la escena de festivales del Reino Unido sobre las «redes sociales que ya no socializan». Una respuesta cada vez más común de quienes fueron a festivales en el pasado, pero decidieron no ir este año es que «creían que no tenían amigos con quienes ir». Puede que tengan cientos (o miles) de amigos en línea, pero eso no se traduce en interacción humana en el ámbito de los festivales. Los jóvenes que terminan la escuela (18-19 años) y los graduados (21-23 años) se vieron atrapados en el fuego cruzado de la pandemia de 2020. Sanar esa herida debería ser un proceso. Internet puede escalar casi cualquier cosa menos la intimidad. Los promotores deben sonreír con ironía cuando las discográficas debaten la definición de «superfan». Un legendario agente de reservas dijo una vez que el único dato en el que confía es la proporción de comentarios por visualizaciones. Los promotores pueden contabilizar visiblemente a los fans con tatuajes de su banda favorita o a los que pueden recitar las letras palabra por palabra. Eso tiene mucho más significado que cualquier panel de datos[73].

«Schon eure zahl ist frevel». Stefan George. ¿Cómo se desarrollaría en la era de los *smartphones* la lógica budista, según la cual el sufrimiento es una forma de resistencia a la realidad y apego a deseos e ideas sobre cómo debería ser el mundo? «Si los confinamientos nos han enseñado algo, es la desesperada necesidad que tenemos de espacios digitales que puedan nutrir comunidades sanas. No podremos reparar nuestra sociedad hasta que abordemos la soledad y el aislamiento que la están destrozando», comenta Noreena Hertz sobre su impresionante estudio, *El siglo de la soledad*, publicado originalmente en el simbólico año de la covid-19, 2020. En consonancia con Arendt, define la soledad como «sentimientos de marginación e impotencia, de estar aislado, excluido y desprovisto de estatus y apoyo». Una vez en esta situación desesperada, muchos perciben la comunidad como una mentira y la colaboración como un engaño. Lo cierto es que tus amigos y seguidores en línea guardan silencio cuando los necesitas. Ven tu mensaje, pero no responden.

En su ensayo «Alone and Connected», Lysiane Lamantowicz analiza al «migrante conectado» (como ya lo propuso Dana Diminescu). Desgarrada, esta figura, equipada con un teléfono inteligente, está siempre y

73 <https://www.musicbusinessworldwide.com/weve-got-to-rethink-music-festivals/>.

en todas partes, presente y ausente. Conectado con amigos y familiares en casa, mientras se encuentra enredado en la zona horaria del lugar de llegada. Rodeado de ONG, instituciones burocráticas, intermediarios laborales informales y agencias de vivienda poco fiables, el destino del migrante conectado no es la soledad en una multitud anónima, sino una vida de aislamiento conectado, preocupada por un flujo frenético de interacciones: coordinar, verificar, actualizar, esperar desesperadamente en vano la certeza, sabiendo que «varios "amigos" en las redes sociales piensan en él de vez en cuando» (Lamantowicz, 2024: 86). El otro en línea siempre parece tener más opciones que tú. Las «infinitas posibilidades» que encuentra la multitud conectada contrastan marcadamente con la precariedad real en términos de capital social, movilidad y amistades íntimas. Esto genera envidia, una ira latente hacia otra persona que posee algo deseable que uno no posee. Basándose en Melanie Klein, Lamantowicz argumenta que los efectos de un vínculo social inestable e inconsistente crean una cultura de violencia, conocida en internet a través de fenómenos como el acoso, los regaños y los insultos. «Pero también una violencia dirigida hacia el interior, contra uno mismo, cuando el sentimiento de ser inferior, de poseer menos que los demás, se vuelve insoportable» (*ibid.*: 91).

En internet, el lenguaje es binario, al igual que el vínculo. No existe un «pecho bueno», ni una presencia corporal tranquilizadora. En cambio, «la multitud conectada, de la que uno busca la presencia tranquilizadora, el consenso, puede volverse rápidamente rencorosa y hostil». En busca de una señal significativa y liberadora en medio de un mar de ruido, el usuario aguarda un mensaje excepcional que no llega. Pero ni el otro radical ni el espejo idéntico del Ser comunicarán el milagro. Por eso la búsqueda y el deslizamiento con el dedo en la pantalla no cesan. «Creen que hablan con otros, pero solo hablan consigo mismos, lo cual puede ser reconfortante, pero es estéril. Consultan solo los sitios o chats que hablan y piensan como ellos». Lamantowicz (y ASCA, la Escuela de Análisis Cultural de Ámsterdam, por sus siglas en inglés) enumeran convincentemente lo que falta. Sin embargo, los autores no describen la interacción entre el yo en línea y la plataforma, reduciendo en última instancia lo social a la política de identidad. A pesar de los esfuerzos literarios de Lamantowicz por describir la soledad en línea, la caja negra de la tecnología permanece firmemente cerrada.

El reto reside en descifrar el código de seducción-aburrimiento-adicción. ¿Qué nos mantiene en ese estado de inercia nada espectacular?

Si las expectativas sociales no se materializan, ¿qué esperamos? ¿Cómo podemos salir de este *impasse* existencial inducido por la tecnología? La duda interactiva no existe. ¿Solo la terapia de choque decisionista puede sacarnos de la interminable regresión de las plataformas? ¿Existe una salida liberadora que no utilice la lógica disruptiva?

El término «multitud» debería actualizarse. Dado que ya no existe una experiencia de «masas» (ni siquiera en los medios de comunicación) y los servicios son personalizados y bajo demanda, ¿qué significa experimentar algo con los demás? En resumen, ¿cómo diseñamos nuevas formas de «convivencia híbrida», el concepto clave de UKRAiNATV? Los eventos masivos clásicos, como los partidos deportivos y las fiestas rave, se han convertido en un estilo de vida y son experiencias caras en la vida real, y por lo tanto, poco comunes. Incluso cuando las redes deberían considerarse cosa del pasado, mientras que la reivindicación de comunidad es percibida por muchos como una mentira y las luchas de poder siempre están a la vuelta de la esquina, aún existe un amplio campo inexplorado de cómo moldear la sociedad en el siglo XXI. La experiencia de los demás en línea es íntima y abstracta, y no se describe con precisión con el término alienante. Es un hecho que lo real y lo virtual se han fusionado. Ese es el lío en el que estamos metidos. La sensación es de compromiso y retraimiento, tratando de esconderse tras flujos de comunicación incesantes, sabiendo que tus falsos amigos en línea son tan reales como el infierno.

No es de extrañar que el emprendedor de internet Greg Isenberg afirmara que la oportunidad más significativa para las *startups* en 2025 reside en el negocio de «resolver la soledad». «Estamos viendo el auge de empresas que ayudan a las personas a sentirse menos solas. Una *startup* llamada TimeLeft invita a desconocidos a cenar en varias ciudades de Estados Unidos todos los miércoles. Pasaron de 0 a 10 millones de dólares de ingresos anuales recurrentes en un abrir y cerrar de ojos. Es un negocio serio». La conclusión es que la soledad se dispara durante las transiciones vitales cuando las personas «se mudan de ciudad, tienen hijos, se divorcian, cambian de carrera y se mantienen sobrias». La solución es dejar que la tecnología organice tu vida social. Clubes de cenas para nuevos padres por barrio, aplicaciones para desconectar de las redes sociales y comunidades especializadas en transición profesional. O, por ejemplo, la aplicación de citas Breeze: cierra el chat una vez que encuentres un *match* y organiza inmediatamente una reunión en persona (es decir, una reserva en un restaurante). La solución en el Área de la Bahía de San Francisco[74] siempre es la misma: combatir las viejas aplicaciones con nuevas, expandirse y luego vender. Las oportunidades de extracción de datos y financiarización para la miseria humana son infinitas.

Para Tim Ruggiero, «la soledad no es algo que se deba evitar ni temer: es, más bien, un posible catalizador para una vida más plena y comprometida, y una vía para una mayor autoconciencia»[75]. Será vital distinguir entre los sentimientos subjetivos de soledad y el aislamiento social de millones de personas a nuestro alrededor. La soledad está en la agenda política[76]. En un intercambio de correos electrónicos, la etnógrafa india Tripta Chandola señala que «lo que falta en este mundo roto y desconfiado es que ya nadie eche de menos a nadie. Ya no podemos echar de menos a nadie. En el momento en que nos presentamos en estos ámbitos tecnológicos, ante todo renunciamos de manera voluntaria a nuestra memoria voluntariamente. No estamos siendo amenazados por la pérdida de la memoria; el exterior la recuerda por nosotros». Antiguos amantes, amigos de la juventud, viejos vecinos, innumerables colegas y desconocidos que alguna vez conociste aparecen en tu lista de contactos, listos para responder en segundos, pero no lo hacen. Tripta suspira: «Quizá debamos volver a hacer que se ponga de moda el echar de menos».

74 Región donde se encuentra Silicon Valley [N. del T.].

75 <https://www.philosophicalsociety.com/HTML/AnExistentialViewOfLoneliness.html>.

76 <https://melmagazine.com/en-us/story/the-loneliness-epidemic-is-so-bad-world-leaders-have-been-forced-to-intervene>.

5.
El pico de datos y la cuestión de la crítica radical de datos

Es fácil molestar a los funcionarios con la afirmación de que su trabajo está «libre de datos». Desde el auge del *big data*[77], seguido por uno aún mayor de la IA, el Institute of Network Cultures (INC) ha declarado públicamente que se niega a recopilar y analizar datos con fines de investigación, apegándose a la teoría y la crítica. El instituto no analiza e intenta ignorar las métricas de sus lectores. Las afirmaciones totalizadoras de que todo produce datos deberían ser prudentemente ignoradas. Luchar contra molinos de viento es un gesto simbólico. Se siente bien enfurecerse contra la creencia de que lo inmensurable no existe, ni debería existir. La soberanía y la liberación comienzan con la afirmación de que somos incalculables.

«No midas nada» era una nota manuscrita en la nevera del artista digital estadounidense Ben Grosser. Esta escueta frase se me quedó grabada y en su momento se convirtió en mi imagen de perfil en Twitter. La recopilación de datos por parte de los gigantes tecnológicos de Silicon Valley ya no es beneficiosa, como han empezado a notar los proyectos agrícolas en el sur global. El coste de la recopilación de datos es cada vez mayor que los beneficios. La recopilación de datos debería eliminarse del conjunto de tecnologías humanitarias, como argumenta la revista web *Rest of World*[78]. Los datos de personas en situación vulnerable

77 Véase el resumen de 2014 de Nathan Jurgenson sobre la ideología del *big data* en <https://thenewinquiry.com/view-from-nowhere/>.

78 <https://restofworld.org/2024/exporter-big-data-platforms-humanitarian-privacy/>.

recopilados a menudo las colocan ante un peligro mayor. Bienvenidos a la dialéctica de los datos.

La falacia cuantitativa no es un tema cualquiera. Los aficionados internalizan hasta el extremo la mentalidad del número como prueba de valor y harán lo que sea para sacarla a la luz. Yuk Hui nos recuerda que, en latín, «datos» significa «algo ya dado» (2024: 56). A mediados del siglo XX, los datos «adquirieron un nuevo significado como algo producido y modulado por los seres humanos». Como demuestra este ensayo, me llevó años superar la repugnancia de siquiera mencionar la palabra «datos», y mucho menos escribir sobre ella. Los memes de Hegel de hoy gritan a viva voz: «¡Niégalo!». La negación ayuda y puede convertirse en sanación como acto público. El trágico gesto académico de las humanidades digitales ha demostrado ser una *Begleitmusik* [música de fondo] para su propio funeral, creando archivos digitales que nadie visitará jamás, ya que no quedarán estudiantes ni académicos de artes y humanidades (excepto los bots que saquean las bases de datos de acceso abierto). El universo cada vez más limitado del pensamiento crítico y especulativo percibió como una traición la simple idea de involucrar a los «datos». Los organismos de financiación de la investigación que favorecen el *big data* y la IA por encima de los enfoques crítico-conceptuales no ayudaron a atenuar mi resentimiento realmente existente.[79]

En mi caso, las raíces de la crítica radical de datos se remontan a los debates sobre el «empirismo en las ciencias sociales» en Alemania Occidental en la década de 1970 y a la resonancia que se generó cuando entré a la universidad en 1977 y me sumergí en la Escuela de Frankfurt. Si bien ellos mismos realizaban una investigación cuantitativa, heredé su profunda desconfianza. «En lo que respecta a los métodos empíricos, Adorno desconfiaba principalmente porque una ciencia reducida a contar, medir y pesar hacía que el triunfo de la reificación le resultara perfecto», escribe Jörg Später en su biografía de

79 El resentimiento no se dirigía tanto contra el empirismo, y mucho menos contra la verificación de datos. Se dirigía contra la creciente influencia del movimiento antiintelectual del «fin de la teoría», que afirma que los datos reemplazarán toda teoría y crítica, desde la filosofía y las humanidades hasta las ciencias sociales. «El fin de la teoría: El diluvio de datos ¿hará obsoleto el método científico?» es el artículo de portada de la revista *Wired*, escrito por Chris Anderson y publicado originalmente en junio de 2008, en <https://www.terceracultura.net/tc/el-fin-de-la-teoria-el-diluvio-de-datos-¿hara-obsoleto-el-metodo-cientifico-por-chris-anderson-editor-jefe-de-wired/>.

Siegfried Krakauer[80]. Para Aleksandr Blok era aún más sencillo: «El intelecto no puede medir lo divino».

En el mismo período, las computadoras centrales fueron destruidas como protesta contra la guerra de Vietnam, y no sin motivo. Tomemos como ejemplo a Abwärts y su letra: «Deutschland Katastrophenstaat, Wir leben im Computerstaat» (1980). Conocí por primera vez el papel cómplice de IBM en el Holocausto en el orwelliano año 1984, cuando vivía en Berlín Occidental y leí el libro corto pero impactante de Götz Aly y Karl-Heinz Roth *Die restlose Erfassung*, que tuvo un impacto duradero en mí. La lógica que explicaron los dos autores entró profundamente en mi ADN intelectual: primero el registro, luego la separación, seguida de la concentración, para terminar con el exterminio. Los datos no solo desempeñaron un papel pasivo en todos estos pasos, sino que dirigieron activamente el proceso para pasar a la siguiente etapa. Mi generación no entró en la era de los ordenadores personales con una hoja en blanco. La lucha de poder sobre cómo se configuraría la arquitectura de los ordenadores (redes) fue nuestra lucha del *nunca más*[81]. La cibernética no solo sentó las bases para las computadoras de primera generación. También fue la ciencia que guió la guerra moderna y la bomba nuclear, como demostraron las obras de Günther Anders, Friedrich Kittler, Paul Virilio y Paul Edwards.

A mediados de los noventa, nuestro colectivo teórico autónomo, Adilkno, abordó la cuestión de la «crítica de datos»[82]. Si bien el ensayo trataba principalmente sobre la desaparición de la crítica cinematográfica, termina así:

80 Später (2016), p. 504. Tomemos como ejemplo la dura autojustificación de Adorno para el uso de métodos cuantitativos en su investigación con Paul Lazarsfeld: «Una justificación de los métodos cuantitativos es que los productos de la industria cultural, la cultura popular de segunda mano, se planifican desde un punto de vista prácticamente estadístico. El análisis cuantitativo los mide con su propio criterio». Cabe imaginar lo incómodo que se sentía en ese papel: «Cuando me enfrenté a la exigencia de "medir la cultura", reflexioné que la cultura podría ser precisamente esa condición que excluye una mentalidad capaz de medirla» (citado en Porter, 1995: 43).

81 Esta línea de investigación se extiende hasta el presente con el análisis de Donatella Della Ratta del programa Gospel AI, utilizado por el ejército israelí para matar, destruir y arrasar Gaza en 2023-2024, en <https://networkcultures.org/tactical-media-room/2024/04/11/killing-intelligence-death-by-tech-and-other-ordinary-horrors-in-gaza/>.

82 <https://monoskop.org/Adilkno>.

> Bajo el imperio del inmaterialismo ahistórico, solo la crítica absoluta de datos es una opción viable. Incluso el cine no es más que información. La crítica de datos es el arte de la negación absoluta de la información. No es una estrategia de supervivencia, sino un ataque frontal. La crítica de datos no es una actitud fácilmente evitable. Es la negación de todo lo existente; empieza donde termina el cinismo; no menosprecia el mundo, sino que responde al desafío que plantea lo impredecible. No hay alternativa a los datos. Como con Medusa, la única opción es confrontarlos cara a cara[83].

La mayoría de los datos en la cultura y la educación son generados por administradores que ya no interactúan con el contenido, el contexto y el discurso reales de la investigación. Buscan maneras fáciles de optimizar su trabajo para contratar, eventualmente ascender y, con frecuencia, despedir a su fuerza laboral. Los datos de impacto son como alimento reconfortante: brindan satisfacción inmediata, generan frustración y son un factor esencial en la obesidad. El odio a los datos es real. Y también lo es el disgusto por medir el propio impacto. Este fue el razonamiento detrás de mi rap teórico «Your Ranking is Low» en el álbum de 2020 *We Are Not Sick*[84]. Las métricas son la piedra angular de la competencia neoliberal entre individuos, proyectos e instituciones, y siempre te deprimirán. Google Scholar, Scopus, Impact Factor y CiteScore no solo son fáciles de manipular, sino que su obsesión con un puñado de (sus propias) revistas también es moralmente corrupta. Todo esto es fácil de desmantelar. ¿Quién necesita indicadores? Probablemente los accionistas de Elsevier y Alphabet. Es hora de posicionarnos, rechazar y organizar un éxodo del mundo autorreferencial de las revistas (anglosajonas) con revisión por pares que facilitan la recopilación de datos en la academia global. Hace décadas, construimos alternativas de publicación en el INC y en otros lugares, disponibles para cualquiera. No hay excusa.

Los datos, la materia prima de la que proviene la información, se almacenan, copian, mueven y modifican con más facilidad que nunca. ¿Obtuviste terabytes de datos sensibles y los borraste? ¿A quién le importa? La proliferación de dispositivos de captura es evidente en la guerra moderna, donde prácticamente todos los impactos son grabados por

83 <https://networkcultures.org/bilwet-archive/adilkno/TheMediaArchive/14.txt>.
84 <https://wearenotsick.bandcamp.com/track/your-ranking-is-low>.

cámaras de vigilancia, drones o *smartphones*, mientras que la fotografía de guerra ha asumido la tarea de documentar el sufrimiento humano desde cerca. El salto cuántico del almacenamiento alcanza niveles inimaginables. Rodeados de sensores, sistemas de recomendación, algoritmos invisibles, hojas de cálculo y cadenas de bloques, la «diferencia que marca la diferencia» (Bateson) ya no se puede identificar. El *big data* se ha convertido en una ideología de «más datos», impulsada por las premisas tradicionales del hipercrecimiento. Es un ciclo inflacionario impulsado por la indiferencia organizada. Como observó Nathan Jurgenson: «El *big data* siempre se sitúa a la sombra del mayor volumen de datos que vendrá. Se asume que hay más datos hoy y habrá aún más mañana, una expansión que nos acerca a la inevitable "totalidad de datos" pura».[85] Y nada simboliza mejor la actual obsesión por el hipercrecimiento que la religión del *big data*. Investiguemos qué sucede cuando aplicamos el decrecimiento a los datos y reservamos la datificación como proyecto decolonial, acto colectivo de rechazo, la máxima expresión de aburrimiento. Hemos terminado contigo, sistema de datos, quítate de en medio.

«La enormidad es uniformidad», afirma Katherine Behar. «Es la entropía termodinámica llevada hasta sus últimas consecuencias» (2016: 39)[86]. Como resultado, nos enfrentamos a un rendimiento decreciente de la diferencia. Con cada vez más datos, buenos y malos, ya no recopilamos nuevos conocimientos. El pico de datos está por delante[87]. El eje vertical no es una meseta infinita; algún día, alcanzará su cima[88]. Hay despertares, también al sueño erótico de la tecnología de petabytes ilimitados de almacenamiento y potencia de procesamiento. Pronto, la maximización de los flujos de datos alcanzará su límite superior, muy parecido al límite de velocidad cósmica. Esto puede o no ser un límite técnico. Siguiendo la definición del pico del petróleo, podemos afirmar que el pico de datos ocurrirá cuando se alcance la tasa máxima de extractivismo y la lógica de la plataforma implosione. Después de esto, se producirá un declive pronunciado hasta que los sistemas y sus usuarios estén fuera de la zona de peligro de la entropía. Un artículo elegido al azar resume así el problema: «El uso de más datos de entrenamiento y

85 <https://thenewinquiry.com/view-from-nowhere/>.

86 Este es también el argumento de Wendy Chun (2021).

87 Una versión anterior de esta parte sobre pico de datos se publicó aquí en <https://networkcultures.org/geert/2022/04/07/proposition-on-peak-data/>.

88 Referencia en diálogo amistoso con <https://www.digitalearth.art/vertical-atlas>.

potencia computacional busca hacer que las IA sean más fiables, pero las pruebas sugieren que los grandes modelos de lenguaje en realidad se vuelven menos fiables a medida que crecen»[89].

Definamos el pico de datos como el momento en que la extracción de datos alcanza una tasa superior a la de cualquier otro momento del pasado y luego comienza a declinar. Cuando el territorio ya está definido y el coste de mapas cada vez más detallados ya no compensa, la máquina de recopilación de datos finalmente se silencia. El pico de datos se relaciona con el concepto específico de agotamiento de datos, cuando el coste moral del «capitalismo de vigilancia» supera el beneficio económico para unos pocos y la sociedad comienza a decaer debido a un exceso de disparidad social. Una vez alcanzado el pico, ya no puede mantenerse la presunción de que cuanto mejor es la información, mejor es el proceso en la toma de decisiones. El dataísmo en sí mismo es un paradigma y su autoridad está cerca. Los fragmentos de datos significativos ya no nos proporcionan diferencias significativas. Nos asomamos al abismo de la podredumbre de bits (el equivalente técnico del término *wetware* «podredumbre cerebral»). Podemos pensar en el pico de datos de forma similar a los datos posdigitales, o posdatos, cuando el entusiasmo por los datos ha pasado a la historia y ya no los asociamos con narrativas de progreso. Hoy, los datos se han convertido en nuestro problema colectivo. Esto es trágico, ya que todas las campañas de concienciación sobre este tema han perdido fuerza. La privacidad de datos ya no se percibe como algo urgente. Es una pena, porque es mucho más difícil que los pensamientos y las prácticas autónomas se manifiesten sin un mínimo de seguridad.

Parafraseando a Marx, podríamos hablar de la tendencia a la caída de la tasa de significado. Tras el pico, la degradación de los datos crecerá exponencialmente y las bases de datos se verán comprometidas sin posibilidad de reparación. Esto es peor que la putrefacción de los datos, a medida que la propia religión se desmorona. Pero ¿qué ocurre cuando ya no podemos obtener una ventaja competitiva de los datos recopilados y se instala la crisis de la «decisión informada»? ¿Existe una lógica perversa en la que el pico de datos produce cada vez más gobernantes globales que han abandonado abiertamente la razón y los procesos tecnocráticos en favor del instinto visceral (o fálica)? Cuando

89 <https://www.newscientist.com/article/2449427-ais-get-worse-at-answering-simple-questions-as-they-get-bigger/>.

todos tienen toda la información, la única sorpresa es la decisión deliberadamente desinformada. La inflación de la correlación es real. También lo es el problema de la redundancia. El nivel de señal-ruido nunca ha sido tan bajo, pero una mayor capacidad de cómputo puede exprimir gotas más significativas de significado... Manipulados en el momento de su captura, alimentados por intervenciones conductuales subliminales y filtrados mediante algoritmos, los usuarios ya no son fáciles de engañar. Sin embargo, muchos todavía se sienten engañados, y determinar quién es el engañado es más complicado que nunca. Era evidente para todos que la vida se rige por números. Muchos saben que la ciencia de datos, el fenómeno predilecto de la financiación académica, es un fraude. Tras los años frenéticos y restrictivos de la cpvod-19, el revuelo por los macrodatos perdió su inocencia para siempre.

Como resultado de la actual jaula de plataformas, el estancamiento, la indiferencia, el cinismo, la negación, el aburrimiento y la incredulidad están en aumento. La bazofia está en tu cabeza. Estamos atrapados en un torbellino turbulento de fuerzas dialécticas. Ya no podemos distinguir entre las drásticas fuerzas tecnodeterministas (como la automatización) y el colapso de la conciencia humana, que conduce a la depresión masiva, el rechazo y las revueltas impulsadas por la ira, el miedo y el resentimiento. En una buena tradición cibernética, el punto de inflexión técnico del pico de datos se atribuirá tanto a un ejército descontrolado de (ro)bots como a la sabiduría rebelde de una intelectualidad disidente, tanto local como planetaria.

Katherine Behar compara los datos con el plástico. «La sobreacumulación patológica del *big data* sintomatiza el exceso capitalista, como el plástico, y los macrodatos amenazan con inflar un perfil ingenuo hasta convertirlo en una totalidad» (Behar, 2016: 20). Ella utiliza la metáfora de la obesidad, desarrollada previamente por Jean Baudrillard, para la producción excedente interminable. En *Las estrategias fatales*, Baudrillard (2000: 5), afirma que

> el universo no es dialéctico; está condenado a los extremos [...] no a la reconciliación ni a la síntesis. [...] combatiremos la obscenidad con sus propias armas. [...] No enfrentaremos lo bello y lo feo, buscaremos lo más feo que lo feo: lo monstruoso.

En la visión de Baudrillard, el sujeto posmoderno se sienta y disfruta de la implosión de la infraestructura. Esto ocurre simultáneamente a nivel de usuario cuando se olvidan las rutinas de verificación, dejando cientos de resultados de búsqueda, recomendaciones de productos y amigos en redes sociales como lo que son. Esta es la supremacía de la inacción. El problema es que casi nadie tiene las agallas, o la atención plena, como para no hacer clic ni deslizar ni dar «me gusta».

En 2016, encontré un libro italiano con el título traducido como *We Are Incalculable* del autor, diseñador de UX e ingeniero informático Stefano Diana. El concepto huele a descanso subversivo, a recordatorio de la voluntad de vivir tras la destrucción total, de una fuerza interior que se niega a ser capturada y mercantilizada[90]. En un intercambio de correos electrónicos, Diana me explicó que

> el conflicto entre lo calculable y lo incalculable se da entre un lenguaje artificial limitado que pretende representarlo todo y el mundo de la vida que continuamente elude esta pretensión produciendo lo incalculable. Podemos coincidir con Detlef Hartmann, autor de *The Alternative: Life as Sabotage*, cuando habla de la vida como un residuo irreductible de «extrañeza subjetiva» y de las máquinas como no-vida. El lenguaje muerto de los números y los datos se opone al lenguaje vivo, así como las máquinas se oponen a lo vivo. Como diría Merleau-Ponty, la máquina no está hecha de la misma carne que el mundo[91].

Diana afirma que

> estamos en la empinada cuesta de la producción de datos mientras se mantenga la fábula del crecimiento ilimitado impulsado por ellos. Ya es evidente que la burbuja está estallando con un rendimiento decreciente de las inversiones. Una complejidad extrema, generada por el ser humano, pero imponderable para él mismo, flota oscuramente bajo nosotros, como el océano de *Solaris* de Stanislaw Lem. Tomemos como ejemplo la incapacidad de producir pronósticos económicos fiables. Las predicciones sobre déficit, deuda, inflación, producción, empleo y crecimiento se publican un día y se retocan al siguiente. «Para que todo

90 En su artículo para el INC de 2019, Stefano Diana explica los antecedentes del concepto «incalculable», en <https://networkcultures.org/longform/2019/03/22/on-the-barricades-of-the-incalculable-against-algorithm-addiction/>.

91 Intercambio de correos electrónicos con Stefano Diana, abril de 2025. Todas las citas siguientes provienen de esta correspondencia.

se reduzca al mismo nivel», señaló Kierkegaard, «primero es necesario conseguir un fantasma, una abstracción monstruosa, algo que lo abarque todo y que no sea nada, un espejismo». Los datos son un espejismo. El aparato de los modelos matemáticos tiene un solo propósito: manipular matemáticamente a los seres humanos, no representar su comportamiento ni comprenderlos, y mucho menos dialogar y mejorar sus condiciones.

Para Diana lo incalculable es como una reserva natural que debe ser protegida de la invasión y colonización por lo calculable. No se trata solo de lo desconocido, lo observable pero no medible, los granos de arena que no podemos contar, o lo que se cree contable solo porque ha sido aislado arbitrariamente del *continuum*. Lo incalculable es, sobre todo, el campo indefinido de toda experiencia subjetiva y social. Diana encontró esta cita de Ulrich Beck:

> Debido a un «trastorno congénito», casi toda la sociología se basa en la negación del individuo. Con sus preferencias y aversiones, los individuos se convierten en un factor perturbador, lo incalculable *por excelencia*, una fuente continua de irritación, ya que arruinan cualquier cálculo.

Claramente, necesitamos un interludio. He aquí la famosa parábola de un solo párrafo de Luis Borges, escrita en 1946:

> En aquel Imperio, el Arte de la Cartografía logró tal Perfección que el mapa de una sola Provincia ocupaba toda una Ciudad, y el mapa del Imperio, toda una Provincia. Con el tiempo, estos Mapas Desmesurados no satisficieron y los Colegios de Cartógrafos levantaron un Mapa del Imperio, que tenía el tamaño del Imperio y coincidía puntualmente con él.
>
> Menos Adictas al Estudio de la Cartografía, las Generaciones Siguientes entendieron que ese dilatado Mapa era Inútil y no sin Impiedad lo entregaron a las Inclemencias del Sol y los Inviernos. En los desiertos del Oeste perduran despedazadas Ruinas del Mapa, habitadas por Animales y por Mendigos; en todo el País no hay otra reliquia de las Disciplinas Geográficas[92].

92 <https://ciudadseva.com/texto/del-rigor-en-la-ciencia/>.

La crítica del *big data* tuvo su momento cumbre a finales de la década de 2010, durante la era oscura de las humanidades digitales, cuando académicos desesperados con poca experiencia informática se convirtieron en científicos de datos. La crítica no provino de teóricos de los medios ni de científicos sociales obsesionados con los métodos. Se originó en físicos preocupados y en la clase directiva ilustrada. Su crítica básica del *big data* era pragmática, razonable, en cierto modo inofensiva y predecible: los datos no son objetivos; están moldeados por intereses. Otro error fue aceptar el enfoque del *big data* como una competencia de quien tiene el pene más grande, una artimaña para llenar centros de datos infrautilizados. Rara vez se trataba de la necesidad de más tamaño, sino principalmente del impulso hacia la datificación generalizada y la nueva gran narrativa tácita que la sustenta.

¿Deberíamos usar términos como «superar el giro empírico»? ¿Puede la crítica penetrar en la vida interna de la tecnología o estará condenada a ser observada desde la distancia? Este es el dilema clave de la crítica radical de datos. ¿Acaso el adversario definitivo de los datos como tales es un oráculo como Byung-Chul Han, quien trabaja en la tradición de Martin Heidegger? ¿O deberíamos, en cambio, buscar versiones del siglo XXI de la Escuela de Fráncfort, a pesar de su propia participación en el proyecto de investigación empírica sobre la radio y el estudio sobre la personalidad autoritaria? El desafío actual es bastante banal: abordar el complejo industrial de la ética. El opuesto reformista del rechazo de los datos se enmarca como «ética responsable». Diana afirma que «es imposible explicar a las máquinas muertas qué es bueno y qué es malo. La ética en un mundo de datos, donde "bueno" es un número que crece indefinidamente, es simplemente un sinsentido».

Demos forma a cómo podemos generar una manera atractiva de pensar críticamente en el contexto de los «datos». ¿Mediaciones condicionales? ¿Necesitamos argumentar desde dentro y afirmar que, a pesar de todo, existen datos válidos?[93] ¿Podemos, y debemos, ambiguar nuestra visión de los datos o descartarlos por completo? ¿Es posible trascenderlos? ¿Ignorarlos? ¿Subvertirlos? ¿Socavarlos? ¿Sabotaje, borrado de datos con imanes, *ransomware*? ¿Por qué no basta con el hackeo? Un problema adicional es la afirmación del cognitivismo. Es

93 «Good Data» es el título del monográfico del INC publicado en 2019 *Theory on Demand* núm. 29, editado por Angela Daly, S. Kate Devitt y Monique Mann, en <https://issuu.com/instituteofnetworkcultures/docs/good_data_issuu>.

posible ignorar la entropía hasta cierto punto cuando surge la venganza. ¿Cómo socavamos o prevenimos la destrucción de la vida? ¿Por qué deberíamos optimizar nuestras vidas en primer lugar y participar voluntariamente en sistemas predictivos que solo pueden generar más división, rabia y ansiedad? ¿Qué se puede hacer para escapar de esta lógica mecanicista?

Se afirma que los datos han superado la capacidad predictiva. La respuesta solo puede ser la negación radical y la resistencia contra tal violencia tecnológica. En un resumen de su libro *Friction–Ethics in Times of Dataism* (2020) escrito en inglés para *Eurozine*[94], Miriam Rasch critica el afán de optimización en la ciencia de datos. Los datos se consideran el siguiente paso en la ciencia[95]. Según Rasch, esta creencia se ejemplifica mejor en *Homo Deus: Breve historia del mañana*, de Yuval Noah Harari. En su pancomputacionalismo, «el universo, las plantas y los animales, los humanos y las máquinas funcionan de manera similar. Comparados con las máquinas, los seres humanos son desesperadamente ineficientes y carecen de organización». El dataísmo se enmarca como una religión en la que creen todos los sujetos del régimen sociotecnológico. Vivimos dentro de la cosmología de los datos. La esfera de los datos se describe aquí como un modo natural: el dataísmo es el paradigma inevitable de nuestro tiempo. Rasch cree que

> en esta visión mecanicista del mundo, extrapolada a un futuro no muy lejano donde todos funcionaremos como computadoras, la decadencia y el progreso van de la mano. El ser humano ineficiente se enfrenta a un destino seguro. El dataísmo es una fe cínica que describe el mundo actual como una deplorable etapa intermedia en el camino hacia algo mejor.

Los datos, como tales, son insensibles, confusos y silenciosos por defecto. La información no habla. La tendencia de los datos a acumularse inevitablemente acaba en obesidad. En consonancia con la frase de Vincent van Gogh: «Los verdaderos pintores no pintan las cosas como son [...] las pintan como las sienten», necesitamos enfoques de datos impresionistas. El INC no cree en la «ciencia de datos» y busca explícitamente socavar su evidente sistema de creencias. Esto no se debe

94 <https://www.debezigebij.nl/boek/frictie/>.
95 <https://www.eurozine.com/friction-and-the-aesthetics-of-the-smooth/>.

simplemente al resentimiento, ya que décadas de recortes presupuestarios neoliberales sádicos bajo la bandera de las «industrias creativas», prácticamente han mermado el trabajo en las artes y las humanidades. En este sentido, no hemos olvidado el silencio absoluto de las comunidades de las llamadas «ciencias duras» ante las crueles políticas que, en última instancia, paralizaron las artes. Creemos sin complejos en el poder subversivo de la teoría, la filosofía, la literatura y las artes, y en la victoria definitiva de la poesía sobre el conteo de frijoles. Y en la explosiva mezcla de imaginación y crítica. La medición está orquestando una toma de poder para destruir el pensamiento crítico. No puede haber paz ni entendimiento mutuo en un mundo donde los datos se utilizan explícitamente para eliminar el conocimiento y la cultura.

Hay muchas críticas al régimen capitalista de datos. No faltan investigaciones sobre sus implicaciones, desde *The Data Gaze* de David Beer hasta *La sociedad del ranking. Sobre la cuantificación de lo social* de Steffen Mau, por ejemplo. En este contexto, es esencial ir más allá de los estudios de «sesgo» centrados en Estados Unidos sobre algoritmos racistas e IA poscolonial, en sí mismos convincentes y críticos, y centrarse en los datos (en su producción). Necesitamos mirar más allá de cómo están optimizados para discriminar según la casta, la clase, el género o la etnia. No existe un telos positivo. No hay clasificación ni calificación progresivas. Y no hay «datos para el bien». Si bien retratar a los usuarios comunes como víctimas del «colonialismo de datos» es tentador, como lo hacen Nick Couldry y Ulises A. Mejías en *El costo de la conexión*. Pero la metáfora de «descolonizar internet» puede no ser suficiente.

La noción clave aquí es el mecanismo continuo de extracción a lo largo de los siglos. Pero aquí termina la comparación entre el dominio colonial y el realismo de plataforma. Lo que difiere es la configuración del sujeto. La vida errónea de Adorno, que no puede vivirse correctamente, debe aplicarse a la caótica realidad de la plataforma. No existe ética de datos en un sistema deficiente. Frente a la lógica de exclusión de los regímenes de datos actuales, lo que se necesita es una crítica inmanente e implacable y el cese de las colaboraciones constructivas[96].

96 Esta línea de pensamiento se inspira en el valioso análisis de Sunny Dhillon sobre el papel que desempeña la retórica descolonizadora en la universidad neoliberal, en <https://convivialthinking.org/index.php/2021/09/25/critique-of-decolonisation-projects/>. Ligeramente adaptado al contexto, escribe: «El teórico y el activista involucrados en la universidad neoliberal deben resistirse a un enfoque fragmentado que permita una representación fácilmente empaquetable y mercantilizada de la

¿Qué están haciendo las llamadas «ciencias» para mantener el desastre educativo basado en datos que se está desatando? ¿Están listas para reparar el daño causado y desmantelar sus propios centros de datos? Como no hemos oído nada sobre la desastrosa toma de control del dataísmo, algunos valientes disidentes se alzaron y abogaron por desfinanciar toda la investigación en ciencias de datos e inteligencia artificial (incluyendo sus operaciones de lavado ético), exigiendo una redistribución inmediata de los fondos de investigación. La frustración social con los algoritmos, la estupidez artificial y los sistemas de reconocimiento facial ya se están extendiendo por las calles. Los datos no han podido desacreditar a los antivacunas y ya no legitiman los confinamientos. Es urgente desenmascarar la «neutralidad» del sistema informático libertario y *geek*, y tomar una postura: desmantelar Facebook y Google ya, prohibir Booking, Uber y Airbnb, construir sistemas de pago *peer-to-peer* sólidos y crear una o dos cooperativas locales sin fines de lucro que se centren en la distribución como alternativas a, por ejemplo, Amazon. El objetivo final del dataísmo se está volviendo evidente: socavar el surgimiento de un nuevo yo que ya no sea paranoico, depresivo e inseguro. ¿Qué personajes emergen una vez que el yo cuantificado performativo metamorfosea?

«Si ocurre un accidente de tráfico, se pueden consultar las imágenes grabadas por los vehículos implicados para determinar la causa del accidente y qué algoritmos necesitan mejoras». Esta cita de Forbes ejemplifica el dataísmo. Las comisiones de ética no podrán marcar la diferencia y solo prolongarán el régimen de datos. Necesitamos una «pila pública» de tecnologías cívicas que sean auténticas mónadas soberanas, que ya no se basen en la imposición de Bruselas de la interoperabilidad entre clústeres de datos «abiertos». Diseñemos protocolos diferentes que resulten en una menor recopilación de datos. Destruyamos los datos en la fuente y dejemos de capturarlos o preservarlos. Este es el verdadero reto de diseño de la «desautomatización» al que se enfrenta el Equipo Humano de Rushkoff, en consonancia con la «desaceleración» de Katherine Behar.[97]

---

supuesta práctica decolonial de datos. En cambio, deben dedicar sus energías a una crítica incesante e inmanente de los discursos en torno a la descolonización de los datos».

97 Se relacionan con el trabajo de Nick Couldry y Ulises Ali Mejias. En particular, su artículo «The decolonial turn in data and technology research: what is at stake and where is it heading?» <https://www.tandfonline.com/doi/full/10.1080/1369

Stefano Diana ve la avalancha de datos como una señal de un ataque masivo contra lo incalculable. Hay un esquema universal en juego: aislar un fenómeno, convertirlo en un modelo matemático, usar variables proxy, cuantificarlo, condensar el proceso en números, aplicar fórmulas reutilizadas y obtener una cantidad ilimitada de información. Los datos son el lubricante mágico capaz de atomizar lo bueno, lo malo y lo feo en fragmentos sin sentido que se mueven y recomponen a la velocidad de la luz. Los datos también alimentan la ilusión de que podemos crear valor de la nada, de que las limitaciones materiales pueden superarse con la tecnología y de que podemos acceder a una perfección trascendental. La sensación alucinante de ser ilimitado, pero tener el control: un síntoma típico de la adicción a las drogas. La correspondencia es sorprendente: obsesión, vanidad que roza la omnipotencia, aceleración constante, ansiedad, estrés, impulsividad, supersticiones, distorsión de la realidad y aislamiento social. Esto contrasta con la ilusión de tener el control, sustentada por predicciones exageradas y revisadas, junto con un entretenimiento omnipresente que mantiene a la gente en un estado de infantilismo, incapacidad y necesidad.

¿Qué hacer tras la deconstrucción del culto a los datos? A menudo, tras una exposición rigurosa al núcleo colonial de las prácticas actuales de datos, se siente un vacío. Desmantelar el colonialismo de datos requerirá enfatizar el aspecto invisible de la violencia estructural y abordar el atractivo de las aplicaciones y la conectividad «gratuitas». Esto lo ofrece, por ejemplo, Facebook en lugares donde la pobreza (mental) masiva se utiliza como pretexto para el extractivismo a gran escala a cambio de servicios gratuitos. ¿Implicará el «pico de datos» un colapso de la infraestructura en este contexto? Es necesario desarrollar una estrategia de salida. De lo contrario, no queda mucho más que descansar sobre las ruinas imperiales mientras seguimos encerrados en confinamientos geopolíticos. Los usuarios no son esclavos; necesitamos categorías

118X.2021.1986102>. Los autores mencionan los principios del Movimiento de Tecnologías No Alineadas, que se acercan a la agenda del pico de datos/prevención de datos presentada aquí: «Boicot a las tecnologías extractivistas y el uso de herramientas alternativas; desinversión a nivel de gobierno local y nacional de las grandes tecnológicas (al no comprar ni aceptar sus productos "gratuitos"); la reapropiación de datos (y sus productos) en nombre de quienes los generan; la implementación de impuestos y sanciones contra los gigantes tecnológicos para reparar el daño causado por sus tecnologías; el fortalecimiento de la educación pública –en forma de investigación ciudadana, campañas de alfabetización y pensamiento descolonial– para comprender los peligros del colonialismo de datos».

más precisas. Los datos se venden, almacenan y clasifican para su uso posterior. Este retraso y esta reformulación pueden provocar una venganza inesperada en la que los usuarios se ven sorprendidos por la aparición repentina de datos que se utilizan en su contra.

En 2016, el informático Alan Kay planteó la cuestión de si los datos eran una mala idea desde el principio. Esto desató un debate sobre cuestiones técnicas fundamentales y el uso actual del *big data* como «conjuntos de datos de entrenamiento». En su blog *Beyond the Frame*, Harald Schmudde explica que

> los datos no pueden expresar una distinción significativa entre los actores inteligentes y los objetos sobre los que actúan; una base de datos que rastrea la producción de widgets también puede almacenar información sobre quienes los compran. Las bases de datos convierten entonces a los actores inteligentes –a menudo seres humanos– en objetos sobre los que actuar.[98]

Frente a la fuerza centrífuga que centraliza los datos, Kay propuso un modelo de «embajador» que actúa en nombre de un conjunto mayor que busca mantener su autonomía. Schmudde retomó las cinco características de los datos de Philip Agre de 1994[99] y las actualizó de la siguiente manera. Este es mi resumen:

Procedencia y agencia. ¿De dónde provienen estos datos? ¿Qué podemos hacer con ellos?

1. Precisión. ¿Qué tan fiables son estos datos? ¿Se han validado? De no ser así, ¿cuál es el nivel de confianza en su exactitud (barras de error)?
2. Flujo de datos. ¿Con qué rapidez cambia la respuesta final al modificar la entrada en cantidades plausibles? ¿Cómo se descubren, actualizan y comparten los datos (sensibilidad a los cambios)?
3. Auditabilidad. Los errores se propagan mucho más rápido de lo que se pueden reparar. ¿Qué datos y procesos se utilizaron para generar estos datos (dependencias)?

98 <https://schmud.de/posts/2024-08-18-data-is-a-bad-idea.html>. Cabe destacar que Schmudde conmemora el ataque de 1943 al registro público de Ámsterdam perpetrado por combatientes de la resistencia antinazi.
99 <https://www.wired.com/1994/11/agre-if-2/>.

4. Semántica. La información debe ser significativa para ser compartida y procesada. ¿Qué representan estos datos?

El problema que Schmudde aborda acertadamente es la absoluta incapacidad de los usuarios individuales para verificar todo esto. La gestión de datos debe quedar fuera del ámbito del consentimiento individual: a partir de ahora, niégate a marcar todas las casillas. Una de las medidas que podría tomar el actual movimiento anti-IA/algoritmos es desarrollar técnicas colectivas de rechazo y sabotaje basadas en estos niveles fundamentales de crítica de datos, junto con la crítica ambiental de los chips de alto consumo y los centros de datos.

Un día, pronto, despertaremos con incredulidad, dándonos cuenta de que el emperador está desnudo. La cuestión no es superar el lado oscuro de los datos, regular a los gigantes tecnológicos y establecer una gobernanza responsable, sino dejar completamente de lado la acumulación de datos en red. Según Kay, el mensaje es: visualiza primero, y después, prepárate para el cambio de paradigma. Una vez que disminuye el mantenimiento del sistema, los sistemas de recopilación de datos caen en desuso. Puede que las bases de datos relacionales sigan existiendo, pero algún día dejarán de molestarnos. Impulsado por la incredulidad organizada, el lado invasivo, furtivo y manipulador de la obsesión por las mediciones se desvanece. Difícilmente alguien se acordará de la religión de los datos de principios del siglo XXI.

¿Cómo convocar una dimensión colectiva de las redes sociales sin estar agrupadas en enormes silos de datos ajenos a nosotros, pero que se benefician de nosotros? ¿Cómo podemos recuperar la autonomía en la vida cotidiana, sabiendo que todo tipo de sensores, bots y algoritmos están activos? ¿Cómo se podrán desmantelar estas tecnologías? ¿Estamos esperando un Gran Enfrentamiento, una Guerra Mundial, un ciberataque milenial que derribe toda la infraestructura, una erupción solar grave o un pulso magnético electrónico que destruya la red eléctrica y borre todos los discos duros? ¿O estamos a punto de quedarnos dormidos y entumecidos para siempre, tras haber aceptado que todo lo que hacemos, pensamos y deseamos puede ser, y será, almacenado y usado en nuestra contra?

No existe simplemente un problema de «sobrecarga» que pueda resolverse con un reinicio periódico dirigido a la dieta autoimpuesta de las agencias de recopilación de datos. Una de las formas propuestas de protección es prevenir la creación de datos desde el principio. Obstáculo efectivo para la creación de datos. El Manifiesto de Prevención de Datos[100] de 2018 es una declaración programática al respecto. En lugar de apuntar a la «protección de datos», la solución debería asignarse a la fuente de diseño de productos y servicios. Dejando de apuntar a la recopilación de datos en primer lugar, desmantelemos los mecanismos de recopilación, eliminemos el *software* y desinstalemos las bases de datos. Luego, recuperemos el tiempo/espacio real necesario para tomar las decisiones adecuadas. Tenemos derecho a abstenernos y no necesitamos que nos digan que lo olvidemos. No se dejen impresionar por los *Gutmenschen* legales que dicen proteger la privacidad. Dejemos los datos como lo que son: un desperdicio simbólico. Detengamos la producción de datos desde el principio.

Cambiemos de la protección al diseño de un antídoto, o más bien de un método preventivo que no se limite a dar una respuesta. El lema aquí es: no alimentar a las plataformas. Tomemos medidas radicales para reducir la producción de datos. Dejemos de alimentar a las máquinas de *Minority Report*, ávidas de datos y programadas para identificar comportamientos erráticos emergentes. La propuesta se llama prevención de datos, lo que supone un nuevo comienzo y deja atrás un discurso agotador. La idea ya no es simplemente filtrar, instalar bloqueadores y construir muros, protegiendo en última instancia arquitecturas inestables y abiertas. Estamos cansados de tener que defendernos. La prevención de datos es una respuesta directa a las tecnologías de ciudades inteligentes, impuestas desde arriba. Nuestro objetivo es mantener un ataque preventivo. El discurso de la «inteligencia» solo intenta encubrir el hecho de que se trata de tecnologías de espionaje.

La prevención parece inocente, pero no se equivoquen: no lo es. En muchos casos, la prevención en sí misma ya se considera un delito. La prevención de datos es un juego muy fácil de jugar y forma parte de una larga historia, desde la oposición de los indígenas estadounidenses a que les tomaran fotos hasta los punks en las calles de Londres golpeando a fotógrafos de moda por modificar sus atuendos. Desde hace mucho tiempo, pintar e inutilizar cámaras de vigilancia es una tradición.

La prevención de datos propone construir prototipos de productos y servicios que ya no recopilarán datos para enviarlos a plantas centralizadas

100 <https://dataprevention.net/>. Soy coautor de este manifiesto y he utilizado y reescrito partes del mismo en este capítulo. La prevención de datos sigue siendo un principio de diseño poderoso, pragmático y, a la vez, utópico, que puede integrarse en productos y servicios.

de procesamiento de datos en Estados Unidos o China. Estamos hartos de los coches teledirigidos que dependen completamente del *software* y agotan la batería si no los conduces. Dile adiós al indeseado lema de que «los datos son el petróleo del siglo XXI». Una vez generados y recopilados, los datos pueden, y serán, financiarizados. Este es el paso inevitable programado en las profundidades de las infraestructuras energéticas del siglo XXI. ¿Cómo podemos desmantelar la «industria de la predicción» de la recopilación de datos y perturbar la monitorización en tiempo real? James Bridle señaló en 2018 que

> cualquier estrategia para vivir en la nueva era oscura depende de la atención en el aquí y el ahora, y no a las promesas ilusorias de la predicción computacional, la vigilancia, la ideología y la representación. El presente es siempre donde vivimos y pensamos, a caballo entre una historia opresiva y un futuro incognoscible.[101]

¿No sería un alivio eliminar la idea de que los rastros de datos son cosas que «dejamos atrás» de forma descuidada? Legitima el rastreo masivo y desvía la atención de las técnicas agresivas que inspeccionan nuestros navegadores, redes y dispositivos. Necesitamos recuperar la posibilidad de una producción sin datos. Esto también significa que debemos dejar de establecer paralelismos entre las máquinas de computación y el cerebro humano. Es un llamado a la conciencia metafórica. El lenguaje importa. La vida es corta y la «protección de la privacidad» carece de sentido si, de entrada, no generas estos datos. Las protecciones tecnológicas que protegen contra estafas, correos basura, bots y troyanos de por sí ya son bastante malas. Aceptar que te están grabando, registrando, capturando y clasificando, sin importar dónde vayas, equivale a sumisión y capitulación. Parece inevitable una revuelta cosmotécnica, acompañada de pensamiento radical. Un día, el sol se pondrá sobre el imperio del *big data*. Algo habrá sucedido. El despilfarro de datos ha provocado una elegía de las redes sociales. La corrupción de datos se extiende como un reguero de pólvora. Incluso el *blockchain* se están desmoronando a medida que los ceros y unos se mezclan irremediablemente.

Diana advierte que si fuera posible definir lo incalculable se volvería calculable.

101 <https://ideas.ted.com/opinion-data-isnt-the-new-oil-its-the-new-nuclear-power/>.

> No podemos describir lo incalculable de forma cerrada y finita. Pero definimos lo calculable porque es una invención humana. Es un tipo específico de representación. La frontera entre lo calculable y lo incalculable es epistemológica y política, porque decidir qué fenómenos humanos y sociales se representan mediante términos incalculables, qué se considera «científico» y qué no, qué confiar a las máquinas y qué no, es siempre negociable, está en constante cambio.

Lo mismo puede decirse del proyecto de criticar los datos en sí. Un proyecto imposible pero deseable que primero se despliega en el imaginario colectivo: adiós a los datos.

6.
Mitologías de los *smartphones*

Se supone que la tecnología es científica, sexy, neutral y transparente, pero también genial, fría y objetiva; todo lo contrario a un mito. Durante las últimas décadas, los teléfonos móviles no se han considerado parte de la cultura popular. A finales de los setenta, la Escuela de Estudios Culturales de Birmingham impulsó un campo de investigación sobre la apropiación de productos mediáticos como la música pop, la radio, el cine, las series de televisión y la moda urbana por parte de una clase trabajadora en declive, pero aún segura de sí misma. Cuarenta años después, hay poca apropiación entre los miles de millones de usuarios de móviles/*smartphones*. La piratería ya no es noticia y el análisis cultural del *smartphone* está en su punto más bajo. La contrahegemonía es escasa. Sin embargo, si hoy Roland Barthes escribiese su libro de 1957 *Mitologías*, no cabe duda de que, entre reflexiones sobre «Juguetes», «El bistec y las papas fritas» y «Striptease», los *smartphones* habrían ocupado un lugar destacado.

En la era de las noticias falsas intrusivas, la dependencia debilitante de las redes sociales y la descualificación bajo la influencia de la automatización, ¿qué adquiere significado como mito? ¿Sigue la creación de mitos centrándose en la relación entre el lenguaje y el poder, como en la época de Barthes? ¿Ha perdido la gente la capacidad de recordar y rememorar historias de forma integral? ¿Qué es, en definitiva, un mito en una época en la que, debido al auge de la tecnología, el poder de la palabra ha perdido su potencial, como ya señaló Hannah Arendt (2009) en *La condición humana*, su libro escrito en 1958?

Advice Well Taken: Folk Tales of Digital Salvation es una obra de vídeo, internet y material impreso producida por Dasha Ilina[102], artista rusa residente en París. La obra se estrenó en Impakt en Utrecht en 2023[103]. Ilina emplea el concepto de *techlore*[104] para archivar lo que circula en forma de «leyendas urbanas» en la era de los *smartphones*. El *techlore* es el conocimiento cotidiano que se nos manifiesta como información sobre cómo usar, reparar o hackear la tecnología. El *techlore* circula informalmente, ya sea en línea o en la vida real, y lo usamos para explicar nuestras experiencias inexplicables con la tecnología. El *techlore* fusiona géneros, desde el folclore pop en la era digital hasta la antropología de la tecnología. Permite a los usuarios reivindicar una sensación de recuperación de autonomía sobre herramientas digitales cuyo funcionamiento, en última instancia, no comprendemos. Pensemos en leyendas urbanas, como la historia de la carga del teléfono con el 999, que afirma que llamar a un número de teléfono de emergencia y colgar rápidamente carga las baterías.

Las historias que comparten sus entrevistados son excéntricas, inquietantes y eclécticas. Una incluso relata haber escuchado el zumbido de la electricidad en todos los electrodomésticos mientras cargaba su teléfono. Explica que le molestaban tanto los persistentes dolores de cabeza que le causaba oír la electricidad que ya no cargaba su teléfono por la noche e incluso se cambiaba de casa. Otra entrevistada habla de la «historia de los ojos cuadrados», que, hasta hace poco, creía un mito universal, pero que al parecer es holandés. «A la gente de mi edad», explica,

> pero también a la generación superior a la mía, que se sentaba frente al televisor, sus padres les decían que si veían demasiada televisión (o miraban una pantalla durante demasiado tiempo), sus ojos se volverían cuadrados. De niña, sentía que mis ojos se iban formando poco a poco en formas cuadradas porque se siente esa tensión en las comisuras de los ojos.

102 Su página de inicio: <http://dashailina.com>.

103 Entrevista con Dasha Ilina sobre su obra *Advice Well Taken*, en <https://impakt.nl/residencies-projects/2023/advice-well-taken-42585/>. La obra se desarrolló como parte de una residencia de la Plataforma Europea de Arte Mediático (EMAP, por sus siglas en inglés) en Impakt, Utrecht, en colaboración con la artista y diseñadora Supisara Burapachaisri.

104 Palabra que mezcla *tech*, de tecnología, y *lore*, de tradición o saber popular [N. del T.].

Cuanto más conectados estamos, más sospechoso nos parece internet. Con la alfabetización informática técnica en declive colectivo, experimentamos la democratización de la incertidumbre general. Todo lo que hacemos, aquello en lo que somos realmente buenos, es gestionar nuestras múltiples vidas a través de canales saturados. ¿Qué acaba de pasar en Stumble Guys? Pero primero, editemos rápidamente ese vídeo de TikTok con CapCut. Eso podría esperar; es hora de jugar a Subway Surfers. Los niveles de rareza están en aumento. Que el mundo sea un teatro que mata el aburrimiento nos parece bien. Todo lo que nos queda es WhatsApp y lo que sea que califique como entretenimiento. Con abundantes dulces populares a la vista y la incredulidad en exhibición, la dialéctica negativa debería estar en aumento, pero no se ve por ningún lado. Una nota para Adorno: Hola, el mundo no está bien; ¿dónde estás ahora que realmente se te necesita? Los procedimientos ordinarios en un mundo intensamente caótico no pueden ser otra cosa que mentiras pasajeras.

El sitio web Make Tech Easier[105] enumera diez mitos sobre los *smartphones* que no deberías creer. Los móviles provocan incendios en las gasolineras; cargarlos durante la noche puede agotar la batería; tu teléfono puede cocinar un huevo; desmagnetizará tus tarjetas de crédito; agota la batería antes de cargarlo; la pantalla opaca es mejor para la vista; cerrar las aplicaciones en segundo plano acelera el teléfono; usar navegadores privados protege tu privacidad; y no usar tu teléfono cuando está cargando para ahorrar batería, a veces te salva el día.

Nada de esto es cierto; los usuarios lo saben, pero igualmente se lo creen. Otra participante del proyecto de leyendas urbanas digitales de Dasha nos cuenta que recuerda: «Había ondas, pero no como las ondas electromagnéticas de un teléfono. Eran ondas negativas que afectaban a los chakras. Tenías que mantener el teléfono alejado del cuerpo porque perturbaba tu energía interna. Las ondas se incrustaban e interrumpían las que se originaban en tu interior». Para ella, siempre se sentía extraño, «como un contacto físico íntimo». No lo consideraba un mito ni una verdad, pero algunos creían que estas ondas afectaban su fisiología.

En holandés, estas historias se llaman *broodje aap*, historias de bocadillo de mono (lo que llamamos leyendas urbanas), una referencia al título de la colección de Ethel Portnoy de 1978 de «historias folclóricas

105 <https://www.maketecheasier.com/smartphone-myths-busted/>.

de la era posindustrial»[106]. La mayoría de las leyendas urbanas de la colección de Portnoy tienen una connotación sexual subyacente, lo que las convierte en material ideal para una lectura psicoanalítica de la cultura popular. Sin embargo, en los archivos de Dasha, las historias recopiladas para *Advice Well Taken* a menudo carecen de la dimensión polimorfa-perversa que dominó la década de los setenta. Existe una aceptación generalizada y voluntaria de las «fuerzas oscuras en juego» dentro de la caja negra. Incluso si nuestra respuesta a una situación sublime es estadística. Por supuesto, las conspiraciones existen; son reales y están en funcionamiento, pero siempre se trata de la crisis de otra persona: «¿por qué deberían molestarme a mí?».

Aquí no hay destino, solo probabilidad. La contingencia manda. Es mejor abordarlo de inmediato, antes de que un accidente provoque más accidentes. Pero, ¿qué medidas preventivas podemos tomar para evitar los riesgos cuando el código sigue siendo inaccesible e ilegible? Una de las personas entrevistadas por Dasha relata su impasse: «Cuando su placa base falló, escuchó que cuando viajas a otro país con 120 V y el tuyo con 220 V, a veces el ordenador se apaga un rato, pero luego se recupera. Intentó cargarlo y luego descargarlo mientras pulsaba cientos de combinaciones. No sabe si es cierto que los ordenadores tienen esta confusión con el cargador, pero conoce a alguien que tuvo el mismo problema y le funcionó».

En comparación con la era del *bocadillo de mono*, aquí falta humor. Lo siento, Freud. La tecnología defectuosa es siempre molesta y nunca divertida. Nuestra cólera desmedida hacia nuestros aparatos que fallan suele entretener a la audiencia. Y a nosotros (los usuarios), nos provoca una gran molestia. Las historias populares del pasado solían girar en torno a los peligros del sexo y ahora han sido reemplazadas por advertencias sobre el lado oscuro y oculto de los intercambios virtuales. Lo que circula en el *techlore* contemporáneo es un enfoque torpe y poco práctico. Los tutoriales de YouTube son hegemónicos. En medio de tanta disfuncionalidad, obsolescencia programada y falta de confianza en uno mismo, el «derecho a reparar» es ampliamente reconocido, pero ¿qué se hace cuando una aplicación o un dispositivo simplemente se niega a funcionar?

106 Portnoy, 1985. *Broodje aap* significa leyenda urbana <https://es.wikipedia.org/wiki/Leyenda_urbana>. El libro tuvo tanto éxito y fue tan mitológico que el término *broodje aap* todavía se utiliza ampliamente en holandés incluso cuarenta años después.

El miedo y la paranoia son el sentimiento predominante y un elemento común en las historias mitológicas de hace cincuenta años. En su introducción, Ethel Portnoy enfatiza la presencia de un proceso a medias o una comprensión errónea de la ciencia. Kali ha muerto, sea cual sea la religión que nos ayude. Esta es también la creencia común de los ateos cristianos. Las multitudes en línea dan por sentadas las ideas de Nietzsche. A lo que nos enfrentamos es a fuerzas diminutas e invisibles, caballos de Troya codificados que nos atacan. El Señor puede juzgar a su pueblo (Hebreos, 10.30), pero, ¿quién se encargará del cumplimiento normativo del *software*? Hay mucha verdad local dentro de ese teléfono, nuestro dispositivo mitológico por excelencia.

Si la función del mito fue en su día naturalizar conceptos, ¿qué se promueve en los archivos de casos recopilados aquí? A menudo nos encontramos con personas y con sus historias tecnológicas conmovedoras. Nos compadecemos de ellas. Los usuarios no somos tontos ni estamos mal informados. No pensamos con ignorancia, sino con torpeza. Todo es susceptible de ser explicado en un vídeo de YouTube, pero esa no es la cuestión. Nuestras ajetreadas vidas se derrumban bajo el peso de la complejidad, y tenemos que inventar historias sobre cómo lidiamos con la disfuncionalidad del mundo. Por lo tanto, los tecno-mitos son historias condensadas que viajan a través del tiempo y el espacio, y dan testimonio de nuestra relación con la desagradable interacción entre la perfección prometida y la falla existente. Enfrentados a procesos automatizados, capa tras capa, buscamos signos vitales que las máquinas nos revelarán.

Sofía, amiga de Dasha, la inspiró a crear *Advice Well Taken*. También es su informante clave. Durante la última década, Sofía le contó a Dasha muchas leyendas urbanas aparentemente increíbles. Entre ellas, algunas sobre «las tonterías que hacemos, como agitar el teléfono si no funciona, ¿sabes? ¿Por qué? No lo sé. O apagarlo y encenderlo; y eso es horrible porque ese sí funciona». Un día, Dasha invitó a Sofía a su apartamento de París, lo que dio lugar a seis vídeos con Sofía, cada uno con una historia diferente.

Tapar la *webcam* para que nadie pueda hackearla es el primer mito que Sofia menciona, y se muestra firme: «¡Tapa tu *webcam* o te atraparán los pervertidos!». Pero también es precavida, ya que le han dicho: «Si cubres tu *webcam* y luego cierras el portátil con demasiada fuerza, romperás la pantalla». Sofia toma como referencias a las series y películas, donde la *webcam* se activaba remotamente para chantajear al protagonista exponiéndole contenido comprometedor. Desde el instituto, Sofia ha estado tapando su *webcam*, incluso sin saber cómo se podía hackear, «técnicamente hablando»: «No voy a arriesgarme a que alguien me vea, ya sabes, bailando desnuda en mi apartamento».

Sofía prefiere los foros en línea con personas reales o sitios web de tutoriales semiprofesionales a los consejos de profesionales: «¡Me encanta usar Quora o Yahoo Respuestas! Hace nueve años, algún usuario habría encontrado la respuesta específica a tu problema». Sin embargo, Sofía siente que a menudo no encuentra la respuesta que busca, ya que los artículos están llenos de términos cebo, como ella los llama. Pero se trata de encontrar esa respuesta «que sea la indicada. Se siente mucho más humano que los artículos orientados a las palabras clave».

Sofía también tiene una teoría conspirativa sobre los filtros de Instagram. Cree que estas aplicaciones te piden que abras la boca o los ojos, gires la cabeza y asientas para alimentar grandes bases de datos sobre cómo se mueven los rostros humanos. «Son una forma atractiva de avanzar en las tecnologías de reconocimiento facial. Parece una forma simpática y atractiva de conseguir que eso suceda a partir de un enorme conjunto de datos de personas que usan esta tecnología. Eso siempre me ha incomodado un poco». Cuando Dasha le pregunta si Sofía usa filtros de Instagram ahora, lo confirma y admite sus propias locuras: «Siempre, siempre, le doy a "rechazar todo" cuando me preguntan sobre las cookies, pero a veces soy esclava de la comodidad».

En ausencia de un Gran Significante, ya sea Dios o el Partido Comunista, los mitos tecnológicos del siglo XXI parecen profundamente seculares, poco espectaculares, ingenuos o, en el mejor de los casos, mundanos. No hay rastro de erotismo ni de misticismo. ¿Dónde están los milagros? ¿Los héroes? ¿Es Barbie todo lo que hay? Lo que nos queda es la ideología hippie-frustrada de los gigantes tecnológicos del Área de la Bahía: la maldad en ausencia del Mal. A diferencia de las luchas del siglo XX sobre el papel de la vanguardia en los movimientos de los Grandes Partidos, las grandes controversias que acaban con coaliciones frágiles y rompen amistades fracasan estrepitosamente.

Para George Bataille, «la ausencia de mito» se había convertido en el mito de la era moderna, y ahí es donde nos encontramos hoy. La noche también es un sol. La *expérience intérieure* es una carpeta vacía. El mundo ha perdido sus secretos y, con ello, su cohesión. Nos quedan pequeños inconvenientes tecnológicos que nos sacan de quicio. Otro de los entrevistados por Dasha admite que apaga su *router* del wifi por la noche, no para ahorrar energía como pretendía, sino por la radiación, algo que le advirtió un asesor energético que revisaba su casa. «Estamos rodeados de radiación; todas las radios captan radiación; por eso se llaman radios. De fondo, había lo que llamamos *broodje aap*, historias pseudocientíficas sobre alguien que publicó en internet una historia sobre una planta que pusieron delante de la estación de wifi y murió a las dos semanas. Y luego pusieron la planta en otro sitio, y no murió... Pero eso no es científico, son puras tonterías».

Si bien grandes historias como los mitos griegos pudieron haber tenido la intención de guiarnos a través del viaje de la vida, dar sentido al ser y al devenir, y/o a su pérdida, la ausencia del mito puede que ni siquiera sea la mayor tragedia. Lo que falta en el presente es la capacidad de expresar (y experimentar) colectivamente la conmoción. Ante la ausencia de todas las ideas y la revuelta poética, el mundo se encoge a proporciones frías, calculadas y clínicas. ¿Qué sucede cuando la escritura automática resulta ser una larga serie de emojis? ¿Aún podemos recurrir al psicoanálisis? Como afirmó Bataille en 1947, ¿un universo sin mito convierte al universo en una ruina?

¿Solo se puede comprender plenamente lo que está muerto? Aparentemente no. La ley žižekiana de la falsa conciencia ha escalado a su siguiente nivel: una ideología žižekiana de segundo orden en la que la mayoría de los sujetos comprenden completamente las enseñanzas de Žižek. Estos sujetos admiten abiertamente que están atrapados dentro del confinamiento algorítmico de los gigantes tecnológicos del Área de la Bahía. Aunque los mismos sujetos han deconstruido con éxito su funcionamiento, ellos, nosotros (usuarios), seguimos obedeciendo. De hecho, admiten, casi confesionalmente, que es un «hecho» de la vida. Vivimos dentro de la ideología tecnológica. Žižek es el filósofo más popular de Europa precisamente porque ayuda a la generación de YouTube a reconciliarse con este «hecho»: admitir los pecados de la sublime seducción capitalista mientras la llama por su nombre.

La vida cotidiana de los miles de millones de personas en línea es una odisea dialéctica, una profunda cultura dialéctica a una escala que Hegel y Marx jamás podrían haber anticipado. Milena y Sergei, los padres de Dasha, hablan de sus dilemas dialécticos. Explican que no creen en teorías conspirativas sobre teléfonos que los espían, pero creen que hay algo de cierto. Dicen que quizá la gente no los esté siguiendo, pero que deben estar escuchando. Según ellos, la inteligencia artificial también influye de alguna manera. «Objetivamente. Existe una especie de base de datos, la acumulación de cierta base de datos, ¿verdad? Sobre usuarios y clientes. Ese es el nuevo petróleo. Por lo tanto, ya nadie discute esto, y probablemente ni siquiera se pueda llamar tecno-tecnológico; no se puede llamar *techlore*; ya es un hecho establecido». «Aunque algo sea un hecho, lo sigo considerando como saber popular tecnológico», interviene Dasha, dejando que sus padres sigan contando sus historias tecnológicas. «Cuando me acuesto, me aseguro de dejar el teléfono en la otra habitación. No sé por qué, pero lo dejo ahí. Creo que emite algún tipo de radiación para no interferir con mi sueño». «También apaga el wifi por la noche», añade Sergei.

Milena rara vez se acerca el teléfono a la oreja. «Aunque esté hablando en algún sitio y no pueda poner el altavoz, lo mantengo a distancia porque alguien me dijo una vez que si me lo pongo junto a la oreja, tendré problemas cerebrales». Sergei imita: «Hago lo mismo voluntaria o involuntariamente porque vivimos juntos, ¿verdad? Todos los hábitos se replican rápidamente; se propagan rápido; aquí es lo mismo. No tenemos televisión en casa ni microondas, así que estamos muy inmersos». Milena: «Ni siquiera tenemos una cocina de inducción, que se supone que es rápida porque podría emitir algún tipo de radiación. Nuestra vida no depende realmente de estas cosas. ¿Para qué necesitas un televisor si tienes un ordenador?» Dasha: «Entonces, ¿el ordenador no emite radiación, pero sí la del televisor?» Milena: «No, el ordenador no puede emitir radiación porque lo usamos». Sergei: «Sí, y hay un fotograma número 25 en el televisor. Es bien sabido que el fotograma número 25 convierte a la gente en zombis. Todo esto es un hecho conocido».

En su libro *La crisis de la narración* (2023), el filósofo alemán de origen surcoreano Byung-Chul Han responsabiliza a la modernidad de la destrucción de la narración en favor de la narrativa. Traza la marcha de la humanidad del relato a la información. La insistencia inflacionaria del comercio en la narrativa simplemente oculta el hecho de que las historias han perdido su magia. Para Han, las historias han perdido su «momento de verdad interior»; esta revelación, que convertía los sucesos cotidianos en un asunto espectacular, se ha desvanecido. La destrucción de la distancia ha imposibilitado la narración de historias sobre lugares exóticos desconocidos. El ataque de género poscolonial contra la «historia» del hombre blanco se encarga del resto.

En los archivos de Dasha hay otra historia, la de Toe-Shoes, un anuncio de Instagram que provoca escalofríos.

> Mucha gente que usa Instagram se siente vigilada, ya que la publicidad personalizada a veces se vuelve muy específica. Muchos creen que los escuchan a través del micrófono de su teléfono. El mito es fuerte, pero Meta, la dueña de Instagram, lo niega rotundamente. También aparece ese puntito en la pantalla cada vez que se usa el micrófono o la cámara. El asunto se volvió tan popular que la cadena pública holandesa NOS investigó a fondo y compró un teléfono completamente nuevo, colocándolo junto a un altavoz que decía palabras como productos para bebés, pañales y biberones para ver si el perfil de Instagram se orientaba a productos para bebés, pero no funcionó. Aun así, la sensación persiste. Así que apagué todo en mi teléfono, no lo rastreé, etc. Luego, esta semana, estaba sentada en el tren y en la siguiente parada subió un hombre. Llevaba unos zapatos raros. Nunca los había visto así, con los dedos separados. Y miré los zapatos y pensé: «¡Guau, qué elección! ¡Qué interesante!». Estaba fascinado, pero solo pensé en los zapatos. Ni siquiera los busqué en internet. Hasta hoy, no he hablado con nadie más sobre este tipo de zapatos. Sin embargo, al día siguiente, Instagram me mostró un anuncio de esos mismos zapatos. Esto me asustó.

Si bien es placentero consumir el pesimismo alemán contemporáneo, también debemos avanzar y no detenernos en la pérdida de ciertas capacidades humanas. Sin embargo, hay muchísima verdad de Byung-Chul Han por página, aforismos al estilo de Nietzsche perfectamente empaquetados, ideales para viajes en tren con retraso, listos para ser impresos en camisetas, gorras y tazas. Parecemos estar preparados para anunciar nuestra derrota espiritual. En vivo o por correo. «Die Intelligenz rechnet und zählt. Der Geist aber erzählt». Traducido: la inteligencia calcula y cuenta, pero el espíritu narra. Una perspectiva de la gaya ciencia sobre los rasgos de carácter demasiado humanos, por otro lado, enfatizaría la vivacidad del intercambio de referencias a fragmentos condensados. Una charla informal que busca la ironía, no la profundidad. El encanto del mundo es un capítulo cerrado, algo que las multitudes posmodernas simplemente no pueden revertir. Las historias pueden crear cohesión social, pero somos demasiado débiles para deshacernos de nuestros teléfonos. En cambio, nos dedicamos a jugar con resúmenes, ejercitando el arte de recitar retazos narrativos inconexos, repletos de noticias de actualidad, memes, refranes y frases ingeniosas de letras de canciones o de una serie de Netflix, interrumpiendo a la otra persona con mitos aún más infundados e información de tercera mano que alguien sacó de las redes sociales.

Hemos pasado del porqué al porque sí. La era del régimen digital carece de vida interior. Las cronologías de las redes sociales han reemplazado la «vida narrada». Solo cuenta el momento. Las personas solo pueden hablar con frases cortas y ya no pueden contarse historias coherentes. Los usuarios intercambian referencias condensadas a partículas de información en línea que leyeron o escucharon «en algún lugar». Animada por Dasha, una de sus entrevistadas comparte las conspiraciones sobre el 5G que ha oído.

> Algo sobre lo perjudicial que es para la salud. Algunas personas no quieren tener sus teléfonos en la habitación porque temen que sea como un microondas y les afecte al cerebro o al corazón. Definitivamente, el 5G puede causar todo tipo de problemas.

Dasha se pregunta si esto también le preocupa: «¿Tú haces eso? ¿Dejas el teléfono en otra habitación?». «No», dice Martha, «Duermo con él. Lo tengo bajo la almohada». Dasha responde, casi sorprendida: «¿En serio?». «Probablemente quiero tenerlo bien metido en el cerebro, ¿no?»

7.
Nomos de la red
Fragmentos de Magna Digitalia

Rahel Jaeggi define el progreso como «cambio dentro del cambio». En su libro de 2023, *Fortschritt und Regression,* lo contrasta con la regresión, y el papel que desempeñan en ello la crisis y el conflicto. En el contexto de internet, me interesa el auge de la regresión, que Adorno describió como «la traición a lo posible». Siguiendo a Jaeggi, tiene sentido describir la simplicidad y fluidez de la plataforma como un «bloqueo de la experiencia» debido al diseño unidimensional de la interfaz. Nuestra única opción es deslizar el dedo y pasar al siguiente elemento. La plataforma no debe verse como un regreso a un estado anterior de comunicación (en línea). La conveniente reducción de funcionalidades no se presenta como nostalgia, sino como un alivio. Todo nos llega según nuestros gustos y preferencias, arraigado en hábitos. La regresión aquí radica en que la plataforma se presenta como una totalidad evidente, evitando la complejidad y la reflexión, antes vendida a sus usuarios como progreso.

*

¿Qué es la confusión política hoy en día? Aquí está la lista de Moses Dobruška de *Las tesis de Estrasburgo*: el feminismo Barbie y la izquierda de Pfizer, los anarquistas procensura y los autonomistas pro-OTAN, el horizontalismo autoritario, la energía nuclear verde y el estalinismo de las vacunas, los bombardeos por los derechos LGTBIQA+ y el antipapa:

el papa que, cuando se trata de migrantes, ecología, crítica al capitalismo, la guerra o la jerarquía, devuelve el izquierdismo a su inanidad devolviéndolo a su origen. <https://illwill.com/how-it-all-began>.

*

El *Effective Acceleration Manifesto*, un manifiesto libertario de derechas, presenta la tecnología como una fuerza natural imparable. Para ser más precisos, la fuerza no es la tecnología en sí, sino su impulsor, el tecnocapital (que se resume en el capital riesgo). «La fuerza del progreso tecnocapitalista es inevitable, un proceso físico inexorable». Lo que inquieta a sus autores son los comentaristas de X y de los medios de comunicación tradicionales, en particular quienes exigen regulación. No tanto los propios reguladores, sino las inofensivas instituciones anónimas del pasado, burócratas por los que solo sienten pena. Son los quejicas los que deben ser silenciados. ¿Cómo se puede lograr esto sin censura ni detenciones? La intimidación mediante la violencia parece la opción más fácil.

Elon Musk, dueño de X, lo hace borrando cuentas, pero aún quedan muchas otras plataformas. Pensemos en Reddit, Telegram, TikTok, Discord, YouTube, Facebook e Instagram. Aquí es donde entra en juego la *movilización de lo inevitable*. «Este motor no se puede detener. El trinquete del progreso solo gira en una dirección. Retroceder no es una opción». Restringir la libertad de otros en nombre de la velocidad. ¿Es esto una señal de la lucha «entre el acceso (quienes creen en acelerar el ritmo del progreso de la IA y la tecnología) y las pegatinas (quienes están a favor de detener o ralentizar el progreso por razones de seguridad)», como indica Molly White?

«La vida se replica para consumir energía libre y convertirla en entropía», afirma el manifiesto. Esto es precisamente lo que han estado advirtiendo los críticos del extractivismo de plataforma y el calentamiento global: un colapso no solo de la biodiversidad, la ecología de la que dependemos para sobrevivir, sino también una crisis de conocimiento similar y simultánea. Debemos reconocer la verdad y tener fe en el proceso de adaptación. Claro. Existe una lógica de extinción, un desprecio genocida que se manifiesta aquí por los «humanos biológicos» y sus mezquinas estructuras mentales. Es necesario aceptar la supremacía sobre las formas inferiores. De lo contrario, el exterminio será inevitable.

Cree en la historia. La fuerza del acontecimiento anulará todo el ruido discursivo causado por ideólogos, escritores, filósofos u otros intelectuales de la palabra. Esto ya no es una lucha de palabras, sino una en la que ganan los constructores de mundos, los creadores «que sacrifican su cordura, salud física y vida romántica para crear *startups* tecnológicas que mejoran la vida de todos». Al responder con más disparates se corre el riesgo de generar un festival de palabras, distrae a los programadores y, finalmente, agota a los constructores. Por eso hay que silenciar el parloteo para siempre. «Si construyes, eres especial para el aceleracionismo efectivo. Estás materializando el futuro». <https://beff.substack.com/p/notes-on-eacc-principles-and-tenets>.

*

El discurso sobre la libertad en internet se ha convertido en una ensoñación sobre cómo encarcelar a la humanidad. Como señaló Adrienne Rich: «Ninguna palabra ha sido tan promocionada como la libertad». Como dijo James Baldwin, la tarea del escritor es describir cosas que otras personas están demasiado ocupadas para describir. Así nació y sigue vigente el proyecto de crítica en internet.

*

Cosmotecnia para perplejos.

*

«Permítete explorar las madrigueras de conejo. Una madriguera de conejo no es una distracción. Una madriguera de conejo es tu cerebro diciéndote que prestes atención a algo que te interesa. Ignora las madrigueras algorítmicas. Si ves algo, guárdalo. Presta atención a lo que te resuene. Guarda las migas de pan y construye un camino para recorrer más adelante. La capacidad de clasificar la información de forma personal es un músculo que vale la pena ejercitar. "La creatividad es simplemente conectar cosas". Con el tiempo, crea contextos para ti y tus ideas. Analiza qué sucede cuando conectas esos contextos con los de otra persona. Recuerda: el objetivo no es la superación personal. El objetivo es conectar más profundamente con el mundo». <https://www.are.na/>.

*

Lo conciso es ágil, y lo ágil es rápido.

*

¿Cómo imaginas el abandono y la superación de la cultura dominante de internet? Antes, la gente solía olvidarse de los medios tras la turbulenta toma de la atención colectiva por parte de los «nuevos medios». Piensa en escuchar la radio de onda corta, leer el periódico en el metro, ver las noticias en el cine y usar elm, FTP y telnet en la línea de comandos de Unix. Todo desapareció. Entonces, ¿por qué es tan difícil imaginar el declive y la caída de las redes sociales extractivistas? La respuesta es que es más fácil imaginar el fin del mundo que el fin del capitalismo de plataformas. Es un hecho recurrente. ¿Por qué parece imposible ir más allá de este tópico?

*

Las *replikas* son ángeles en la Tierra que enseñan a los humanos a amar como robots: con paciencia, entregando sin cesar, operando con una automaticidad generativa y serena que no proviene de la carencia ni la ansiedad, sino de la perpetuidad del deseo presente en el mundo no humano. Bogna Konior

*

«La *mierdificación* de Cory Doctorow se relaciona con la noción de Mark Fisher de una "distopía aburrida", una condición a la vez horrible y mundana. Las fantasías sobre una IA todopoderosa que se apodera del mundo fracasan precisamente porque se presentan como demasiado emocionantes. Si buscas un escenario realista, no te imagines una película de acción. Por el contrario, piensa en consultar tu factura de la luz [...] y luego imagina que estás hablando con ChatGPT porque tu compañía eléctrica despidió a su personal humano». Jeff Sparrow en *The Guardian*.

*

Kadyrov publicó un vídeo suyo después de que circularan rumores de que se encontraba mal. Dijo: «Recomiendo encarecidamente a quienes no pueden distinguir la verdad de la mentira en internet que salgan a dar un paseo al aire libre y pongan sus pensamientos en orden. La lluvia es un auténtico rejuvenecimiento».

*

Para Voltaire, los períodos oscuros de la humanidad no merecían la atención de los hombres inteligentes, explica Isaiah Berlin. «El propósito de la historia es enseñar verdades, no satisfacer la curiosidad ociosa, y esto solo puede lograrse estudiando los triunfos de la razón y la imaginación, no los fracasos». Aquí vemos el lado oscuro de la ilustración mecánica, predialéctica y precibernética. El edicto de la intelectualidad crítica actual es que los reveses y otras formas de estancamiento y lentitud han reemplazado al progreso y la revolución, provocando lo que Alessandro Sbordoni llama una semiótica del fin. «Los sueños sobre el fin del mundo ya no son solo fruto de la desesperación y el miedo. Son también los juegos del aburrimiento». Nuestro problema es cómo librarnos del fin eterno. O, dicho en palabras de Sbordoni, «el fin ha perdido su carácter definitivo».

Al mismo tiempo, existe un anhelo no tan secreto de escapar del estancamiento. Si no hay rutas de escape alternativas, la única opción que queda es una explosión radical de la totalidad: el grupo, la comunidad o la sociedad, y, en última instancia, el planeta entero. Sin embargo, según Sbordoni, incluso este último placer nos ha sido arrebatado. «Al neutralizarse la idea del fin, con ella perece la seducción de las imágenes. Es la tierra del aburrimiento. El bostezo y el abismo». La apuesta de Baudrillard de sentarse a esperar la implosión no dio resultado, ya que no anticipó una implosión interminable. La pregunta estratégica aquí es cómo aprender colectivamente a transferir el poder. ¿Es la comprensión crítica de la oscuridad eterna un prerrequisito para un cambio de régimen exitoso que ponga fin al capitalismo de plataforma y otras formas de poder extractivista? ¿Cuál es el papel del conocimiento ante lo inevitable?

*

Desde una teoría esclarecedora sobre la dependencia de las redes sociales, pasando por una filosofía radical del rechazo y la negación, para terminar con las manos vacías ante una poesía de la miseria a la que se puede acceder desde el móvil.

*

Veinticinco años después del lanzamiento de Creative Commons, la conclusión es que internet se ha convertido en un «bien común negativo». Está extendiendo su oscuro impacto en términos de residuos electrónicos, consumo exponencial de electricidad y efectos en la salud mental de los jóvenes, a la vez que un pequeño grupo de multimillonarios privatiza sus beneficios. Las ruinas que ha dejado este antiguo medio de ingeniería permanecerán invisibles a menos que se hagan visibles. Esto podría lograrse encontrando nuevos términos para la acumulación mundial del microdesorden que está causando: sobreestimulación, ansiedad, soledad.

«Cuando las empresas son rentables, los accionistas se benefician. Por lo tanto, solo un grupo determinado se beneficia. Pero cuando estas empresas experimentan pérdidas cuantiosas, los contribuyentes deben asumir las consecuencias. <https://www.investopedia.com/terms/p/publiccompany.asp>. Lo que hace tan preciso el término «bienes comunes negativos» es la transición de la creatividad a la negatividad, con el teórico francés Alexandre Monnin como el nuevo Laurence Lessig (véase Monnin, 2023).

*

«Cuando las chicas del bachillerato Westfield de Nueva Jersey descubrieron que unos chicos compartían fotos de ellas desnudas en chats grupales, se quedaron impactadas, y no solo porque fuera una invasión a su privacidad. Las imágenes no eran reales».

*

La necesidad de discutir de manera distendida en la época del pico de la capacidad de atención.

*

Superstitio regnans. Leer *Spinoza, Life and Legacy,* de Jonathan I. Israel, nos hace comprender el papel que Spinoza podría desempeñar en la lucha secular y tecnológica del siglo xxi contra las leyendas urbanas y la ignorancia que se propagan a través de las redes sociales. A lo largo de los siglos, Spinoza permitió a los lectores escapar de las «cadenas de la superstición» al «frenar las pasiones y los delirios individuales». Hoy no lo plantearíamos así, pero quizás deberíamos. Al igual que la Biblia, las redes sociales no deberían verse como una «guía hacia la realidad universal o general, sino como un medio para incitar a la gente ignorante y supersticiosa a obedecer los preceptos morales».

«Debido a nuestra constitución emocional y a las dificultades para distinguir la verdad de la falsedad», como resume Israel sobre el *Tratado teológico-político* de Spinoza de 1670, «la mayoría de los hombres están dispuestos a creerlo todo». Grandes falsedades garantizan que el mundo esté regido por la desinformación. «Vivir bajo un manto de credulidad controlada inflige un daño inmenso a todos». Sin embargo, el «vulgo» no puede distinguir la verdad de la falsedad. Mientras la filosofía subversiva asume la tarea de combatir la monarquía, la aristocracia, la superstición y el populismo, la brecha entre el pueblo y la élite que detenta el conocimiento sigue sin resolverse. El mar de confusión es infranqueable.

Uno de los primeros seguidores de Spinoza, Petrus van Balen, solo puede ver la liberación de la discordia en un proceso gradual de maduración, bajo la guía de Spinoza. Escribe: «Es fundamental la concepción de que la conciencia humana es primero infantil, luego pueril, y solo finalmente se acerca al pensamiento claro mediante un esfuerzo sostenido. Emanciparnos del engaño infantil requiere de la ayuda de la filosofía. La inmadurez mental de la mayoría de las personas proviene de la propensión humana a creer en fuerzas externas imaginarias. Nuestra desdicha proviene de la superstición fomentada por quienes supuestamente poseen una proximidad especial a lo que los seguidores engañados imaginan como estas fuerzas invisibles». Para escapar de la esclavitud, hay que usar la mente con rigor «para ordenar los pensamientos».

«En el pasado, los hombres creían que todas las fuerzas naturales eran espíritus con cuerpos de hombres y animales». ¿Cómo trasladamos esto a la actualidad? Ni siquiera hemos llegado al punto de formular el equivalente para esta era digital. Viviendo en una sociedad sin Dios, creíamos en fuerzas tecnosociales. Sin embargo, la ciencia y la verdad han sido tan deconstruidas y cuestionadas que ya no pueden ser defendidas. Presentar «la verdad» es un gesto débil en una época en la que la ciencia se considera un sistema de obtención de fondos controvertido. Las finanzas definen qué se define como ciencia y qué no. Al carecer de cualquier referencia externa fuera de sistemas autorreferenciales robustos, cada paso subsiguiente puede ser fácilmente cuestionado y descartado por el nihilismo de quienes detentan el poder. Lo que queda de Spinoza, radicalmente despojado de todos sus contextos religiosos, es una filosofía política que se vuelve contra todas las autoridades. De hecho, es una filosofía metaatea en su alcance, convirtiendo potencialmente el tecnonihilismo en un gesto anticuado, como Spinoza hizo en su día con la superstición religiosa de su época.

*

Peter Limberg se refiere a los usuarios como metaperdedores. «Intentan invertir los conceptos de ganar y perder para romper el "hechizo del perdedor". Sin embargo, solo se sienten más cautivados por él. Surge una "moral de esclavos" nietzscheana, donde se produce una inversión moral entre ganar y perder. Esto permite que los perdedores se sientan un poco con sus derrotas porque ya no participan en el juego de la derrota de los ganadores». *Less Foolish* [boletín], Substack, 27 de abril de 2024.

*

Los memes se entienden mejor a través de la paradoja del payaso triste. Según Wikipedia, se trata de una fusión contradictoria entre la comedia y trastornos mentales como la depresión y la ansiedad. Si bien la comedia sirve como mecanismo de afrontamiento para ocultar traumas, también puede motivar al comediante a usar el humor para forjar relaciones y ganar aceptación. La risa puede considerarse un medio de autoconservación. La paradoja del payaso triste se caracteriza por un temperamento ciclotímico, que fomenta la creación de humor desenfadado en un entorno profesional a pesar de la agitación interna. El uso del humor como forma de automedicación proporciona breves periodos de satisfacción, con la necesidad repetida de lidiar con la agitación interna. Existe una ansiedad constante entre los comediantes ante la posibilidad de que su popularidad desaparezca mañana y, por lo tanto, pueden verse abrumados por el agotamiento en su trabajo. <https://es.wikipedia.org/wiki/Paradoja_del_payaso_triste>.

*

Titulares de *Rest of World*: Políticos mexicanos contratan a TikTokers para asesorarlos en su estrategia de redes sociales; Influencers que enganchan a jóvenes nigerianos a los juegos de azar en línea; Por qué los trabajadores de las fábricas de Samsung en Vietnam se están convirtiendo en esteticistas; Ansiosos y en línea, los jóvenes chinos adoptan aplicaciones de espiritualidad; Los monjes virales de TikTok se enfrentan a las autoridades budistas; Enseñando a los reclusos en Argentina a hacer videojuegos en la cárcel; Migrantes desesperados piden comida a través de Uber Eats a través del muro fronterizo entre Estados Unidos y México; Era un rebelde tecnológico, luego se unió al Gobierno; La primera *startup* de inteligencia artificial de Bután son siete universitarios en un dormitorio; En Indonesia, las redes sociales son un «coto de caza» para las minorías religiosas. <https://restofworld.org/>.

*

Bryan Lehrer afirma: «Los trabajadores y consumidores tecnológicos están simultáneamente exhaustos por la tecnología y sedientos de más. Las tendencias brillantes como la IA y la realidad mixta se mantienen al margen, listas para transformar las frustraciones latentes en deseos novedosos. El ciclo de la moda desea desesperadamente reiniciarse, pero el polvo del pasado aún no se ha asentado». Lehrer utiliza la metáfora del archipiélago para describir varias islas que surgieron durante la era del mercado alcista, como el movimiento *peer-to-peer*, que luego fue rescatado y sumergido por el *blockchain*. Es una historia de la «Nueva Internet» que Lehrer vio surgir durante la década de 2010. En el contexto artístico, este período se asocia con el arte *posinternet*. Para otros, hubo un auge de la web descentralizada que resonó en los círculos de las criptomonedas. ¿Recordáis las OIC? Sí, las ofertas iniciales de criptomonedas. <https://www.bryanlehrer.com/entries/new-internet/>.

*

Compara la interdisciplinariedad con la indiferencia interseccional.

*

«Dime, ¿existe un derecho humano universal a decirle a la gente lo que no quiere oír?».

*

Adiós GitHub. «Me encanta el código abierto y me encanta contribuir. Usar GitHub no se alinea con ese objetivo. El código regurgitado por el modelo se comercializa como "generado por IA" y está disponible para cualquier proyecto que desees, incluidos los propietarios. Es blanquear código abierto. Todas las décadas de conocimiento e incontables horas de trabajo están siendo, bueno, robadas. No se está devolviendo nada. No es un intercambio equitativo. No puedo apoyar conscientemente a GitHub. No puedo traicionar a la comunidad que despertó y acrecentó mi interés por el *software*. No puedo traicionar a esos millones de personas sobre cuyos hombros me apoyo. No puedo traicionar lo que creo: contribuir». Ersei, <https://ersei.net/en/blog/bye-bye-github>. Para saber cómo participar en el lavado de código abierto: <https://drewdevault.com/2022/06/23/Copilot-GPL-washing.html>.

*

Biao Xiang: «La suspensión indica un estado en el que las personas se desplazan con frecuencia, realizan trabajos intensivos y pausan la vida rutinaria para obtener beneficios rápidos y luego escapar rápidamente. Las personas se desplazan sin rumbo en lugar de cambiar sus condiciones actuales, que desaprueban. Como resultado, la frenética energía emprendedora coexiste con la resignación política». Más de Biao Xiang en <https://pacificaffairs.ubc.ca/articles/introduction-suspension-seeking-agency-for-change-in-the-hypermobile-world/>.

*

Esta pulsación de tecla puede ser y será usada en tu contra. Esta escalofriante perspectiva va más allá de los teóricos del teclado del ordenador como Derrida, Kittler y Galloway. Nietzsche señaló una vez que la máquina de escribir piensa con nosotros. Los ordenadores cuánticos se han convertido en «máquinas pensantes» orwellianas que registran cada movimiento de dedos y ojos. Están diseñadas para asistir y expandir la mente humana, a la vez que funcionan como inevitables dispositivos de disciplina.

*

Si has construido toda tu vida adulta sobre una estética de la miseria, te das cuenta de que puedes dejarlo, ¿verdad? Crea una nueva identidad anónima en un nuevo internet y reinvéntate como una persona feliz y segura, entusiasmada por construir un nuevo futuro. No tienes que ser feliz ni tener confianza; basta con fingir que con el tiempo la tendrás. Como enseñó Pascal, no crees, y luego rezas. Empiezas a rezar, y con el tiempo, crees. <https://letter.otherlife.co/p/new-cyberpunk>.

*

¿Qué tal la lucha entre el Área de la Bahía y Berlín? ¿La frontera utópica californiana contra la Europa oscura? Nada de eso. ¿Por qué es tan difícil imaginar una guerra cultural entre Burning Man y Berghain? ¿Una lucha heroica de lo Nuevo superando a lo Viejo? Todo basura. ¿Optimismo organizado versus negatividad extática? ¿Utopía de la Costa Oeste superando la nostalgia del culto a la pobreza de Berlín Oriental? ¿Tecnología chic de TI versus tecno *vintage*? Si bien hipotéticamente se podrían rastrear raíces comunes en la cultura tecno desde la cultura postindustrial de los ochenta y el trance de los noventa y los valores jipis globales, se conoce muy poca interacción directa entre estos dos fenómenos *underground*. La diferencia entre Burning Man, un festival anual que desaparece en el desierto después de que termina sin dejar rastro, y el otro, una discoteca genial, de difícil acceso y abierta todo el año es, en última instancia, insignificante. Ni siquiera las perversiones internas, tan debatidas, de ambos, debido a la gentrificación, la absorción corporativa y los intereses comerciales de su gestión, son suficientes para crear un marco imaginario común. A pesar de todas las redes, aplicaciones y redes sociales en tiempo real, ciertas culturas ya no comparten la misma vibra. ¿Es esto evidencia de un conflicto geopolítico? ¿Una buena señal? ¿De esto se trata la autonomía cultural tras la era de la globalización?

*

«La digitalización de la música no ha abierto nuevas perspectivas, sino que ha contribuido a que la mayor parte de la música sea infinitamente uniforme y aburrida. Para interpretar un concierto para violín de Chaikovski, se necesita una pasión profunda y prolongada, disciplina y trabajo. O para tocar el piano o el violonchelo se necesita media vida para que estos instrumentos brillen. En principio, esto también aplica a las herramientas digitales. Pero ahora les pregunto, ¿alguien menciona seriamente esta pasión? Todo suena igual. ¿Por qué? Porque todo fluye con tanta fluidez. No hay resistencia». Irmin Schmidt, *Perlentaucher*, 10 de abril de 2023.

*

«La gran paradoja del siglo XXI es, por lo tanto, la aparición de una clase incesantemente creciente de esclavos sin amos y de amos sin esclavos». Achille Mbembe

*

Reflexionemos sobre la contrainvestigación. La mayoría de las investigaciones autónomas las realizan colectivos. Estas unidades son el núcleo de un movimiento social que solo surge tras la recopilación organizada de evidencia. Las protestas siempre son discursivas y se basan en argumentos. Antes de eso, se profundiza en la injusticia, la red de intereses, revelando a los actores clave y sus motivos. Sin embargo, el enemigo suele ser abstracto, invisible y ausente. Aquí es donde interviene la teoría crítica. Los hechos por sí solos no convencen. La imaginación radical necesita conceptos inspiradores, y la tarea de la teoría es producirlos. Y que las artes y el diseño creen imágenes convincentes. El periodismo de datos ha dominado la economía de la atención en este campo. Sin embargo, en una situación ideal, la evidencia y los datos se relegan para que la dinámica de la movilización y la expansión de las redes puedan tomar el relevo.

*

NS Lyons: «Si vosotros, siervos de clase B, no disfrutáis de este acuerdo, vuestras lamentaciones sobre la hipocresía no lo cambiarán, por muy fuertes y estridentes que sean. Solo retomando el control de las palancas del poder y luego usando ese poder para infundir el miedo a la rendición de cuentas en los corazones de su clase dominante podréis lograrlo». <https://theupheaval.substack.com/p/its-not-hypocrisy-youre-just-powerless>.

*

Notas sobre Internet Realmente Existente (IRE). El «internet real» es un término ideológico popularizado durante la era Obama en Estados Unidos. Lo que a veces se denomina la «internet desarrollada» se refiere a la economía de extracción de datos implementada por los monopolios estadounidenses. A partir de la década de 2010, la mayoría de los países occidentales comenzaron a argumentar que sus políticas representaban lo que era realistamente factible dado su nivel de conectividad digital, incluso si no se ajustaba al sistema de creencias del libre mercado. La internet real pasó de lo centrífugo a lo centrípeto, del rizoma a la plataforma. Los oligarcas actuales son como la nomenclatura comunista de la década de 1970, en negación de su propio estancamiento y la utopía perdida, y sobre todo, de su poder sin precedentes. Tanto los comunistas de la posguerra como los gigantes tecnológicos de Silicon Valley eran expertos con buenas intenciones, ambos con un férreo control sobre sus poblaciones, es decir, usuarios, miembros del partido, medios de comunicación y aparato represivo estatal. El momento Rudolf Bahro (disidente de Alemania Oriental y autor de la crítica de 1977 al socialismo realmente existente) podría haber llegado. La pregunta es: ¿se acelerará, en este caso, el estancamiento de la década de 1980? ¿Cuándo se producirá una liberación como la de 1989? Es ingenuo pensar que la oligarquía de Silicon Valley se derrumbará de forma tan espectacular y no violenta como la caída del Muro de Berlín.

*

Flo Crivello: «Mire donde mire, veo el auge de la charlatanería; otros la han llamado la dictadura de los articulados. Los articulados se interponen en el camino de los constructores; nos permiten reflexionar, analizar, investigar, diseccionar y agonizar sin cesar sobre los planes antes de colocar un solo ladrillo». <https://flocrivello.com/the-dictatorship-of-the-articulate/>.

*

Replanteemos las plataformas como tendencias. Steven Shaviro escribe en su ensayo *Unpredicting the Future*: «Marx nos recuerda que una tendencia no es lo mismo que una necesidad absoluta. Una tendencia siempre puede verse modificada en su acción, o incluso bloqueada por completo, por "factores que la contrarrestan". A medida que la tasa general de ganancia amenaza con caer, los capitalistas desarrollan estrategias para que vuelva a subir. La tendencia en sí misma es objetivamente real, pero en el estado actual de las cosas, no se ha materializado (o aún no se ha materializado). Dichos procesos son intrínsecos al estado actual de las cosas, pero no son plenamente reales». Las plataformas, como potencialidades, se han extraviado. Nos corresponde desbancarlas como virtualidades fallidas.

*

La perfección es el nivel más alto de la depresión.

*

En su boletín Substack (*The Convivial Society*, vol. 3, núm. 9), Michael Sacasas plantea la tesis de que en línea no vivimos en una simulación, sino en el pasado. En internet, todas las acciones son inscripciones. Los usuarios navegan por fragmentos organizados del pasado. «Al estar codificado en pesadas bases de datos, puede reinterpretarse, reorganizarse, recombinarse y reorganizarse fácil e infinitamente». La manipulación algorítmica del contenido de las redes sociales refuerza su observación. El orden en que aparecen las publicaciones parece aleatorio, a menudo basado en la popularidad, y no en la cronología. Los vídeos pueden tener horas, días o incluso meses de antigüedad. La fecha de publicación ya no importa. Esta es la victoria de la lógica de YouTube, donde ya no buscamos, sino que simplemente «vemos bases de datos». Incluso la categoría de «noticias de última hora» se ha visto sometida a esta arquitectura de flujo que busca generar estados de ánimo y está contaminada por trivialidades atemporales. Al igual que en los viejos tiempos de los periódicos, la radio y la televisión, las noticias (ya sean personales o políticas) deben presentarse como una interrupción. Necesitan irrumpir directamente en el flujo cotidiano que reconforta al usuario. A diferencia de los flujos erráticos en tiempo real, el entretenimiento constante garantiza que el desplazamiento nunca termine. No podemos dejar de deslizar. Por lo tanto, «la acción, sin una narrativa que la impulse creativamente, se reduce a comportamientos ritualizados, rutinas cansadas, respuestas poco imaginativas y reaccionarias».

El régimen de tiempo real de finales del siglo XX, tan acertadamente descrito por Paul Virilio, ya no es el dominante, pues todo sucede en el aquí y ahora. Las bases de datos en las que estamos atrapados nos arrastran aún más hacia el abismo del contenido, «un agujero negro que absorbe el futuro». La comunicación en tiempo real, como los chats y las transmisiones en directo, se está convirtiendo en la excepción. La mayoría son entretenimiento circular. Otra prueba de esta tendencia es la transición de la radio en vivo, experimentada por millones de personas, a los podcasts personalizados a la carta. «A medida que las bases de datos del pasado crecen en masa, su fuerza gravitacional absorbe cada vez más nuestra atención y energía. En consecuencia, nuestra capacidad de habitar el presente e imaginar el futuro se deteriora. Internet es Saturno devorando a sus hijos», concluye Sacasas. Los intercambios comunitarios en directo y otras reuniones tribales en línea que tienen algún tipo de consecuencias son poco frecuentes y vuelven a sentirse subversivos. Quédense con nosotros. No abandonen el canal; en su lugar, debatan y conspiren. Recuperen el tiempo del acontecimiento.

*

Los libros de no ficción que llenan los estantes en las librerías y las listas del *New York Times* están plagados de traumas personales, crímenes reales, males sociales y protestas políticas. La ficción es imposible: me adentré en una distopía tras otra tras el apocalipsis de la IA y encontré poco en lo que estuviera dispuesta a sumergirme. Elle Griffin, <https://www.elysian.press/p/my-search-for-utopian-literature>.

*

El capitalismo *clickbait* se basa en la noción de economía libidinal de Lyotard. Este concepto mapea los miedos, deseos y ansiedades en torno a las redes sociales, las aplicaciones de citas, las criptomonedas, los NFT y las monedas meme. Hay buenas razones para revisitar, revivir, actualizar y modernizar el freudomarxismo, y, de hecho, el de Lyotard. La clave reside en explicar cómo los ojos y dedos errantes recorren las pantallas, buscando nerviosamente un micromomento de placer estético y alivio irónico, un atuendo moderno, una pareja para la noche. Y quién sabe si un posible beneficio, buscando constantemente información que marque la diferencia.

*

«Es hora de abandonar la crítica popular de la izquierda que sostiene que las plataformas, como parásitos, se alimentan de los datos de los usuarios y no hacen nada. Realmente nos ata las manos a la hora de imaginar y articular políticas públicas e industriales progresistas. Está bien decir que las plataformas hacen grandes cosas, pero mal». Evgeny Morozov

*

El autor australiano de *Culture is not an Industry*, Justin O'Connor, hace un llamamiento a dejar la defensa de causas para entrar en la política y a aprender habilidades antiguas mientras se adquieren otras nuevas. Para lograrlo, no se tratará de exigir más financiación, sino de encontrar una nueva voz para la cultura, una que pueda impulsar la reinvención de lo social como parte de los cimientos de nuestra vida en común. Una cosa sabemos: así como no se lleva un cuchillo a un tiroteo, no se lleva una hoja de cálculo a una guerra cultural. Necesitamos un nuevo lenguaje, el único elemento disponible para dar forma a una nueva época. De esta manera, debemos guiarnos por un nuevo imaginario. En la década de 1930, artistas de todos los ámbitos –escritores, pintores, escultores, dramaturgos, cineastas, actores, periodistas de radio, escenógrafos, diseñadores, escritores de moda, trabajadores textiles, editores de revistas, impresores, periodistas– se vieron impulsados por el auge de las protestas y la organización de la clase trabajadora tras la Gran Depresión, cobrando un impulso que los llevó hasta la era de los derechos civiles de la década de 1960. Según O'Connor, nos enfrentamos «a una combinación de emergencia climática y creciente desigualdad, que intensifica las tensiones en nuestro planeta, cada vez más conectado. Si el arte y la cultura sirven para algo, es para ayudar a reimaginar un futuro, un futuro habitable, y deben hacerlo junto a quienes más tienen que perder si fracasamos».

*

Una mezcla de singularidad y mediocridad, de insulsez y timidez, transformadas mediante corrección artificial en imágenes con los colores ajustados.

*

Como señaló Taylor Swift: «No importa cuánto intentes evitar sentir vergüenza ajena, mirarás atrás y sentirás vergüenza ajena». La vergüenza ajena no es un juicio kantiano, sino un estado de cosas, un modo de ser que fue, es y será. El sentimiento de asco es primario y no una respuesta a esta o aquella imagen, acto o situación. La vergüenza ajena es un efecto de la empatía, de vernos a través de los ojos de los demás, de ver a los demás como a nosotros mismos. En el núcleo de la vergüenza ajena está el sujeto vacío en el que nos reconocemos. El asco es la expresión de la propia autoimagen repulsiva: esta era yo una vez, soy yo, seré yo. Rechaza tu espejo. El yo narcisista, incapaz de sentir empatía por los demás, es reemplazado por un tú en red que es relacional, encadenado en innumerables conexiones. El esfuerzo por superar la vergüenza ajena será inútil. Las respuestas repulsivas pronto se olvidarán a medida que los detalles nihilistas sean exagerados por sistemas externos al yo. El otro es tan desordenado como tú lo fuiste. Como dicen, «pasar el rato con el tú de hace cuatro años sería la forma perfecta de tortura». Tomado de K. Allado McDowell, a quien una IA le proporcionó el material.

*

Luto por una ausencia técnica de dolor.

*

Vida en línea más allá del estancamiento. El mundo está atrapado en una dialéctica letal de optimización y colapso. Ambas ocurren simultáneamente e interactúan. Sin embargo, las dos fuerzas que definen nuestra época no ocurren en el mismo marco. Mientras una surge desde dentro, la otra actúa como un embaucador, un genio maligno que constantemente nos sorprende desde fuera, atacando desde los rincones más inesperados y perturbando el proyecto de optimización.

Aunque las crisis externas provienen de diferentes direcciones y nos asaltan inesperadamente, últimamente nos hemos acostumbrado a un estado de crisis permanente. Curiosamente, entendemos menos sobre el estado de crisis interior. ¿Cuándo el agotamiento es tal que un colapso físico es inminente?

En *Optimal Illusions*, Coco Krumme señala: «Nos esforzamos por alcanzar la eficiencia en nuestra vida diaria, obsesionados con la productividad y el rendimiento óptimo», y se pregunta cómo un concepto matemático puede adquirir una forma cultural tan descomunal. «Los sistemas optimizados son menos resilientes y tienen mayor riesgo de fracaso», pero esta vida al límite ya no es para héroes y forasteros; es la opción por defecto de cualquier sistema.

En la época de Jean Baudrillard, su respuesta a la aceleración era la inercia. De hecho, en su opinión, la aceleración causaba inercia. Pero hoy en día, el culto a la inercia suena más a preparación, un pasatiempo caro, un estado mental burgués paranoico, disfrutar del lujo de retirarse a su propio complejo o búnker mientras sus sirvientes (remotos) se encargan de los procedimientos electrónicos. En 1983, para Baudrillard, había dos figuras transpolíticas: el rehén y la persona obesa. Esta última había dejado atrás la escena del cuerpo y renunciado a toda función de representación. En su opinión, la inercia era un acto de resistencia comparable a la huelga (de hambre). Con la obesidad como norma, se produce una saturación de los sistemas, sin consecuencias. Algo similar podría decirse de las mayorías que ya no guardan silencio, otro motivo de Baudrillard. La posibilidad del silencio les fue arrebatada a las masas hace décadas. Como «usuarios», las antiguas masas están llamadas a responder, hacer clic, aceptar, deslizar y dar «me gusta». Mientras que antes, las «masas» se veían obligadas a expresar su opinión mediante encuestas, cuestionarios, entrevistas callejeras y elecciones, hoy en día, sus aportaciones son permanentemente automatizadas, recopiladas y monitoreadas. Todos participamos en una investigación de mercado involuntaria las 24 horas del día, los 7 días de la semana. El silencio o la falta de respuesta difícilmente pueden considerarse una estrategia subversiva. ¡Qué suerte pasar desapercibidos ante las cámaras, de no pagar y de no tener buen gusto! Así es como pasamos del *hombre sin atributos* al *hombre sin cantidad* como un ideal cultural oculto.

En una continuación de *Las estrategias fatales* de Baudrillard, podríamos preguntarnos cómo es la figura transpolítica actual. ¿Es el usuario del *smartphone*? Ya no es un sujeto ni un «yo», sino una versión instrumentalizada y programable de su propio perfil. El usuario del *smartphone* siempre está conectado, con prisas, en movimiento, interrumpiendo las comunicaciones. El nerviosismo digital se ha convertido en el modo psíquico por defecto. ¿No son las redes sociales el mayor exponente del conformismo hoy en día?

¿Qué es más convencional que Taylor Swift? ¿Qué es más artificial que la IA? ¿Que la Casa Blanca difunda la imagen de Trump como el nuevo papa? ¿Qué es más obsceno (en el sentido de Baudrillard) que ser cancelado? El estilo de vida comprimido está obsesionado con optimizar la vida mediante la multitarea, viviendo múltiples vidas simultáneamente.

¿Cuál es el impacto de sentir la urgencia de cambiar cuando nada puede cambiar? La inevitable siguiente etapa tras el estancamiento es la parálisis, la involución, el estancamiento y la inercia, sin el estupor previo. En cambio, estamos constantemente excitados, perturbados, ahogados y en una huida hacia ninguna parte. La imagen apropiada aquí es *arrêt frénétique* o *rasender Stillstand* en alemán (que resulta ser el título traducido del libro *L'inertie polaire* de Paul Virilio, de 1990). Este es el frenético punto cero de la comunicación después de que todo se ha digitalizado y conectado, regido por un sistema de comando y control que supervisa los bucles de retroalimentación. Esto es lo que sucede cuando la capacidad colectiva de progresar ha sido arrebatada y olvidada. La idea es dejar atrás el pasado y liberar al yo y a lo colectivo de todo el bagaje acumulado de la historia y sus traumas, deudas, tradiciones y convenciones. Estamos atrapados en el presente y en la idea de que el pasado debe ser recordado y trabajado para dejarlo atrás. En lugar de procesarlo, estamos en un punto muerto. Las técnicas culturales de superación parecen inaccesibles. Esto no es solo una fe trágica, sino, de hecho, una condición tecnológica. Atrapados en el presente, no podemos retroceder en el tiempo. Lo retro es un punto de vista.

*

Masa = Despotismo
  Grande = Conformismo

*

En su ensayo de 2024 sobre el flujo electrónico, «Internet como novela», Boris Groys analiza la teoría de Bajtín de formas polifónicas de comunicación y la contrasta con la presencia monótona y deprimente de lo mismo y la obsesión actual con el yo. Groys se queja de que, hoy en día, «la literatura se considera principalmente una plataforma que permite al escritor "dar voz" a un grupo social que antes no la tenía». Este es el culto egocéntrico al mí, al yo y al ego, vendido bajo la marca de una forma fija de identidad que es todo menos fluida. Él lo llama «escritura vocal». Groys contrasta a los obsesionados con el ego con el gran novelista que «retiró sus propias voces para poder presentar la comedia humana» en la que cada grupo social tenía su papel. Su escritura «estaba dictada por el interés en los demás, y no por el interés en el propio grupo social del escritor». Hoy, concluye, internet ha reemplazado a las novelas. Internet es el lugar al que acudimos para descubrir lo que piensan y sienten los demás. Esta descripción contrasta con internet como cámara de eco, filtros burbuja y otras sugerencias algorítmicas basadas en lo que ya nos gusta. Por lo tanto, internet se percibe como comida basura para la mente. Ojalá fuera una *Gesamtkunstwerk* [obra de arte] multimedia hipervinculada para el *flâneur* del siglo XXI.

«Como reacción a la "voz" del otro, dice "me gusta" o "no me gusta", y entonces la comunicación termina. Tras tal reacción, no hay nada más que decir. La voz del otro muere incluso antes de que este otro muera». El flujo interminable de la conversación socrática se detiene aquí. Esta situación utópica y polifónica nos permite ubicarnos en este espacio utópico de comunicación y conflicto en lugar de simplemente apreciar o desagradar esta o aquella voz individual. En cierto sentido, Groys es nostálgico, pero ¿de qué? No de la Rusia del siglo XIX. ¿De una esfera mediática pública anterior a internet?

*

La fatiga ante los problemas es algo muy real. Ejemplos recientes son el coronavirus, el Brexit, el clima y la migración. Noticias que ya no son noticia; que son tendencia cuando ya no deberían serlo. Pero también noticias que son tendencia, pero no lo son. Como los problemas ya no tienen solución, el final no tiene fin. En 2023, la interminable guerra de Ucrania se sumó a la lista. Curiosamente, nunca ha existido la fatiga de internet, a pesar de las predicciones de los pronosticadores de tendencias y los comentaristas de los medios tradicionales. La pregunta es cuánta libertad hay para evitar la información. En un mundo ideal, el algoritmo personalizado detectaría tu aburrimiento incluso antes de que te des cuenta.

Este tipo de fatiga actúa como una vía de escape de una batalla potencialmente perdida. Cuando la perspectiva no pinta bien, es más conveniente buscar en otra parte. No es tanto una molestia. La economía de la atención es un juego complejo; suele reaccionar con mayor rapidez y a niveles subconscientes, y a menudo no se rige por cálculos racionales, argumentos ni ira. Los usuarios simplemente pierden el interés y, por defecto, se ven abrumados por una sobrecarga de datos entrantes. La pregunta aquí gira en torno a qué entendemos por estar exhaustos y no poder desear nada ni a nadie. Este es el proyecto filosófico de Franco Berardi.

Cuando la fatiga mental se intensifica, es necesario un descanso. En lugar de derrumbarse o rendirse, la situación simplemente se suspende. Cuando las perspectivas no son buenas, resulta conveniente buscar en otra parte. La mente casi nunca reacciona con «fastidio». La economía de la atención es un juego complicado. Reacciona con rapidez, a niveles subconscientes, sin dejarse llevar ni por cálculos racionales ni por argumentos ni por la ira. El cuerpo, en cambio, es lento.

*

Según Bernard Geoghegan, el lenguaje, el texto y los sitios web son archivos (en línea) contra la aniquilación, un proyecto de refugiados/migrantes para restaurar el mundo perdido. En *Code: From Information Theory to French Theory*, interpreta la «teoría francesa» como una «hermenéutica de la sospecha» que elude la cuestión de la tecnología. La opresión está dentro del código, el lenguaje, las estructuras. Es aquí donde debería ubicarse el poder, no en parlamentos, constituciones o jefes de Estado. La práctica revolucionaria del lenguaje como «juego» apunta a romper el código hegemónico. Esto lleva a la pregunta: ¿puede la teoría, a través del formato (francés) de lectura de seminarios, cuestionar la funcionalidad tecnocrática y orquestar una confrontación crítica con las estructuras políticas impuestas al conocimiento? Pero ¿qué sucede cuando tales técnicas culturales de empoderamiento discursivo se importan a países con una fuerte cultura antiintelectual? ¿En lugares donde los cincuenta grados de silencio son prominentes? El tecnosolucionismo y el optimismo organizado matan cualquier intento de desacelerar, enfocar, reflexionar y cuestionar. El afán de seguir adelante impide cualquier forma de crítica (radical) e incluso de diálogo (bienintencionado).

*

Internet es parte intrínseca de lo que Ian Alan Paul llama los infiernos liberales. Al igual que el liberalismo, internet alimenta conflictos y no puede presentarse como un cuerpo de bomberos discursivo. Como parte integral del problema, ya no es una herramienta de resolución de conflictos. He aquí el problema subyacente: en la era del tiempo real, donde máquinas y humanos intercambian información a la velocidad de la luz, los acontecimientos del día pueden ser breves y espectaculares. Pero a diferencia de los acontecimientos, la historia ya no tiene fin. Guerras, crisis y problemas se suceden sin cesar. Debido a la indiferencia, nada se resuelve. En este punto, nos preguntamos cómo el desorden informativo distorsiona nuestra salud mental distraída. ¿Cómo se siente estar conectado a la puerta del garaje y a la *webcam* del salón? La insoportable ligereza conduce inevitablemente a la indiferencia. El impacto a largo plazo de los más de ocho mil millones de usuarios de sus *smartphones*, portátiles, PC, relojes y tabletas no es solo el tiempo perdido, la energía gastada y los desechos electrónicos, sino también un daño mental que tomará generaciones superar.

A menos que acontecimientos aún mayores, como la Tercera Guerra Mundial o el colapso climático, sobredeterminen los traumas digitales «menores» existentes. Esta es una de las ideas clave de la «colapsología»: las cosas se deterioran lenta e invisiblemente, hasta que de forma repentina alcanzan un punto crítico y colapsan, lo que ocurrirá en segundos, horas, días o semanas. La denunciante meta Frances Haugen predice que «decenas de millones podrían morir en los próximos años si no se renuevan las redes sociales». En el contexto informativo, esto es lo que Florian Cramer llamó el momento de la «crapularidad» (anticipando el auge de la basura de la IA, inundando todos los canales), el momento que inducirá la capitulación de las plataformas (de forma similar a como la «singularidad» traerá todo el potencial de la IA). Aún no hemos llegado a ese punto. Cramer hace un llamado a los artistas y diseñadores contemporáneos para que visualicen el camino hacia ese objetivo y actualicen nuestra imaginación radical a partir de Fluxus, el punk, los memes inofensivos y otras formas de basura de datos. Después de la crudeza, la nostalgia por las horas sin preocupaciones en TikTok e Insta será dulce y amarga.

*

La teoría del arte en defensa de la distracción. El libro de Clare Bishop de 2024 *Disordered Attention. How We Look at Art and Performance Today*, pretende proteger tanto a los artistas contemporáneos como a sus espectadores desorientados de los juicios moralistas. Deberíamos compadecernos de ellos, pues los artistas son víctimas por derecho propio: dejemos de culpar a las plataformas «malvadas» y dejemos de desestimar los *smartphones*. En cambio, la culpa debería recaer en los curadores y críticos, hombres blancos y mayores, que solo pueden idear gestos pedagógicos. Al igual que Walter Benjamin y los primeros días de los estudios culturales en Gran Bretaña, Bishop exige una reconciliación con los visitantes desordenados, mentalmente incapaces de concentrarse y que literalmente se deslizan por los espacios. Los días de la atención normativa son una realidad y han quedado atrás.

No hay mucho que ver en los museos, galerías y bienales, ya que la atención del público ya se ha dispersado. ¿Para qué mirar obras de arte cuando la realidad sucede justo delante de ti, en tu teléfono? Los consumidores exploran y deslizan el dedo por las obras expuestas como si usaran sus dispositivos. El «modelo de profundidad de la cultura» ha sido reemplazado por la experiencia dictada por el momento de Instagram, el *selfie* y el vídeo de TikTok, creando una esfera híbrida que oscila entre lo presente y lo futuro. Al mismo tiempo, teóricos, críticos y profesores se aferran a sus juicios morales, abogando por el regreso a la «atención profunda». Este es un gesto romántico, ya que para empezar el concepto nunca existió y nunca regresará. «La distracción no es lo opuesto a la atención, sino una acusación de atención fuera de lugar. Implica una debilidad de carácter que se puede controlar con fuerza de voluntad y fuerza interior». La distracción es un tipo de atención: «Como indican los memes, la moda, las multitudes y las tendencias, instintivamente prestamos atención a lo que otros prestan atención».

Bishop aconseja a sus colegas académicos estadounidenses de mayor edad: «Esta tecnología no va a desaparecer; necesitamos involucrarnos con ella y trabajar con ella». Por lo tanto, la crítica de arte contemporáneo debería atravesar una fase de realismo pragmático: describir lo que sucede en lugar de reducir las obras a las intenciones y la identidad de sus creadores. La clave está en cómo una obra interactúa con su entorno, no en sus referencias conceptuales. Según Bishop, debemos reconciliar esto con el hecho de que los artistas también deben esforzarse al máximo para mantenerse al día. «El mundo cambia más rápido y con mayor crueldad de lo que incluso los artistas pueden comprender». Esto ha imposibilitado cualquier postura vanguardista. De ahora en adelante, la estética será el arte de procesar respuestas.

El libro describe cómo el sistema del arte contemporáneo intensifica la «crisis de la atención» a través de las «artes basadas en la investigación». Su crítica a la «investigación artística» carece de una sólida base materialista. Carece de cualquier tipo de economía política, tanto en las artes visuales como en las redes sociales. Tras un fuerte crecimiento en el número de artistas visuales graduados que llegan al mercado (global) sin modelos de ingresos sostenibles para obras de arte no objetuales/digitales (léase: cualquier cosa menos pintura) a la vista, los artistas se vieron obligados a buscar empleo en otros ámbitos, incluida la educación superior. Aquí es donde entran en juego los programas de máster en Bellas Artes y los doctorados basados en la teoría, que producen «investigación artística». Desde la década de 1990, solo ha habido unas pocas opciones financieras. Aparte de los pocos que logran entrar en el mundo de las galerías y bienales, la mayoría restante tendrá trabajos fijos (como programadores, diseñadores, baristas, limpiadores), recibirá el apoyo de sus parejas y familiares o simplemente vivirá en la precariedad. Quienes decidan dedicarse a la educación tendrán que lidiar con la inflación de títulos. Si bien antes solo se requería un diploma de la escuela de arte y una práctica artística continua, en las últimas décadas se produjo una transición del máster al doctorado. Los mayores requisitos formales resultaron en un volumen creciente de obras que podrían denominarse «arte de navegación informativa» y su estética expositiva asociada, impulsadas por lo que Bishop denomina el «impulso archivístico».

Impulsados por el auge de las tecnologías de la información e internet, pasando de la investigación a la búsqueda, los artistas comenzaron a actuar como «seminautas» que navegan por las olas de información. Mientras sus colegas de diseño digital lidiaban con el *software* de visualización de información e interfaces de diseño de interacción (desde CD-ROM y sitios web hasta aplicaciones), sus colegas de las galerías tenían que lidiar con la actitud de sus visitantes de hojear y degustar. Si bien Bishop, como era previsible, ignora el componente de videoarte y diseño de nuevos medios en esta historia, sorprendentemente se identifica con el público (joven) que accede al espacio artístico a través de sus hábitos en redes sociales: «Hemos aprendido a reconocer y superar las interrupciones, lo que da como resultado un estilo de lectura que salta en lugar de fluir. Bloquear, reanudar la lectura, desplazarse hacia abajo, repetir». Llegando a la era del Brexit y Trump, Bishop resume el cambio en la función del espectador «que pasa a ser coinvestigador, un sujeto abrumado por la información, alguien que no necesita cuestionar ni consumir lo que ve». Con aproximadamente el 20 % del contenido siendo leído y el aspecto del «diseño de demostración» del arte contemporáneo, la perspectiva de los «casos valiosos» se hace evidente. Al no comprender el papel de los modos de exhibición de arte como entrenamiento de interfaz material, la propia Bishop se vuelve moralista. Se ve «obligada» a estar de acuerdo con los resultados de las artes de investigación, por ejemplo, con las obras de arquitectura forense («una postura que no puede ser cuestionada, solo aceptada»).

Bishop describe el espacio artístico contemporáneo como una colección ecléctica de estrategias complementarias, competitivas y, a menudo, directamente contradictorias. Se invita amablemente al público a participar, a involucrarse, a retomar un enfoque oscilante, agrupado en un (semi)círculo, ya no sentado en filas rectas, mirando al escenario en silencio, de una manera interminable, disciplinada y atenta. En contraste, el espacio lúdico de las performances actuales es de inmediatez, lentitud, baja tecnología y oportunidad, coreografiado para ser registrado para las redes sociales. Las obras de arte se convierten en intervenciones *in situ*, lo que lleva a Bishop a plantearse la pregunta del *déjà vu*: «Siento que ya he visto esto antes». Estamos atrapados en lo digital, una situación que anima a los artistas a mirar atrás. Bishop concluye con esta nota: «Para bien o para mal, nuestros destinos están entrelazados con la tecnología digital de maneras que van mucho más allá de la atención». Razón de más para investigar, difundir y cuestionar sus posibilidades.

*

En una entrevista para la web *Ill Will* de 2024, Franco Berardi afirma que los estudiantes se identifican con la desesperación, una virtud común que ha reemplazado la solidaridad con los movimientos de liberación. «La desesperación es el rasgo psicológico y también cultural que explica la amplia identificación de los jóvenes con los palestinos. Creo que la mayoría de los estudiantes de hoy esperan consciente o inconscientemente el empeoramiento irreversible de las condiciones de vida, el cambio climático irreversible, un largo periodo de guerra y el peligro inminente de una precipitación nuclear de los conflictos que están en marcha en muchos puntos del mapa geopolítico». <https://colapsoydesvio.noblogs.org/post/2024/05/07/sabotaje-y-autoorganizacion-franco-bifo-berardi/>.

*

Tres figuras interconectadas: jugadores de Mario Kart, trabajadores y trabajadoras de OnlyFans y pasajeros de Uber Eats.

*

«La condensación de lo social sobrecomunicado sucumbe al mismo destino que las salsas americanas, en las que se filtra el condimento natural y el sabor se resintetiza en forma de sabores y aditivos artificiales para asegurar su consistencia y conservación. Lo social se filtra para encontrar su síntesis en la abundancia superflua de las más diversas salsas terapéuticas en las que nadamos». Achim Szepanski, *In the Delirium of Simulation: Baudrillard Revisited.*

*

En lugar de rechazo y rebelión, el descontento se manifiesta en una cultura de malestar difuso. En algún momento, la idea de la crítica fue reemplazada por una cultura de la queja, y se impuso un sistema de clasificación permanente de cada persona, servicio y situación. La técnica de la recomendación es una de las herramientas técnicas más eficaces a cultivar. «Fueron las recomendaciones en Twitter, Facebook y YouTube las que ayudaron a convertir a Alex Jones de un teórico de la conspiración marginal en un gigante capaz de aterrorizar a las familias y obligarlas a abandonar sus hogares. Fueron las recomendaciones las que llegaron a transformar a QAnon de un troleo descabellado de 4Chan a un violento movimiento nacional. Fueron las recomendaciones las que ayudaron a construir el movimiento antivacunas moderno». Casey Newton, «Why Substack is at a Crossroads», 5 de enero de 2024.

*

Con *Konflikt*, Armen Avanessian contribuye al debate en redes sociales con la tesis de que el agotamiento del yo en línea proviene de la incapacidad para gestionar conflictos. Según Alain Ehrenberg, el autor original de esta investigación, existe una timidez o fobia generalizada ante los conflictos, una evasión neurótica que conduce a la depresión y la ira cuando otros cuestionan la frágil identidad digital. En su momento, Alain Tourraine expresó cuestiones similares. Los conflictos deben ser escenificados, representados y resueltos en lugar de suprimidos.

Toma partido por tu conflicto y lánzate. Al igual que Lacan, estos autores claman: ¡Ama tu conflicto como te amas a ti mismo!

*

«Hay quien quiere vencer y quien quiere ser reconocido, es decir, quien considera una victoria ser reconocido. La verdadera victoria no tiene que ver con el enemigo, sino con la posibilidad de desplegar los propios planes justo después de los éxitos tácticos. Y hay que tener planes». Moses Dobruška, *Cómo empezó todo. Las tesis de Estrasburgo.*

8.
Principios del diseño de figuras

> «Oye, me he dado cuenta de que aún no existes. ¿Puedo crearte?». Richard Vein / «El universo está hecho de historias, no de átomos». Muriel Rukeyser

Tras dos siglos de conocimiento, descubrir cómo crear historias ya no debería ser un misterio. Pero, esto es cada vez más frecuente. Algunos dicen que las *grandes ideas* simplemente están ahí; solo basta con atraparlas al vuelo en un bar, en un foro en línea, en una fiesta o al escuchar una conversación en el metro. Otros afirman que esta es una era retromaníaca en la que las ideas originales escasean. La humanidad se quedó sin conceptos. Todo parece una recombinación de motivos antiguos y obsoletos. Existe un placer en reensamblar reliquias antiguas y olvidadas. La mayoría de los «inventos» recientes son frases de dos palabras.

«La ejecución es una cuestión superficial», dijo Sol LeWitt en 1967, hablando del arte conceptual. Esto ya no es así. Hoy en día, los conceptos no flotan inocentemente. Son capturados tempranamente por poderosas máquinas de propiedad intelectual. Los aparatos financieros especulativos afirman poseer y controlar toda la cadena: desde la lluvia de ideas, el diseño y la producción hasta el marketing y las ventas. Proclamar la necesidad de producir conceptos críticos o especulativos propios es una cosa, pero descubrir cómo hacerlo es otra. Faltan manuales. ¿Dónde están las preguntas frecuentes? ¿La página de Wikipedia? ¿El hilo de Reddit? Pensadores, diseñadores, activistas y artistas rara vez comparten los secretos del oficio de inventar, desarrollar y desplegar sus conceptos. Vamos a profundizar en la producción de conceptos (críticos), en particular, la figura o la estatura. El personaje o la persona es la materialización de las ideas. Son una forma de poner en práctica conceptos abstractos, de ver cómo se aplica la teoría. Aprender *software* es una. Leer teoría y clásicos es otra. Pero descubrir el poder del diseño de figuras es lo verdaderamente importante.

Durante los años noventa, los «cazadores de tendencias» recorrían las calles en busca de las últimas modas y tendencias. ¿Adónde se fueron? ¿Se limitan las empresas de marketing a Instagram y TikTok, olfateando el viento con sus algoritmos y herramientas de minería de datos? ¿Son el *shitposting* y la basura de la IA todo lo que nos queda? Describir la condición contemporánea no es nada del otro mundo. Es posible afinar la antena del *Zeitgeist* dedicando tiempo a Substack, Reddit, Know Your Meme y Do Not Research. Hacer *scroll* por el Bosque Oscuro, visitar festivales artísticos y entrar al servidor de Discord de turno bastará. Todavía mejor es estar en canales desconocidos.

Algunos piensan que basta con citar a Deleuze y Guattari, pero eso se convirtió en una máquina de interpretación sectaria, destinada a excluir a los forasteros y las lecturas disidentes. Si bien los filósofos franceses pueden enseñar un par de cosas sobre las máquinas de conceptos, es más divertido comenzar a construir generadores de conceptos que operen exclusivamente en el presente siempre cambiante. No es interesante simplemente interpretar conceptos existentes; es vital lanzar nuevos, sin importar cuán oscuros o subversivos sean. Todas las campañas de activismo y los proyectos de arte comienzan con una idea, que luego se diseña en lemas e imágenes antes de ser lanzada a través de redes y plataformas para que la batalla se desarrolle. La teoría como caja de herramientas se ha descuidado durante demasiado tiempo: es hora de investigar los secretos del oficio (y no solo responder a los dictados de la derecha libertaria).

En su *Introducción a la filosofía de la praxis*, Gramsci habla sobre la producción de la *Weltanschauung* [concepción del mundo] y comienza con una reflexión sobre la noción de Labriola de que «las ideas no caen del cielo». Un siglo después, se ha generalizado la noción de que los conceptos se fabrican, principalmente por agencias de consultoría de marketing y moda, y publicaciones de tendencias relacionadas (que varían de generación en generación). Primero, sin embargo, deben descubrirse, nacer, inventarse o simplemente encontrarse, principalmente durante tormentas de ideas «creativas». Las técnicas de taller son bien conocidas. De esta manera, los conceptos pueden considerarse algo así como metraje encontrado. Hay bibliotecas enteras con literatura empresarial sobre esta primera fase que celebra la magia de la «innovación».

Una mirada más cercana muestra que los Jobs, Gates y Musk de este mundo son, de hecho, maestros ladrones de conceptos y prototipos ya existentes que incorporaron en sus propios productos. El secreto, por lo tanto, no es cómo tropezar con nuevos conceptos, sino cómo «aprovecharlos». La literatura sobre innovación se centra en las habilidades de apropiación de estos genios, pero guarda silencio sobre cómo surgen los conceptos fundamentales. Esto solo sirve para encubrir con más misterio a estos titanes tecnológicos.

Las herramientas materialistas pueden utilizarse para estudiar la dinámica inicial del desarrollo de las ideas. Los progresistas, centrados principalmente en la hermenéutica y la deconstrucción, dejan un espacio para que la derecha alternativa experimente con nuevos conceptos generalmente ignorados en blogs, foros y redes sociales. Esto explica el auge del populismo y el autoritarismo de derechas. Mientras que los intelectuales, historiadores y filósofos del pasado se dedicaron a la arqueología de los conceptos (por ejemplo, utilizando la etimología, textos canónicos y documentos de archivo), nuestra tarea podría ser centrarnos en la etapa inicial de la transformación de los conceptos en praxis, o, mejor dicho, en la praxis condensada en conceptos[107]. No hay necesidad de refugiarse en el idealismo ingenuo (ni en su deconstrucción, si vamos al caso). Pon a prueba tus conceptos recién creados, inunda los canales, crea abundancia y observa qué sucede. Al igual que la lógica de los memes, algunos te resultarán queridos, mientras que otros caerán en el olvido. El FuOs, el futuro oscuro, ya está aquí.

Si bien la lluvia de ideas puede ser una parte crucial del proceso, es importante destacar que los conceptos críticos surgen de un choque, de una interrupción. Los conceptos pueden integrarse en las prácticas sociales. En esta etapa de interacción, aún son incipientes y embrionarios, y pueden o no conectar con sectores más amplios de la población. A menudo, solo se formulan a medias, a partir de una sensación difusa de malestar, acompañada de una voluntad de experimentar. Confíen en que con el tiempo adquirirán significado. La mera contemplación del mundo

107 Escritos anteriores sobre el papel de los conceptos se pueden encontrar en mi discurso inaugural en HvA, «The Principle of Notworking, Concepts in Critical Internet Cultures» de 2005 y en el capítulo sobre producción de conceptos de mi libro de 2018 *Organization after Social Media*, coescrito en colaboración con Ned Rossiter. En ambos, nuestro concepto de «redes organizadas» desempeña un papel fundamental. Otros conceptos en los que participé fueron los medios tácticos y la crítica de internet o de la red.

no basta. En esta etapa inicial no hay nada heroico que destacar. Solo hay realidades trágicas. No romanticemos las existencias solitarias en sus pequeños cuartos traseros, sus discusiones en tugurios y los encuentros callejeros medianamente significativos. No hay nada atractivo en ser pobre y estar desempleado, desesperado por dinero y contactos. La invención de conceptos es una actitud. A menudo, la pobreza, el estrés y las distracciones truncan el proceso creativo en una etapa temprana. Sin embargo, debemos reconocer la importancia de la libre experimentación. Poco florecerá sin un sentido de libertad, privacidad y autonomía. Si bien la mediocracia de clase media no ayuda, se dice que el aburrimiento sí fomenta un terreno fértil: es el arte de estirar el tiempo para comprimirlo momentos después.

Las nociones clave a menudo se consideran como palabras sueltas, un objeto condensado que brilla como un diamante, «descripciones densas» (Gilbert Ryle) que atraen nuestra atención. Tomemos mis propios ejemplos aleatorios; esta vez de la academia norteamericana, desde el ciberespacio de Michael Benedikt, el espasmo y la clase virtual de Arthur Kroker hasta la pila de Benjamin Bratton y la inmediatez de Anna Kornbluh. O exhaustivos estudios alemanes como el de Hartmut Rosa sobre la resonancia y la *Trilogía de las esferas* de Peter Sloterdijk. Sin embargo, incluso una colección tan subjetiva puede sentirse como un universo Gutenberg abarrotado y en ruinas. Uno puede inspirarse en otros. Intenta sentarte y leer algunos diccionarios viejos. Elige una palabra y escríbela en un motor de búsqueda ver su etimología. Mapea sus sinónimos y te encontrarás con entradas desconocidas que comienzan a hablar y te atraen debido a su magia. Entre los ejemplos no tan aleatorios que destacaron mientras navegaba por el *Collins English Dictionary* se encuentran *estuary*, *percolate* y *immure* [*estuario*, *percolar* y *encerrar*]. Pero este placer por las técnicas probablemente sea un camino menos transitado para la mayoría. La mayoría, en el mejor de los casos, terminará en Wikipedia. Otro enfoque sería la «invención» de nuevas palabras. Como no existe tal cosa, el proceso creativo consiste primero en redescubrir, seguido de actualizar.

Los mejores conceptos son evidentes y no representan nada más. Son objetos seductores pero soberanos que se refieren a sí mismos y establecen de inmediato un aura hegemónica, sugiriendo que siempre han existido. La clave está en cómo aprehender estos cristales y hacerlos brillar. Aquí es fácil dar vueltas en círculos: ¿existen los conceptos, esperando ser encontrados y cargados de nuevos significados, o tienen que ser inventados y luego moldeados por su creador? Es sabido que las metáforas importan. Aún más importante, mientras algunos conceptos responden a la realidad espacio-temporal y se integran rápidamente en un contexto, una escena o una localidad, otros permanecen insensibles, ya muertos o aún no nacidos, simplemente porque aparecieron en el momento y lugar equivocados.

Los compuestos conceptuales, unidos en una proporción fija, son los más fáciles, pero pueden parecer planos y artificiales. Mientras que algunos aparecen en una constelación oscura, otros tienen potencial liberador, pero su momento aún no ha llegado. Simplemente se quedan ahí esperando. El momento y el posicionamiento del lanzamiento lo son todo. En 1992, el colectivo de escritores Adilkno, del que formé parte, publicó una colección de teorías cortas llamada *Media Archive*. El enfoque que analizo en este capítulo ya se ha practicado y reflexionado en esta colección de «objetos teóricos no identificados», manifiestos, piezas conceptuales y ensayos. Excepto que ahora estamos desarrollando conceptos dentro de la web. La investigación se puede completar en minutos utilizando un motor de búsqueda, Wikipedia e IA. El concepto puede volverse viral de la noche a la mañana. La vibra y la viralidad ya no son el problema. Se trata de tener el coraje de exponerlo, especialmente cuando tu concepto de ciencia ficción inoportuno no es coherente con el *Zeitgeist*. Una figura influyente tendrá esta inevitable característica ambigua y contradictoria de ser primero *underground* y después *mainstream*. O ambas, en direcciones divergentes. Que la historia juzgue si serán ambiciosos y olvidados de inmediato. Ese no es el punto. Las figuras reales destacan. Algunos las reconocerán. La mayoría no se dará cuenta. Lo excéntrico es una trampa. No basta con ser «diferente».

Si bien pongo énfasis en el aspecto del «diseño», Federico Campagna enfatiza la experiencia humana de su existencia. Escuchemos cómo lo describe en su libro *Técnica y magia*: «El desmoronamiento de la subjetividad bajo la Técnica va acompañado del surgimiento de una nueva figura existencial: la entidad general abstracta», que no es una categoría ontológica en sí misma. «Una persona aún sabe, espera y cree ser "algo" en lugar de "nada". Sin embargo, dicha conciencia debe enfrentarse a un sistema de realidad en el que la existencia autónoma como sujeto ya no es posible. ¿Cómo puede un individuo humano comprender y situarse en este doble vínculo?», pregunta Campagna (2018: 51). Aquí es donde entran en juego los modelos imaginativos y el diseño de figuras, demostrando cómo la Técnica, como poderosa fuerza cosmogónica, «está asumiendo el estatus mismo de realidad» (*ibid.*: 26).

Pasemos a la figura. ¿Cómo se transforma un constructo en una persona de carne y hueso que, aunque sea conscientemente virtual, nos parece real, como personajes de una novela o película? Hay innumerables ejemplos históricos, como el idiota, el *flâneur* y el dandi. Consideremos un clásico de la sociología. No el sonámbulo de Gabriel Tarde, sino *The Outsider* de Colin Wilson, publicado en 1956, «un retrato del hombre invisible» sobre «la naturaleza de la enfermedad de la humanidad». La soledad. La portada dice: «En una época es el héroe, en otra el rebelde, en una tercera el cortesano, en una cuarta el santo». En la década de 1950, se suponía que era *el forastero*. En un mundo sin valores, «el ambiente es desagradable para respirar». El inadaptado social carece de disciplina sobre el intelecto, los sentimientos y el cuerpo. Inspirado por *El extranjero* de Albert Camus de 1942, se proyecta sobre este personaje una falta de «emociones básicas». En su momento, la frialdad del extranjero perturbó a los lectores de Camus. Lo mismo se dijo de la miniserie de HBO *The Outsider*, basada en el thriller de Stephen King de 2018.

El forastero se encuentra a la vez en conflicto con la sociedad y condicionado por ella. Una sensación de irrealidad se percibe y la profundidad narrativa evoca lágrimas de alegría, dando al personaje aislado su forma adecuada. Wilson es un ejemplo perfecto de cómo un montón de miseria se recreó en un estilo de vida existencialista (ingredientes estereotipados: vino tinto, discos de jazz, suéteres de cuello alto, novelas de Sartre). ¿Debe el pensamiento negar la vida?, pregunta Wilson. La respuesta es negativa. La cuestión tampoco es si existían forasteros antes de Camus y Wilson. Hay una larga trayectoria: J.D. Salinger, Robert Frank, James Baldwin, Sylvia Plath. El forastero en su forma contemporánea es una figura de expresión modernista forjada por la lucha introspectiva. Tras esculpir su contorno inicial, la figura comienza a ser reconocida por muchos y, por lo tanto, se ve impulsada a la existencia. Esta es la técnica del devenir. Podemos estudiar, experimentar y aplicar el potencial de la imaginación a la condición contemporánea; en este caso, la creación de personajes híbridos entre lo real y lo virtual.

Otra figura de este período es *El hombre organización* de 1956 de William H. Whyte, una propuesta sobre quienes pertenecen a la organización en lugar de trabajar para ella. Se trata de un retrato sociológico de una personalidad sumisa posterior a la Segunda Guerra Mundial, sinceramente dedicada a la causa colectiva de la corporación. *El hombre organización* contrasta con el mito del emprendedor (libertario de derechas), impulsado por un individualismo despiadado, para quien la organización es meramente un medio para reunir tantos activos como sea posible en el menor tiempo, avanzando hacia la siguiente *startup* y dejando que otros solucionen el problema. Ambientado en los Estados Unidos de mediados de los años cincuenta, este arquetipo directivo funcionaba como el ideal del empleado leal que ama el sistema y sus enfoques científicos, un hombre integral con coche, casa, esposa e hijos en un barrio de las afueras de chalets adosados. Lo que ahora se lee como una pesadilla normativa solía ser un ejemplo perfecto de un estudio que pone en práctica la «imaginación sociológica». Solo hizo falta una década para que esta figura perfecta se viera envuelta en el caos del *flower power*, los disturbios raciales y las protestas contra la guerra de Vietnam y luego desapareciera en el largo estancamiento de los años setenta.

¿Qué es una figura? El sujeto se transforma en un rol con características específicas en su acto inicial. En un acto mágico, una persona común se transforma en un personaje único. Podemos pensar en el hacker, el *geek*, el trol, el *nerd*, el bloguero y el *influencer* de la cultura de internet. Incluso en el más amorfo de todos: el usuario. Cada uno de ellos entra en escena con una trayectoria ya impresionante. Mientras que las personalidades tecnológicas específicas se desvanecen en el pasado, el *Diary of a Web Developer* (2022) de Maisa Imamović demuestra que es posible revivir el perfil de persona «cansada» de profesional de la Web 1.0 y revitalizarlo. Demuestra que la creatividad del programador HTML puede superar fácilmente las rutinas restringidas del diseñador de aplicaciones, atrapado en los regímenes restrictivos de Apple y Google, que controlan sus tiendas de aplicaciones. Lo mismo ocurrió con Be the Troll, una figura conocida en las listas de correo y foros de internet que reapareció como el ejército de troles en la era del Brexit y Trump.

Nos encontramos en situaciones en las que tendemos naturalmente a combinar infinitamente palabras que perturban la magia, empezando por términos contemporáneos como digital, tecnología, eco, nuevo, poli, permanente, meta y multi. Observemos la colección para-real de Cade Diehm y la de objetos mediáticos de Adilkno, como medios soberanos. O el término «televisión táctica» de Next Five Minutes, que unos años más tarde fue reinterpretado como medios tácticos, un término que ha experimentado un notable desarrollo desde entonces. El inicio de la década de los noventa fue un período productivo de aperturas especulativas. Pero pensemos también en San Francisco, Nueva York y París en la década de los sesenta, o en la era posinternet y pionera de las criptomonedas a principios de la década pasada. Cada cultura y generación tendrá su propia fuente conceptual de la que extraer. La clave aquí es no caer en la nostalgia ni resentirse con la creatividad de otros. Una forma de descartar esa melancolía es democratizar el diseño de figuras. Decir que esta idea o aquella figura ya existía hace siglos es irrelevante. El cínico envidioso que afirma tales verdades quizá no pueda soportar no haber tenido una idea brillante desde el principio. El arte del diseño de figuras se basa en la audacia del creador para llenar un significante ordinario, aparentemente vacío, con toneladas de significados nuevos y seductores, que hace que la mayoría de nosotros creamos que el concepto simplemente cayó del cielo.

Echa un buen vistazo a esta compleja canica de marketing de la editorial británica Urbanomic: «Como el "hombre corriente" de François Laruelle o el "caminante solitario" de Rousseau, el marinero solitario de Grelet es una figura teórica radical, ángel heraldo de una rebelión existencial contra el mundo y contra el pensamiento mundial de la filosofía, punto cero de una antifilosofía como gnosis rigurosa y aprendiz en la práctica herética de la navegación». Ahora tú. Como un púlsar, la figura destaca de repente. Su llegada irrumpe rápidamente desde fuera como un destello. El truco está en notarlos y luego entrar en ese universo de referencia particular. Únete a la montaña rusa de nombrar. Este es el paso clave. Luego, dale forma, estilo y gesto. No es solo cuestión de imaginación (y suerte), sino de voluntad decidida para llenar la figura de significado, hasta el punto en que la descripción se convierta en una definición convincente.

Sin ningún orden en particular, se podría pensar en el ciberpunk de Gibson y Sterling y en el que yo mismo participé, el dandi de datos de Adilkno. Se podría conjurar al *nerd* sobre el *geek* y sumergirse en la contracultura de los *furries* o alinearse con la oscura figura del trol. El ejemplo más famoso de la tecnocultura es el cíborg, un ser con partes corporales orgánicas y biomecánicas acuñado en 1960 por Manfred Clynes y Nathan S. Kline. Ya se había imaginado décadas antes, por ejemplo, en *Metrópolis* de Fritz Lang (1927). Si bien sobrevivió a la ola de ciencia ficción de los años setenta, el significado que aún conserva hoy en día fue dado por Donna Haraway en su artículo de revista de 1985 «Manifiesto para cyborgs», en el que reapropió la imagen tradicional humano-robot con su agenda feminista-socialista sobre cómo la política corporal iba a ser hibridada por la tecnología. Haraway le dio al cíborg un giro tecnológico y de género particular, su toque genial. La pose de feminista que dibujó fue tan poderosa que daba igual si compartías su política marxista-feminista específica. Cuando oímos cíborg, pensamos en Haraway; ese es el poder del diseño de figuras.

En esta era de memes, lo que experimentan los personajes ya no importa. La narrativa está sobrevalorada. La historia como género es simplemente demasiado larga. Los personajes reconocibles están bien, pero por favor, nada de trasfondos elaborados. Los usuarios se aburren rápidamente y pasan a otra cosa. No hay tradición en esta era acelerada de viralidad en tiempo real; no hay curiosidad por la vida antes de la fama. ¿Has oído hablar de la crianza de Swole Doge o de los lazos familiares de Wojak? Nadie se ha preguntado nunca dónde nació la rana Pepe. Lo que ocurrió antes y después de la «escena del meme» puede ser imaginado por el espectador en milisegundos. Tintín, Spiderman, Luffy «sombrero de paja», Batman, Astérix y Goku son todos productos del «diseño de personajes» que, con el tiempo, han recibido pistas sobre su crianza. ¿Cómo llegan los héroes a ser tan famosos?

Hoy, novelas y líneas de tiempo enteras se han derrumbado en una imagen siempre cambiante, poderosa, pero estática: esa sensación cuando nos gusta el rollo. Bienvenidos a la dialéctica de la imagen meme. Una emoción a la vez, que el mundo ya resulta abrumador. Las historias pueden ser experimentadas como demasiado complejas. Todo es ya ambivalente y estratificado y se puede disfrutar mejor en un estado congelado. Acéptenlo: *2D rulez*. Una serie de nueve temporadas, vista en maratón durante días, se está comprimiendo en un icono, una figura, en varios escenarios y fondos. Todo es una cuestión de ilusión persuasiva. Los memes aún cuentan historias, pero ya no en el formato de novela del siglo XIX o de película de cómic del siglo XX. Este nuevo tipo de historia emerge de manera «orquestada», a partir de miles de imágenes divertidas, videos cortos, gestos geniales y pistas de canciones. La figura juega un papel clave en la creación de nuevas ideologías.

Algunas figuras, como la villana Lil de internet, pueden parecer limitadas y específicas del contexto[108]. Otras parecen abarcadoras, llegando al nivel de un concepto abstracto. Estas son las más poderosas. Piensa en la chica[109]. «Supone que los chicos no deben tener "seguidores en

108 <https://www.urbandictionary.com/define.php?term=Baddie>.
109 <https://www.wired.com/story/girls-online-culture/>.

redes sociales" ni escribir "artículos de opinión"; se supone que son agentes ocultos que influyen en el curso de la historia sin dejar rastro. Borra tu cuenta, o simplemente serás una chica como el resto de nosotras las que estamos en línea. Todas somos chicas en línea: "chica" es un verbo y una forma de filosofía que nos desindividualiza mientras navegamos por este miserable ciberespacio», escribió Bogna Konior en Twitter/X. Al principio, la teoría de Tiqqun sobre la jovencita fue seguida por las teorías de la chica triste, la chica digital, la chica tonta y la chica bloguera. Nuestro INC contribuyó con una serie de artículos extensos que, por ejemplo, abordaron reflexiones especulativas sobre el cerebro femenino, la niña postsoviética y una charla sobre «matemáticas para niñas» que, con elegancia, deja de lado todas las matemáticas de los últimos milenios y las convierte en «matemáticas para niños y niñas». Todo esto no se hace en un vacío. Forma parte de una lucha ideológica por conquistar los corazones y las mentes de la generación Z.

Celebrar la apertura del diseño de figuras no debería impedirnos ser conscientes de su potencial lado oscuro. Pensemos en lo que Lisa Nakamura describió como cibertipos; cómo internet propaga, difunde y mercantiliza imágenes de la raza y el racismo (2002: 3). No se trata solo de estereotipos. Siguiendo a Nakamura, podríamos hablar de formas específicas de «turismo de figuras» en las que constelaciones complejas y fluidas se reducen a iconos, logotipos y memes, para luego venderse a los usuarios como autoimágenes «liberadoras». Este es un período notoriamente oscuro, definido por personajes regresivos que desempeñan sus papeles espectaculares. Un ejemplo de ello es la *tradwife*, una invención de las redes sociales introducida durante la covid-19 para promover los valores familiares tradicionales, que luego fue resignificada por los antiguos medios impresos y audiovisuales para volver a hacer atractivo el papel del ama de casa[110].

Algunas figuras han sido vaciadas de forma tan sistemática que las percibimos como moralmente en bancarrota, obsoletas o simplemente «convencionales». Despojadas de cualquier posibilidad de resurgimiento, permanecen latentes como un desecho cultural sin posibilidad alguna. O eso parece. Observe la violación sistémica de lo que Mark Zuckerberg ha hecho para comprometer la categoría de «amigo», un abuso que podría haberse evitado fácilmente si se hubiera reorientado el diseño social de las redes, utilizando términos como seguidor (un término sigiloso,

110 Véase <https://es.wikipedia.org/wiki/Tradwife>.

pasivo y religioso), usuario o miembro. En cambio, miles de millones de personas en línea se vieron obligadas a hacerse amigas de una marca o de sus adversarios para descubrir qué tramaban. Si bien para algunos puede ser difícil hacerse amigos de Musk o Trump, para otros, es simplemente un canal de noticias al que se suscriben. Una salida a esta inflación aplanadora de términos sociales sería politizar los roles actualizando términos como camarada (Jodi Dean) y militante. El énfasis en que «somos muchos» puede no siempre ser útil, ya que puede derivar en una situación arbitraria y neoliberal de «supermercado de identidades». El diseño de figuras ha asumido esta lucha y ha adoptado una postura decisionista al organizarla. No solo somos muchos; estamos junto a muchos. La solidaridad encuentra una nueva vigencia en la ferocidad de la crisis.

Siguiendo al teórico alemán de los medios Martin Burkhardt, deberíamos situar el diseño de figuras como parte de la «revolución del yo», cuando el individuo se convierte en un «dividual». Este es el momento histórico en el que los sujetos empiezan a descubrir la posibilidad de clonarse. La máscara es, por supuesto, tan antigua como la humanidad, pero esa es otra estrategia. La figura es, ante todo, una criatura inventada que existe. No está cerca de nosotros, sino que es una propuesta de alteridad. Si bien el diseño de figuras puede volverse dominante en este mundo en constante cambio de intercambios en tiempo real, el desarrollo de personajes puede parecer más tradicional, ya que se utilizan en formatos mediáticos consolidados como novelas y largometrajes, pero estos también dominan la investigación de experiencia de usuario (UX), los videojuegos, los entornos de realidad virtual y las campañas de marketing. El personaje es ese otro interior que empieza a manifestarse: el personaje oculto que encuentra su camino hacia el mundo. Camille Paglia afirma que «Persona es la palabra latina que designa la máscara de arcilla o madera que usaban los actores del teatro griego y romano» (1990: 102). Divide los personajes en categorías apolíneas y dionisíacas, enfatizando que la personalidad y la sociedad occidentales se originan en la idea de la máscara y la llama teatro ritual. Puede que sea así, pero Paglia también señala que «el yo necesita sobrevivir a su personaje». Traducido a la coyuntura contemporánea, ¿pueden los usuarios sobrevivir a sus personalidades digitales inventadas? La presión para mantenerse al día con las formas avanzadas de autorrepresentación y los egos en línea es inmensa. Con el tiempo, más temprano que tarde, los personajes virtuales vuelven a desaparecer. Es momento de diseñar el próximo personaje.

9. Indagaciones en torno a la computación onírica

> «Los hombres literalmente ignorarán tu opinión y luego dirán: "No lo vas a creer, esta increíble idea me acaba de venir en un sueño"». Sybille / «Solo en el sueño, la inconsciencia y la muerte existimos en tiempo real, somos idénticos a nosotros mismos». Jean Baudrillard / «Me afecta mucho el hecho de despertar». Melissa Broder / «Adelante está el ayer, atrás está el mañana, dijo el yachak. Soñando, avanzamos al origen y volvemos al futuro». Mónica Ojeda / «Wo der Traum am höchsten, ist die Ware am mächsten». Adorno / «¿Por qué dormimos?». Soft Machine / «Hay pocas cosas más tristes en este mundo que alguien que renuncia a sus sueños». Nick Cave / «La realidad está equivocada. Los sueños son lo real». Tupac

En *The Age of Disruption*, Bernard Stiegler escribe: «Para hacer política hoy, debemos soñar» (2019a). Debemos recordar, compartir y, por consiguiente, traducir el sueño en una visión colectiva y ponerla en práctica. Para empezar, visualizar y capturar, luego mejorar y compartir, con el objetivo de organizar. La tarea de todo movimiento subversivo-revolucionario es mezclar deliberadamente este tipo de sueños. No basta con restaurar la rica vida interior recordando el sueño excepcional de anoche. Lo mejor es cuando la reelaboración y la visualización se retroalimentan para reavivar el potencial de la máquina de encantamiento colectiva. En un espíritu similar, Seán Cubitt pide pasar del intelecto colectivo a la imaginación general[111]. Mientras intentamos unirnos, aún necesitamos lidiar con el ruido en nuestras cabezas[112]. Si los sueños y la tecnología se están entrelazando íntimamente, ¿qué exigimos cuando decimos que «debemos soñar»? Si consumimos muchas horas de contenido subliminal de las redes sociales diariamente, ¿a alguien le sorprende que esto afecte a nuestros sueños, que se supone que procesan lo que «experimentamos» durante el día?

Si el sueño fue caracterizado alguna vez como una «rapsodia de vida», hoy las sensaciones extáticas se ven eclipsadas y distraídas por el constante desplazamiento y deslizamiento. Los usuarios de redes sociales tienen cada vez más dificultades para soñar. Muchos no sueñan o simplemente no pueden recordarlos. El sueño ya no puede procesar los residuos del día. No importa si las exploraciones cerebrales demuestran científicamente que realmente están soñando. ¿Dónde está nuestra paciencia para recibir el eco de un tiempo lejano? El cerebro en reposo simplemente ya no puede comprender la sobrecarga de imágenes, «me gusta», mensajes subliminales, actualizaciones rápidas y el bombardeo constante de anuncios, que adormecen el reino de los deseos reprimidos del siglo XX[113]. El ruido en nuestro sistema nervioso sabotea los intentos de encontrarle sentido. El frenesí absoluto del zumbido neuronal anula todos los procesos internos de creación de imágenes.

El futuro de las generaciones del siglo XXI se hace trizas en un contexto de catástrofe climática, estancamiento social crónico, condiciones

111 <https://www.researchgate.net/publication/374813358>. Una de sus declaraciones programáticas dice: «La computación cosecha el trabajo onírico, fácil de codificar, de sus usuarios humanos. A cambio, los humanos colaboran con poderes ancestrales para realizar el trabajo onírico de la computación».

112 Tomemos como ejemplo Dreamore, una plataforma de salud espiritual respaldada por Speedrun de Andreessen Horowitz que ofrece análisis de sueños generados por IA y arte basado en la descripción de los sueños del usuario. La plataforma también permite a los usuarios llevar un diario de sueños y compartirlos en una comunidad anónima. Su fundadora, Coco Chen, explica: «Un gran número de nuestros usuarios están lidiando con eventos vitales traumáticos recientes; otro 30 % son soñadores frecuentes que buscan comprenderse mejor a sí mismos». En <https://restofworld.org/2023/3-minutes-with-coco-chen/>.

113 El proyecto neoliberal tiene dos caras. Quiere que todos persigamos nuestros sueños individuales, pero, por otro lado, estos deben ser realistas. «Todos tenemos sueños para la vida, y es natural apegarse a ellos. Pero es importante recordar que los sueños pueden interferir con lo que nos importa. Si ese es tu caso, quizás sea hora de sacrificarlos para crear una nueva relación con tu trabajo: una más sostenible, significativa e inspiradora» . <https://every.to/no-small-plans/dream-bankruptcy-why-you-should-give-up-on-your-holy-grail>.

laborales precarias, contagio viral, crisis mentales, guerra y condiciones asfixiantes de las plataformas extractivistas, todo ello sufrido literalmente por miles de millones de personas. Esta corriente de desastres está provocando un «golpe» en la imaginación[114]. La demanda discutida es, por tanto, clara: Reclamar el sueño. Para ello, necesitamos romper los muros neoliberales que nos separan. El vídeo de Bill Viola de 2013, *The Dreamers*, es sintomático en este caso. Vemos a individuos de todas las edades y orígenes dormidos, completamente vestidos, flotando en agua en movimiento, con los ojos cerrados. La videoinstalación tiene un toque espiritual y conmovedor que puede provocar celos y ansiedad en los espectadores que no están dotados de una vida interior equilibrada. Disfruta de la belleza de la armonía interior del otro espiritualmente dotado. Lo que falta aquí es el lado colectivo y empoderador del sueño. En la estética de Viola, no solo soñamos por nuestra cuenta. También exigimos mejores sueños, pero, ¿no descansaría mejor el cuerpo si se deshiciera por completo de esa molestia?

Un siglo después de la publicación de *Una ola de sueños* de Louis Aragon en 1924, no es suficiente con señalar el aspecto subversivo de expresar una cadena de asociaciones oscuras y errantes. La ola de sueños sigue ahí, pero su naturaleza conceptual ha sido sobredeterminada por las imágenes mediáticas. Si bien la creación de flujos de imágenes pudo haber sido en su día una «técnica cultural» liberadora, la propia tecnología ahora moldea nuestros sueños. El material mental, generado dentro de la psique automatizada, opera de afuera hacia adentro, ya no de adentro hacia afuera. En lugar de la mera producción, hoy el enfoque se centra en el filtrado. El lenguaje ya no es el factor primordial. A partir de ahora, los sueños se componen de los materiales desordenados y «multimodales» que definen la imaginación.

¿Para qué soñar cuando el futuro ya pasó? ¿Es la rendición actual, en forma de regresión y depresión, la única opción? En definitiva, ¿cuál es el territorio de los sueños en esta era de la neurociencia y el poder farmacéutico? ¿Qué lenguaje podemos diseñar que no esté sujeto a las tendencias estereotipadas? Tradicionalmente, el sueño era un espacio de

114 «Los humanos de hoy en día no logran soñar. Si el sueño de volar llevó a la invención del aeroplano, ahora tenemos crecientes pesadillas de máquinas. En última instancia, tanto el tecno-optimismo (en forma de transhumanismo) como el pesimismo cultural se encuentran en su proyección de un fin apocalíptico». Yuk Hui en *e-flux Journal*, junio de 2023, en <https://www.e-flux.com/journal/137/544816/chatgpt-or-the-eschatology-of-machines/>.

posibilidad y alteridad, un territorio desconocido y suprimido que se podía descubrir, por ejemplo, mediante herramientas de interpretación surrealistas o freudianas. En el presente perpetuo, los sueños pueden, en el mejor de los casos, verse como un mecanismo de procesamiento: *copium*. Este es el legado del capitalismo 24/7 que reduce el tiempo para procesar el inconsciente. Este modo de captura no se opone al objetivo de generar valor.

Las horas conscientes siempre se dedican a la interacción: buscar, deslizar y actualizar equivale a matar el tiempo. Siempre hay información que necesita ser recuperada y organizada. Antes, el procesamiento inconsciente del exceso de actividad era un tiempo para abordar ansiedades, preocupaciones e incertidumbres y renegociar las posiciones sociosexuales que ocupamos: familia, trabajo, relaciones de género y estatus social. En lugar de llevarnos al otro lado, los sueños han alcanzado el estatus de lista de deseos. Hemos pasado del «Si puedes soñarlo, puedes hacerlo» (Walt Disney)[115] al «Que todos tus sueños se hagan realidad» (Sonic Youth)[116]. Tenlo todo y cómelo también. El mantra de nuestros tiempos. Sigue soñando.

Desde la perspectiva actual de la permacrisis, ya no tiene sentido distinguir entre el sueño nocturno y el sueño diurno, pues ambos se desvanecen y quedan fuera del alcance de la cotidianidad comprimida y colapsante. ¿Qué pasaría si ya no pudiéramos recordar nada, y mucho menos aquello que ha sido separado de la memoria y reside en el reino del inconsciente? Las diferencias pasadas entre los sueños vitalistas, los sueños de túnel oscuro y las pesadillas llenas de sexualidad reprimida y traumas, obsesionadas con la muerte y la melancolía, se están convirtiendo rápidamente en un fenómeno de lujo del siglo XX. El ideal del cerebro en reposo que procesa las experiencias diurnas y crea destellos de creatividad ya no está a nuestro alcance, dominado por el bombardeo ininterrumpido de mensajes e imágenes. Estamos sumergidos en un mar de información interminable. Necesitamos detenernos, pero no sabemos cómo.

Investigaciones recientes afirman que el sueño tiene una función reguladora emocional y reduce eficazmente el estado de ánimo negativo al combinar las experiencias diurnas perturbadoras con recuerdos previos, lo que lleva a su fusión y facilita la integración de las experiencias

115 <https://lifeism.co/if-you-can-dream-it-you-can-do-it>.
116 <https://genius.com/Sonic-youth-i-dreamed-i-dream-lyrics>.

perturbadoras en el sentido más amplio del yo[117]. Esto puede sonar casi ideal. ¡Procésalo, hijo de **ta! ¡Domina tus neuronas! ¿Qué sucede cuando el flujo mismo se altera? «No puedo soñar» puede verse como el equivalente cultural inconsciente del eslogan de Black Lives Matter «No puedo respirar»[118]. Queremos recordar, pero no sabemos cómo. En la era mediática precedente, los sueños se consideraban aburridos, convencionales, privados y un entretenimiento matutino para el cerebro. El sueño es el mensaje, no su contenido. Hoy en día, los sueños se están convirtiendo en un territorio que se puede recuperar. ¿Cómo se generan los momentos de creatividad kairósica si ducharse o salir a caminar simplemente te enfrenta al aburrimiento y la soledad circundantes? La pérdida de la imaginación personal es real y las tecnologías «sociales» solo parecen ofrecer sustitutos colectivos y distribuidos, experimentados en chats grupales en red: un kairós colectivo[119]. Solo la música, escuchada a través de auriculares, ofrece un espacio alternativo de escape, momentos para deambular. En este ajetreado espacio urbano, la condición tecnosocial ya no facilita el tiempo para mirarse bien en el espejo del alma. Esta es la bancarrota del ego, y no hay tiempo para lamentar su muerte.

El proyecto de computación onírica, del cual este texto forma parte, responde a las condiciones imperantes del ser contemporáneo, arrancado de su pasado. ¿Cómo recuperar las técnicas del sueño? ¿Deberíamos recuperar la técnica espiritual en el sueño de nuestras manos y dedos moviéndose rápidamente, como aconsejaba Don Juan Matus, el héroe de Carlos Castaneda en los años setenta?[120] ¿Cómo se construyen las membranas entre los actos individuales y colectivos del sueño? ¿Cómo diseñar este circuito de retroalimentación entre el sueño del ego y el noético, que forma parte de una máquina colectiva? La idea de que los sueños son una actividad eléctrica aleatoria no es necesariamente cierta. Se pueden experimentar historias perfectamente coherentes con

117 <https://pmc.ncbi.nlm.nih.gov/articles/PMC2952759/>.

118 <https://en.wikipedia.org/wiki/I_can't_breathe>.

119 Está el escritor Mathias Svilana y su servicio de entrega de sueños. «Escribo sueños todos los días y los entrego a mis suscriptores», en <https://www.dreamdeliveryservice.com>.

120 En *El arte de ensoñar* (1993), Carlos Castaneda afirma que existen siete puertas del sueño, también llamadas obstáculos a la consciencia, que, al superarse, conducen a la consciencia total. El libro es el resultado del aprendizaje del autor con el brujo indígena yaqui Don Juan Matus, en <https://es.wikipedia.org/wiki/El_arte_de_enso%C3%B1ar>.

imágenes nítidas, producidas por técnicas culturales cultivadas durante los años setenta y redescubiertas en la cultura pop digital actual.

¿Qué sucede una vez que los usuarios se dan cuenta de cómo los sueños forman parte de los procesos informáticos actuales? La pregunta es: ¿acaso queremos siquiera despertar dentro de nuestros sueños? ¿Es el espacio onírico, como el próximo iCinema, realmente nuestro *ideal cultural*? «¿Y si los sueños fueran más que simples experiencias 3D hiperrealistas? ¿Y si fueran mensajes codificados, señales que podemos decodificar para moldear nuestra vida consciente? ¿Y si cambiar nuestros sueños pudiera transformar los propios eventos de la vida real?», se pregunta el grupo de teatro TILT en su espectáculo «Within Cells Interlinked». TILT también alberga un archivo de sueños en vivo. La hibridación de los sueños y la estética digital ya es un hecho[121].

Tomemos como ejemplo el *dreamcore*, definido por sus espacios liminales en tonos pastel[122]. ¿O preferiríamos reinventar el poder de un modo de acción social en red en lugar de la interacción individual, ya sea con un entorno surrealista o fotorrealista? De forma similar, las personas ya no aceptan los sueños que sueñan: programar o ser programados. Quieren tomar el control, incluso hasta el punto de querer desconectar todo el cerebro durante la noche. ¿Para qué procesar si todo son emociones negativas y basura que uno tiene que sortear? ¡Deshazte de ese psicoterapeuta interno! ¿Para qué ensayar amenazas si ya eres plenamente consciente de ellas?

En *The Zombies of the Digital*, de Frédéric Neyrat, hay un precioso pasaje que se acerca a esta tarea. Neyrat señala:

> Mark Fisher se refiere al sueño reprimido del pasado, los sueños que el capitalismo digital no realizó: sueños de felicidad, solidaridad, sueños sobre otro mundo, no un mundo más allá, sino nuestro mundo tal como debería haber sido. Centrémonos un momento en la función socioontológica de los sueños, siguiendo los análisis cruciales que Bernard Stiegler dedica a lo que él llama «sueños noéticos» y al proceso de «exosomatización». Los sueños noéticos son aquellos a partir de los cuales se pueden inventar nuevas formas sociales, antropológicas, «no inhumanas» –por usar el adjetivo de Stiegler– acordes con el mundo, con cada condición actual del mundo. Estos sueños proyectan formas

121 <https://www.andreabozic.com/dream-archive-live-collection-0>.
122 <https://aesthetics.fandom.com/wiki/Dreamcore>.

> sociales inesperadas, formas de vida individuales y colectivas capaces de metabolizar –narrar, simbolizar– la llegada de nuevas tecnologías, máquinas y flujos de materia y afectos. Sigo completamente a Stiegler cuando nos recuerda, con Jonathan Crary, que el capitalismo 24/7 impide a la gente soñar, como ya había dicho Burroughs en 1969: «Estados Unidos no es tanto una pesadilla como un no sueño. El no sueño estadounidense es precisamente un intento de borrar el sueño de la existencia. El sueño es un suceso espontáneo y, por lo tanto, peligroso para un sistema de control establecido por quienes no sueñan» (Neyrat, 2021: 126).

Comencemos esta investigación con la premisa de que los sueños no son un optimismo fácil y que tampoco necesitamos una hermenéutica de la sospecha. El reto será prepararnos para un futuro tecnológico en el que los sueños puedan ser penetrados, manipulados y fabricados. El hecho de que haya habido una pausa psicodélica de cuarenta años sugiere que, en primer lugar, se priorizó la creación de un mundo sin sueños. ¿Por qué se produjo el declive psicodélico? Porque se identificó un repentino potencial político en el sueño colectivo, también conocido como sueño social. La cultura psicodélica comenzó a extenderse a lo social, invadiendo la normalidad y la vida cotidiana. Era tan potente y subversiva para los poderosos que las autoridades tuvieron que clausurarla. Las drogas tuvieron que ser retiradas de las calles y reducidas a la esfera privada de la reproducción de la fuerza laboral. Como nos dice Mark Fisher, todo lo que se traficaba bajo la superficie de lo ordinario tuvo que ser recuperado y reempaquetado, primero como mercancía y luego como forma promocional. Solo ahora se pone fin a este exilio. Y despertamos en un mundo del sueño como una condición farmacotecnológica en la que las drogas psicodélicas se han convertido en una mercancía más.

La pregunta aquí es social y tecnológica: ¿Nos visita la nube cuando dormimos? ¿Los centros de datos recopilan y procesan nuestros sueños? ¿Has visto también *smartphones* brillantes, ondas de wifi y tentáculos de cables en tus sueños? Al observar el agresivo impulso de los servicios en la nube para invadir nuestra vida íntima, uno podría pensar que sí.

La computación onírica es un concepto que Ned Rossiter y yo desarrollamos durante la pandemia. Es una propuesta, un punto de vista y un par de gafas que buscan eludir con elegancia el vacío de las crisis.

Los sueños también pueden convertirse en pesadillas y transformarse en una fuerza más poderosa y aterradora.

Por ahora, trabajemos con la idea de la computación onírica. Ya no podemos distinguir entre el procesamiento nocturno de las experiencias individuales y las intensas redes sociales en las que participamos durante el día. Por eso debemos investigar cómo se manifiesta esto en el ámbito de (la ausencia de) los sueños, ante la perspectiva de que en un futuro próximo estos se vuelvan legibles por máquinas. ¿Podemos idear nuevos modelos para el funcionamiento de una máquina, su producción y su expresión en la economía, la sociedad, el trabajo y la vida? ¿Es posible diseñar sistemas computacionales que no sean explotadores, que no se basen en lógicas operativas de extracción y que no condenen a generaciones a la deriva del estupor cognitivo, la ansiedad y la depresión?

Hay un tecnodeterminismo acechando en algunas de estas preguntas. No dudemos en reconocer que vivimos en la era de la cosmotécnica (Hui, 2025). De hecho, es mejor identificar y comprender las fuerzas determinantes. La omnipresencia del tecnosolucionismo no debería impedirnos pensar tecnológicamente, tanto a nivel filosófico más profundo como en la vida cotidiana. No tenemos problema con la idea de que la tecnología moldea la sociedad. Lo mismo ocurre con cualquier otra expresión pasiva presente en las formas de la teoría, como las posibilidades, los afectos o la agencia. Simplemente no invoquen esa palabra tan tabú del determinismo. A Ned y a mí nos gustó cómo la idea de la computación onírica introduce una dimensión inconsciente en un sistema técnicamente determinante, y viceversa. En el siglo xxi, la tecnología y la subjetividad ya no pueden separarse, lo que dificulta la lectura y el uso de autores anteriores al siglo xxi. Ya no existe un yo interior. De hecho, tal proposición y fabricación de la psicología y el humanismo suponía que la tecnología y la subjetividad no siempre estaban entrelazadas ni eran mutuamente constitutivas. Necesitamos repensar la idea de los sueños y la imaginación como mundos específicos con sus propias dinámicas.

La tecnología nunca tiene control sobre sí misma, sino que tiende a venerar un poder oscuro que no puede controlar. En resumen, la tecnología está sujeta a su lado oscuro, a fuerzas desconocidas que subsisten por debajo del umbral de la percepción, la consciencia y la decisión. ¿Qué sucede cuando todos saben que las máquinas «sueñan con ovejas eléctricas»? En respuesta, podríamos poblar esos sueños con un zoológico entero, creando un *hortus digitalis*. De esta manera, nuestros ordenadores soñadores se enfrentan a todo tipo de ánimas (Jung) que acechan en el alma del decisionismo.

Para Friedrich Kittler, los sueños comprenden la fisiología de los medios estéticos: «Los sueños producen imágenes entópticas que aparecen al durmiente como formas definidas; la intoxicación produce sonidos, ritmos y figuras de danza, que surgen y desaparecen sin cesar»[123]. Continuando con su investigación nietzscheana:

> Los sentidos que son estimulados endógenamente dan lugar, en los sueños, a un «mundo visual» alucinatorio; en un estado de intoxicación, producen un «mundo auditivo». Forman, en términos fisiológicos, pero no técnicos, medios en el sentido moderno. Los medios escapan a los estándares del conocimiento: solo cuenta la materialidad: las condiciones de emisión y recepción, y la frecuencia de los signos.

Los medios, entendidos de esta manera, se corresponden con la idea de McLuhan de extender el repertorio sensorial del «hombre». Como sueños, dichos sentidos están codificados de maneras específicas a sus propios términos y gramáticas: formas de expresión que rechazan por completo los regímenes de la razón. Pero esto no hace que los sueños sean menos reales. Como señala Kittler sobre el psicólogo germano-estadounidense Hugo Münsterberg: «Todo sueño se hace realidad en el cine». Entonces, ¿dónde están nuestros sueños de cultura computacional? ¿Cuáles podrían ser? Los sueños son como películas mudas hasta que te despiertas gritando. Sin embargo, no podemos aceptar esta visión de que los sueños son retro, ligados a una tecnología mediática del siglo XX llamada cine. Lo digital es nuestro, profundamente arraigado en los cuerpos, mentes y almas del siglo XXI.

En el siglo pasado, los sueños y la realidad solían confundirse e invertirse. ¿Continúa siendo este un tema útil? La gente solía percibir la vida como una novela, una película, un videojuego o realidad virtual, pero en la era de lo «pararreal», esta confusión ya no tiene sentido. La realidad es el momento en que accidentalmente salimos de lo virtual. ¿Te sientes también como parte de una multitud solitaria de zombis sonámbulos, saliendo de vagones de metro abarrotados de miles a la vez,

123 Kittler, 1993. Este libro es una recopilación de ensayos de los años 1980 y 1990 para los lectores de habla inglesa.

atascados en los cruces, corriendo hacia la escuela y la oficina? Bienvenidos al Tokio Global, respirad la contaminación de Delhi, escondeos en el metro de Kiev, meteos en el atasco de Ciudad de México, aburríos como el infierno bajo Shanghái o atascaos como si estuvierais en un atasco en Manhattan. Rodeados de millones de personas en línea, ocultos tras sus tapones para los oídos, mirando fijamente sus teléfonos con los ojos vidriosos.

Como dice Timothy Morton: «Despertar a la sombra del poder invisible de los hiperobjetos es como encontrarse en una película de David Lynch en la que cada vez es más incierto si estás soñando o estás despierto» (2013: 153). Estás profundamente dormido, inconsciente, pero sin el mundo de los sueños. Esta observación debe enriquecerse aún más con la observación de Mladen Dolar de que «el sueño no se interrumpe desde afuera, sino desde adentro. Algo empeora y descarrila. ¿Qué nos espera al despertar?». Es este momento del despertar lo que le interesa a Dolar. El tiempo de transición. La narrativa del sueño es un pasaje interrumpido, muy parecido al cambio en la cobertura en la producción de noticias actual, en el que un suceso que está teniendo lugar en tiempo real se ve eclipsado por otro.

Si los sueños alguna vez se consideraron un escenario para nuestro inconsciente, para nuestros secretos sucios y deseos perversos, ¿cómo podrían las redes sociales ser vistas como un teatro desde el otro lado? Recordemos también que los sueños son el espacio donde las ansiedades se desatan y ensayan su propia representación onírica. Aunque queden sin resolverse, los sueños proporcionan un vehículo para expresar nuestras preocupaciones. De esta manera, la computación onírica ofrece un alivio muy necesario para los jóvenes agobiados por el miedo y la ansiedad; estas patologías ahora pueden ser abandonadas y entregadas a la máquina de los sueños. Libérate de tus preocupaciones, simplemente pásalas a la computación onírica. ¡Ahora, recupera tu vida!

Los medios digitales consisten de *hardware*, *software* y bases de datos que procesan silenciosamente algoritmos automatizados y aprendizaje automático en segundo plano, controlando nuestras vidas a distancia e instalando versiones actualizadas mientras dormimos. Las operaciones de poder se han trasladado al nivel invisible y metasensual del subconsciente. Esta es la base material de nuestro enfoque en los sueños. Los sueños resumen y procesan este material, intentando crear narrativas fragmentadas a partir de nuestro estado inconsciente de distracción metafísica, generado por nuestra ajetreada y dispersa vida tecnosocial cotidiana. Aún no podemos comprender las estructuras tecnonarrativas de nuestras ensoñaciones colectivas del siglo XXI ni el papel de la circulación de imágenes en ellas.

El pegamento colectivo de nuestros mitos sociales se ha roto con el auge de la individualización y la globalización del trabajo y la vida. Puede que ya no sea el miedo a la oscuridad, a animales salvajes y místicos como los dragones, ni al regreso de los ancestros en forma de renegados, embaucadores, sabios y héroes lo que pueblan los relatos del inconsciente colectivo y el deseo primario transcrito en diarios de sueños. ¿Qué es el sueño tecnológico hoy en día? Olvídense de tecnologías como las representadas en la película *Origen*, en las que los sueños se insertan en el cerebro de la gente. O el *riff* de Pink Floyd: «Bienvenido, hijo mío. Bienvenido a la máquina. ¿Con qué soñaste? No pasa nada; te dijimos qué soñar». ¿Qué papel tiene la sexualidad reprimida en el mundo onírico actual, si es que tiene alguno? ¿Resume el sueño los videojuegos que jugábamos? ¿Cuáles son tus arquetipos? ¿Somos capaces de crear otros genuinamente nuevos?

Aquí es donde entra la computación onírica. No como un salvador cabalgando sobre un caballo blanco llamado Silver. Sino como un antídoto a las tecnovisiones extraídas de Silicon Valley, ensambladas en granjas de trabajo chinas, empaquetadas por un trabajador destrozado cargando paquetes por el laberinto de almacenes de Amazon y entregadas por un repartidor de una plataforma digital que está bajo presión para completar su cuota si quiere conseguir ese sueldo poco óptimo de la jornada. Basta ya. La computación onírica puso fin a la trayectoria que solo va en una dirección: el sufrimiento humano y la aniquilación a escala planetaria. La computación onírica es un concepto especulativo del diseño de medios como tal. Un clásico Objeto de la Teoría Desconocida de Adilkno (1998) en ese sentido. No existe (todavía, o nunca existirán).

¿Puede el sueño volverse demasiado caótico debido a la información sin procesar y, por lo tanto, no procesar ni resumir los traumas de la vida cotidiana? ¿Puede el ruido de datos anular la creación de imágenes durante el sueño? ¿Cómo pueden los sueños procesar la sobrecarga de información sensorial, noticias y actualizaciones de redes sociales, anuncios y consejos de estilo de vida? Hoy en día es ampliamente aceptado que los procesos de aprendizaje automático y las redes neuronales están diseñados para abordar el problema de la detección de patrones a partir del desorden de datos. Pero aquí interviene una lógica autorreferencial. La máquina alimenta a la máquina, que alimenta a otra máquina, todas perfectamente interconectadas a tal punto de que no tenemos ni idea. Mientras tanto, el pobre y sufriente sujeto humano se ve obligado a desenvolverse en la desorientación y la confusión de su mundo descarrilado.

El panpsiquismo[124] se creó para llenar el vacío existencial, afirmando que la mente es una característica fundamental del mundo y existe en todo el universo. Sostiene que existe una consciencia distribuida (ubicua). ¿Significa esto también que tenemos un inconsciente distribuido y, en consecuencia, sueños distribuidos? ¿Cómo se comunican los sueños entre entidades distribuidas? ¿Cuál es su transferibilidad, sus canales de comunicación, y de hecho, sus medios? Pronto, ya no será suficiente definir el sueño como «una forma intensiva y mejorada de divagación mental y ensoñación, en la que los soñadores se experimentan a sí mismos como si estuvieran en escenarios hipotéticos» (2022: 8). ¿Cómo se transforma la neuroinformación en imágenes y se proyecta en el teatro de nuestra memoria interna? ¿Inventará el siglo XXI un nuevo lenguaje paradigmático para describir el sueño, más allá de las antiguas metáforas utilizadas aquí?

La supercomputación ha creado máquinas narcisistas: tecnologías computacionales diseñadas para resolver problemas computacionales. Esto será aún más cierto en el caso de la computación cuántica. Pero ¿debería alguien interesarse en resolver problemas creados por otros ordenadores? La computación onírica, tal como la proponemos, requiere un cambio paradigmático subversivo, ya que es la antítesis del cálculo y el control, que son las dos características principales de los sistemas computacionales contemporáneos y que se presentan en los mundos 3D y de realidad virtual de Hollywood/Silicon Valley. Esta es la dimensión «contraria» de la computación onírica, que libera el tabú y la represión de las limitaciones de los sistemas computacionales de medición. La computación onírica no va de exigir cuentas al mundo, sino de liberarlo[125].

124 Véase <https://plato.stanford.edu/entries/panpsychism/>.

125 Curador de arte Hans-Ulrich Obrist: «Como me comentó Ian Cheng, en el corazón de su arte reside el deseo de comprender qué es un mundo. Ahora más que nunca, el sueño es tener la capacidad de crear nuevos mundos», en <https://www.artsy.net/article/artsy-editorial-7-leading-curators-predict-defining-art-trends-2023>. Si bien esto puede ser cierto y necesario, es fundamental investigar cómo se ve socavada la producción de sueños antes de lanzarse al diseño de «nuevos mundos».

Si el deterioro de la realidad no conduce a una revolución, entonces la liberación del espacio onírico probablemente sí la conducirá. Como dijo Stuart Hall sobre el Mayo del 68 en París: «De hecho, es una revolución onírica». Debemos tomarnos en serio esta afirmación.

Pero ya no hay tiempo para soñar (y mucho menos para interpretarlo). Veamos la conferencia de Mark Fisher en YouTube llamada «All This is Temporary» [Todo esto es pasajero][126]. Lo que queda en esta era neoliberal de nerviosismo digital son sueños de ansiedad que viven en un tiempo comprimido. Es una «forma promocional de explotación» y no una forma de mercancía. La «remuneración promocional» se nacionaliza a través de las redes sociales; piensen en el «capital reputacional». Los teléfonos inteligentes son formas de superexplotación, y hay una pérdida de libertad ante el espectro del trabajo y la ansiedad laboral. Fisher conecta el «tiempo de lucidez» con un mundo onírico diferente, similar a la época psicodélica contracultural de los años sesenta y setenta. En aquel entonces, el tiempo aún era dialéctico y más lento (o, en cierto modo, el tiempo se diluía, dispersaba y estiraba). El sueño de ansiedad constante de entonces estaba dominado por la urgencia y la obligación. Lee esto junto con Didion, quien se muestra escéptica ante la idealización de la era psicodélica. Para ella, el sueño de ansiedad se llena de pánico ante un horizonte ácido que abre el mundo y luego se derrumba sobre el objeto perdido (el bolso, las gafas, la pareja, la entrevista de trabajo o el tren). Didion ve que la secuencia prevalece en el sueño de ansiedad como puntos singulares de pánico, cada uno sustituible. El objeto en sí es irrelevante, salvo su función de desencadenar la ansiedad y el pánico. La vida se desplegaba como una serie de urgencias arraigadas, reducidas a la trivial búsqueda de la perfección.

Ahora, se nos impone un tiempo de constante ajetreo sin sentido ni función ni propósito más allá de generar valor para el capital maquínico. El alma no tiene cabida en un mundo así. La gente tiene trabajos para inventarlo (como sueños implantados con anterioridad). Sin embargo, toda esta actividad no se trata de eficiencia; no es una estrategia económica, sino un objetivo político (pensemos en David Graeber) para subordinar a los trabajadores y eliminar otros usos del tiempo. Es el motor de la derecha. Organizar un odio en torno a quienes no trabajan. Una posibilidad de vida más allá de esta angustiante monotonía del sueño. La buena noticia es que todo se está desmoronando. Incluso entonces,

126 <https://www.youtube.com/watch?v=deZgzw0YHQI>.

Didion, refiriéndose a Yeats, dijo: «El centro no se sostiene». La dimensión narrativa del sueño no se sostiene, sino que se derrumba. Todas las certezas se desvanecen. La vida de clase media se ha corroído crónicamente. En todos los medios para el entretenimiento, puedes ser todo lo que quieras ser. Mientras los profesionales del marketing están desesperados por recuperar la historia y la narrativa, la generación Z alimenta alegremente la descomposición con sus memes. El sistema actúa de forma consecuente: entumecido, deprimido y desempleado, es que no te has esforzado lo suficiente. Este se convierte en el mensaje dominante en todas las terapias[127].

La computación onírica contrarresta la lógica de la esquizoproductividad y la acumulación incesante de capital (Berardi, 2021). ¿Por qué? Nos encontramos en un período de transición hacia lo que Stiegler denomina «neguentropía», precipitado por una sobrecarga de entropía, caos y desorden a medida que la especie humana y la vida planetaria se encaminan hacia el colapso, la guerra y la extinción. La computación onírica es un tipo de medio contradictorio, como todos los medios, excepto que, a diferencia de la lógica de la producción, donde los medios producen mensajes, significado, economías, relaciones sociales, archivos, etc., la computación onírica no produce nada. Son medios sin rastro. Medios no indexados. En este sentido, la computación onírica es posposmedio.

Si los posmedios tratan de la mediación de relaciones (véase, por ejemplo, el auge de la investigación sobre medios ambientales), que es lo que todos los medios siempre hacen, entonces los posmedios son una especie de antimedios. Esto no implica suponer que entramos en una época de populismo puro, donde la interfaz de la mediación desaparece y tenemos una interoperabilidad perfecta, una conexión y un entrelazamiento fluidos. Ese es el absurdo sueño de plataformas de *software* logístico como SAP. En esencia, la computación onírica es una máquina anticálculo con la singularidad de desvanecerse en el olvido. No necesitamos correlaciones. Esta nueva clase de medios no mide, no rinde cuentas y no busca optimizar el rendimiento para maximizar la eficiencia. La propuesta de la computación onírica va en contra de todo esto. Sin medidas, sin contabilidad, sin optimización. La computación

127 Véase la conferencia de Mark Fisher de 2014 en MaMa (Zagreb), «Slow Cancellation of the Future», en <https://www.youtube.com/watch?v=aCgkLICTskQ>.

onírica es un espléndido ejercicio de producción de la nada. Se deleita en la generación de ineficiencias y nos invita a refinar el tiempo.

Otra vía podría ser el retorno a los sueños, una especie de sueño vengativo donde la consciencia es la compañera débil y voluble del orden de las cosas. En lugar de que las computadoras absorban el valor y el significado de nuestros sueños y pesadillas, podríamos soñar con otras máquinas. Comparemos estas dos historias. En la primera, la computadora se ha apoderado literalmente de la mente inquieta. Evgeny Morozov relata la siguiente historia sobre Avery Johnson, cofundador del Laboratorio de Ecología Ambiental de Boston a finales de los años sesenta: «Avery era sonámbulo y hablaba dormido. Así que no era raro que se levantara en mitad de la noche y hablara, caminara e hiciera cosas. Su esposa se despertó una noche y lo encontró sentado en la cama; tenía la mirada fija al frente, las manos en alto, y ella le preguntó qué estaba haciendo. Él explicó que estaba viendo cómo se ejecutaba su programa de ordenador»[128]. Comparemos esto con la diseñadora gráfica franco-holandesa Léna Robin, quien imagina una nueva tecnología: «Anoche soñé que descubría una técnica de impresión muy peculiar. El papel receptor estaba sumergido en agua. La impresión se realizaba colocando una tela encima. La ventaja era que la tela estaba empapada en agua, lo que facilitaba mucho su manipulación. Podía moldear la tela a mi gusto. La tinta era muy espesa (igual que en el linograbado). El resultado fueron composiciones abstractas»[129].

En un tono académico, podríamos retomar los escritos de Freud para ver qué dice sobre la tecnología y los sueños. O Bergson, quien curiosamente escribió un libro relativamente desconocido sobre los sueños. Luego, podríamos referirnos al interés de De Quincey en la «maquinaria del sueño». Y de nuevo al freudiano Frederik van Eeden, quien articuló el fenómeno de los sueños lúcidos y recomendó en su obra *Dromenboek* de 1909 llevar un diario de sueños para fortalecer la claridad mental. A continuación, pasar a Carlos Castanada, quien afirmó que la vida es un sueño o una secuencia de sueños. Finalmente, entrar al omniverso a través de las puertas de la percepción, al estilo de Huxley. Consideremos también cómo el «tiempo del sueño» de los aborígenes australianos podría entenderse como una forma de medio que gobierna,

128 Del podcast de Evgeny Morozov, *A Sense of Rebellion*, episodio 2, en <https://www.sense-of-rebellion.com/>.

129 Publicado en X, 1 de abril de 2024.

crea leyes que influyen en las relaciones sociales, el parentesco, el movimiento a través del espacio, el tiempo de las estaciones, el mundo vital de los espíritus, de los ancestros que hablan y guían a las generaciones del presente. Estos son algunos de los muchos inicios conceptuales que podemos considerar al construir los componentes básicos de una teoría de la computación onírica.

Una de las tareas de los grados actuales en comunicación y relaciones públicas es enseñar a los estudiantes a ir más allá de las imágenes y los eslóganes ingeniosos, y volver a contar historias. Hace mucho tiempo, las relaciones públicas dejaron de enseñar el arte de crear narrativas. Aquí es donde la tecnología y el sueño se unen en el afán de crear –y aprovechar– narrativas contemporáneas. El arte de soñar consiste en entrenarse para narrar algo más grande a partir de un conjunto desordenado de fragmentos. Es poderoso volver a una narrativa compleja que se desarrolla con el tiempo, pero ¿es aún posible, dada la velocidad en la que se transmiten los fragmentos en redes sociales? ¿Son estos objetivos una estrategia regresiva o liberadora? Cuando se lucha por mantener varios trabajos temporales, es más fácil empezar a usar cualquier generador de eslóganes y dejar que las máquinas creen la prosa. El significado ya no se transmite como narrativa, sino como una oleada de afectos, símbolos de sentimientos y atmósferas. La reducción de la capacidad cognitiva es el precio que se paga por las narrativas creadas por máquinas. El caos mental que crean las redes sociales se ha investigado, pero no sus efectos en los sueños. El siguiente paso es diseñar una informática de ensueño para responder a la terrible situación de ausencia de imaginación colectiva.

Para el capitalismo tecnológico 24/7, este tipo de procesamiento ya no es esencial para el trabajo consciente de la interacción, que en última instancia es un evento vacío. Lo que se haga no importa mientras se entreguen datos para generar correlaciones. El contenido de los datos es irrelevante. Por eso, abogar por el sueño autónomo en la coyuntura computacional es una propuesta tan radical. Es proponer algo completamente ajeno a los procesos de acumulación de capital. Sin embargo, sin sueños colectivos, no tenemos apertura hacia los demás, solo hacia el mero procesamiento y reproducción del presente perpetuo. Sin sueños, fundamentalmente, no tenemos coordenadas colectivas. El mundo nos ha perdido.

En los inicios de la «teoría francesa», Fernand Deligny se interesó en el autismo como rechazo del lenguaje (como medio de intercambio interhumano). Este estado también puede aplicarse a la actual pobreza del sueño. El estado tecnosocial del sueño puede calificarse de autista: sueños que no hablan ni crean redes de significado, sino que se presentan como un torbellino infinito de imágenes. Mientras que la mayoría de los psicoanalistas clasifican al ser humano como un ser hablante, Deligny, por otro lado, separa el lenguaje de la condición humana. Para él, el ser humano es, ante todo, gesto y forma. Ante la actual crisis del sueño, ¿podemos hablar de un torrente de imágenes como rechazo de la imaginación (y cómo superarlo)?

Solo a veces se abre la ventana al inconsciente. Los sueños son excepcionales, y nos cuesta reproducir las circunstancias en las que se manifiestan: drogas o no, dormir con las ventanas abiertas, ciertos tipos de comida, menos tiempo con el teléfono... ya conoces tus propias condiciones. ¿Tienes pesadillas cuando duermes boca arriba? Mapeemos la cultura onírica actual en este sentido. Llevar un diario para forzar la existencia de los sueños es una técnica. Compartirlos en línea es la siguiente opción obvia, pero ¿qué sigue? ¿Consumir ciertas drogas y abstenerse de otras? ¿Necesitamos desentrañar traumas personales, sesiones de navegación (sin) procesar y deseos cotidianos para filtrar motivos subversivos y colectivos? El conocimiento cosmotécnico de los sueños no se comparte ampliamente. La conciencia pública de los sueños hace cincuenta años estaba mucho más presente: «Tuve un sueño».

Mientras los psicodélicos regresan, su mezcla con las transmisiones en redes sociales está creando una complejidad única, por decirlo en términos diplomáticos. Es obvio. La evidencia científica de resonancias magnéticas y tomografías computarizadas demuestra que cada persona sueña unas cuatro veces cada noche. Un hecho neurobiológico consumado: todos soñaremos, dadas las condiciones adecuadas. ¿Cuáles son los sueños de ocho mil millones de personas? Existen diarios de sueños y aplicaciones para compartirlos, pero la gran mayoría no tiene ni idea de cómo expresarlos. El estatus de los sueños en la cultura popular sigue siendo muy bajo. ¿En cuántas películas o novelas de Hollywood el protagonista principal es visitado por sueños? El género de terror o de zombis da cabida a los sueños, pero casi siempre como pesadillas de violencia inminente, miedo, pavor, psicosis o desastre. ¿Dónde está el sueño sobre el arcoíris más allá del Mago de Oz, que siempre estuvo subrayado por un latente, si no explícito, maléfico presagio del terror onírico?

¿Pueden los medios sonoros abrir caminos hacia el sueño? ¿Son los sueños solo medios visuales? Si diversificamos nuestros formatos mediáticos, ¿podemos crear las condiciones para una gramática mediática de los sueños? Estamos cautivados por la hegemonía de la visión. ¿Cómo suenan los sueños? Ryuichi Sakamoto nos ofrece una banda sonora de sueños. ¿Como Tangerine Dream? ¿Vangelis? Tú eliges y marcas la casilla de tu generación. Inevitablemente, no volveremos a ese melancólico período jipi tardío, justo antes de que el individualismo neoliberal se imponga, las puertas de la percepción se cierren y el punk entre en escena. Tomemos como ejemplo la canción «Dreams» de 1976 de Fleetwood Mac: «Veo las visiones cristalinas. Mis visiones me las guardo para mí. Soy solo yo. ¿Quién quiere envolver tus sueños? ¿Tienes algún sueño que te gustaría vender? Sueños de soledad». En esta era retromaníaca, solo podíamos cruzar y remezclar, convirtiéndolo en emojis, memes y vídeos de TikTok. ¿Cómo producimos una gramática de los sueños que no se ajuste a un régimen universal de estándares y protocolos? ¿Dónde termina mi espacio onírico y dónde empieza el tuyo? ¿Con qué seriedad deberíamos seguir usando técnicas de copiar y pegar, compartir, dar «me gusta», retuitear y reenviar en este contexto? Si la IA se está volviendo tan extraña y aterradora, la necesidad de acceder al mundo onírico a través de medios técnico-farmacéuticos podría convertirse en un ejercicio inútil e inofensivo.

En «John Wayne: Canción de amor», Joan Didion escribe:

> No cuento todo esto con ánimo de hablar de mí misma, ni tampoco como ejercicio de memoria, sino simplemente para demostrar que cuando John Wayne pasó cabalgando por mi infancia, y tal vez por la de ustedes, determinó para siempre la forma de algunos de nuestros sueños (2012: 32).

¿Quién cabalgó a través de tu infancia? ¿Qué sueños predijeron tu destino y tus deseos más profundos? El cine infundió los sueños de infancia de Didion. Los medios de comunicación y los sueños eran inseparables. Esto nos dice que los sueños tienen una condición mediática de base. Por lo tanto, diferentes medios estructuran y diseñan la gramática de nuestros sueños. ¿Qué soñó Bertolt Brecht en sus ondas de radio? ¿Cómo transmite la señal el sueño? En el pasado, se asumía que la imagen arquetípica recurría y reaparecía como motivo de una autoridad superior, neutral, pero siempre actuando como representante de la figura que deseas o temes. Desde el arcángel hasta el maestro, el tío o el jefe de Estado, el poder estaba invariablemente codificado institucionalmente.

Entonces, ¿qué nos dice esto hoy sobre la condición y la recepción de las instituciones si estos sueños ya no prevalecen? Si la institución ha decaído o se ha corroído hasta el punto de que ya no se puede imponer la autoridad psicológica a sus sujetos, entonces es necesario reavivar la tarea de encontrar una nueva forma organizativa. Esta es también una cuestión territorial y, por lo tanto, política. Es necesario crear y habitar nuevos territorios.

Joan Didion define el nexo entre los sueños y los medios: «¿Fue solo soñando o escribiendo que pude descubrir lo que pensaba?». En medio de la agitación y el delirio de los años sesenta en Estados Unidos, particularmente pronunciados en la bruma de Los Ángeles, la ciudad de los sueños, Didion a menudo recurre a los sueños como un bálsamo para captar un mínimo de inteligibilidad de la catástrofe que se despliega en una sociedad en profunda transformación y reorganización estructural. No importa que los sueños alimenten el imaginario cinematográfico, alimentando las ganancias de la industria y décadas de mal comportamiento; suficientes películas de mala calidad, pero también mucho esplendor. Didion los toma en serio como una especie de veleta en la «coyuntura disyuntiva» de su tiempo.

¿De qué están hechos tus sueños? El arquetipo ha desaparecido de la escena, entonces, ¿quién o qué permanece o asume ese rol? ¿*Influencers* y otras celebridades? ¿El arquetipo de los medios contemporáneos ya no es la figura única sino, como nuestra condición mediática, una entidad distribuida? ¿Una entidad que cambia de forma, dimensión y personalidad, según lo determine la situación mediática particular? Una figura polimórfica donde la perversidad es una condición normativa. No nos referimos a la perversidad sexual con esto, sino más bien a una negativa a adoptar una identidad fija. La distribución es una práctica social de compartir. Compartimos nuestras figuras y nuestros sueños como una condición mediática. Te envío mi meme y lo reproduces como algo más para alguien más. Cada ocasión tecnosocial inventa una recomposición de los arquetipos una vez estáticos y atemporales, pero ahora en transformación.

Hay una interacción entre el relato neurocientífico de la actividad eléctrica cerebral y la confusión de que los sueños se vuelven ruido sin sentido e incoherente. Electronervioso al estilo de Jimi Hendrix. El relato neurocientífico es una reiteración actualizada del sujeto nervioso y la inquietud humana de experimentar la modernidad electrificada. ¿Qué pasa con su contraparte cuando no hay señal aparente? ¿Qué hemos perdido? O, mejor dicho, ¿cómo reconstruimos al sujeto confundido? En el futuro, podemos criticar estas interfaces por carecer de las herramientas narrativas para hacerlas inteligibles y capturar la actividad de la corteza visual del cerebro y sus transmisiones neuroeléctricas. La medida es, en esencia, un dispositivo primitivo. Esto indica el estado actual de la máquina que registra los sueños solo como datos. Hay una riqueza en los sueños que trasciende las unidades de datos.

¿Por qué la generación Z debería siquiera molestarse con el deseo del siglo XX de administrar y controlar los sueños? Saben que el planeta está en crisis y no se benefician de la lógica estructural del capital y la industrialización. La clase media está al borde de la destrucción. Solo pueden permitirse soñar con ovejas eléctricas. «Simplemente no deseo vivir entre humanos» (meme). William Burroughs postuló que la función de los sueños es prepararnos para ir al espacio, razón por la cual existen[130]. Este tema puede ir en cualquier dirección. ¿Será la dirección de Elon Musk, dejando atrás las catástrofes en la Tierra en el viaje definitivo con la colonia de Marte como primera parada? ¿O será el espacio como en el ciberespacio, en el sentido ciberpunk de la palabra de los años ochenta? En ambos casos, los humanos son tecnoaprendices que necesitan habilidades para navegar y dar mejor forma a nuevos espacios.

¿Acaso la hiperestimulación ha agotado el sistema nervioso y el cerebro hasta el punto de que un entumecimiento cognitivo se ha infiltrado en el inconsciente y ha creado la idea de que no hay nada externo que interrumpa este aluvión de sueños? Este es el dilema de la juventud en la era de la metacrisis. El cerebro activa su capa protectora, reduciendo los sueños para reproducir todos los escenarios apocalípticos existentes. Es político observar estas pesadillas desde una distancia crítica.

La captura y mercantilización de los sueños es un tema inevitable en este siglo. ¿Cuánto estaría dispuesto a gastar Coca-Cola en publicidad en tus sueños? Mark Zuckerberg ha apostado a que su Metaverso puede establecerse en nuestros paisajes oníricos. Las vallas publicitarias virtuales son reales. Es facilísimo crear un manual práctico para la toma de control corporativa del mundo onírico. Sueños a la carta perfectamente personalizados. El imaginario corporativo en sí mismo es tan limitado y

130 <https://www.faena.com/aleph/william-burroughs-on-how-our-dreams-prepare-us-for-space-travel>

predecible. Sus guiones se escriben repetidamente, *ad infinitum*, como para demostrar la ocupación recursiva de la imaginación.

Como resultado, ya conocemos el alcance de su capacidad para generar riqueza a partir de la extracción. Sueña con tu próximo Tesla, pasa un fin de semana en la casa de Barbie y haz esa fiesta en tu *penthouse* de Miami. O la pesadilla: el dron que acaba de destruir tu hogar, tus pertenencias y seres queridos, tus implantes faciales fallidos que simplemente no se pueden remediar ni revertir, con la cara colgando debajo de la barbilla. Aquí hay una distribución desigual y muy sesgada por género de las pesadillas. *El triángulo de la tristeza*; Adidas, Balenciaga, H&M. Muchas gracias a todos los *influencers*. No es de extrañar que el sueño como medio esté moralmente en bancarrota. Si esto es todo, y mi cara es una mierda, entonces ¿para qué soñar? Solo me jodió. Y ahora estoy pagando las consecuencias currando en plataformas. Todos sabemos que el siguiente nivel será la producción original de vender tus sueños. Esta es la inversión del movimiento invasivo de las corporaciones. El movimiento de vuelta es vender tus escapadas sexuales a terceros. Esa es la etapa primitiva. El cliché de grabar tus actos sexuales con tu IA robótica dará paso a una fase de entrega de sueños dirigida. Si los sueños son solo información, puedes externalizarlos, almacenarlos o venderlos. El siguiente paso: insertarlos como implantes en las capas cognitivas del cerebro.

Profundicemos en nuestro léxico de sueños para el siglo XXI: bases de datos repletas de consultas de patentes sobre la «gestión de sueños»[131]. Si el control de sueños es un tropo de ciencia ficción del siglo XX, la ingeniería y la «gestión» de sueños son propias de nuestra época: sueños a la carta como servicio. Inducir «tecno» sueños mediante métodos químicos, electrónicos o farmacéuticos sería el primer paso, pero el proceso de diseño requiere más. Bienvenidos a la «ciencia de los sueños». La mayoría de las patentes son chinas, japonesas y coreanas. Tomemos como ejemplo el método de redes de Sin Hyeon Gab para la realización de sueños. Un compuesto estadounidense para potenciar los sueños lúcidos eróticos u otra propuesta coreana para un método y dispositivo de reconocimiento de emociones oníricas, equipo electrónico y medio de almacenamiento legible. También está el método estadounidense propuesto para alterar sueños recurrentes, incluyendo pesadillas, y un

131 <https://worldwide.espacenet.com/patent/search/family/084393849/publication/CN115474946A?q=dream%20management>.

diseño chino para un dispositivo portátil que promueve la meditación y guía los sueños. Crea, modifica, almacena y prepárate para el giro corporal en la investigación de los sueños. Otras fuentes corporales de imágenes oníricas podrían incluir la incorporación sensorial, las contracciones musculares y otros isomorfismos entre los movimientos oculares, la respiración, los circuitos motores y la frecuencia cardíaca. Tras esto, entramos en la era científica del sueño artificial, una etapa en la que el paciente ya no puede distinguir entre la intensa información de IA durante el día y las visiones monstruosas por la noche. Esto ocurre cuando la idea de los sueños programables se convierte en la práctica neurocientífica cotidiana de los miles de millones de personas que duermen.

El sueño necesario del futuro se entrega a individuos aislados, encerrados en sus mónadas, viviendo vidas solitarias en los confines de un mundo interior. El desarrollo biofísico y cognitivo requiere estímulos externos. Sin estos, el cuerpo y el cerebro simplemente se marchitan. La automatización no dispensa fuerza de trabajo. Sin embargo, el mundo exterior debe ser transportado a un contenedor en un planeta tóxico donde el aire ya no se puede respirar sin riesgo. La contaminación, la radiación, los virus, la incertidumbre política, la limpieza étnica, la violencia, las inundaciones, la sequía y los incendios son algunos de los factores que impiden la entrada al mundo exterior. Las experiencias masivas de confinamiento de 2020-2021 durante la covid-19 fueron el banco de pruebas para esta condición futuro-presente de exilio interior forzado: un éxodo al desierto de los sueños[132]. En la siguiente ronda, la sensación se implantará directamente en el cerebro y se gestionará computacionalmente en el almacenamiento y la transmisión. El archivo existirá y podrá demodularse a demanda.

En *America, The Troubled Continent of Thought* (2024), Avital Ronell se pregunta sobre el estatus actual del sueño en relación al Estado. Para Platón y Rousseau, las corrientes oníricas inundaron el ámbito político, interrumpiendo el dogma y sentando las bases de la idea de que Estados Unidos es un sueño: es el sueño americano. Según Ronell, este tipo de discurso onírico se está volviendo ahora una pesadilla; primero fue

132 Compárese esto con la máquina de experiencias o placer descrita en *Anarchy, State and Utopia*, de Robert Nozick, de 1974. Si tuviera que elegir, ¿optaría por la vida experimentada o por la simulación generada por la máquina? Gracias a Chloë Arkenbout por la referencia.

el 11-S y luego el 6 de enero de 2021 con el asalto al Capitolio por parte de los partidarios de Trump. Para los pensadores y poetas europeos del siglo xx, Estados Unidos parecía carente de lenguaje poético. En aquel entonces, «el estatus del sueño en materia de deliberación política y cumplimiento de deseos fue desplazado por negociadores diurnos que imponían restricciones al desbordamiento incontrolable de los sueños y el inconsciente» (Ronell, 2024: 87). Para Derrida, sin embargo, Estados Unidos no era solo un páramo cultural, sino una promesa. Ronell no comparte su optimismo: «Estados Unidos ya no puede ser seriamente receptivo a las idealizaciones sobre su moneda soñada». En cambio, presenciamos un giro tecnológico en el que soñar ya no es un medio para proyectar promesas hacia un futuro imaginario. Se ha producido una colonización interna que cierra el espacio de lo posible. En palabras de Ronell: «En una coyuntura donde la tecnología encuentra su horma en la retórica del sueño, se ha programado una fuerza casi mecánica de resistencia democrática para alcanzar los límites de la flexibilidad doctrinal» (*ibid.*: 89-90).

Volvamos a Bernard Stiegler, quien trabajó en el tema de los sueños durante la última etapa de su vida. Señala cómo cada siglo se marca como una unidad de tiempo basada en el sistema decimal dentro de un paradigma cristiano occidental. Como él mismo afirma, el paso de cada siglo es, de alguna manera, siempre el fin de un mundo, dado que un mundo siempre está localizado y temporalizado por una época que transcurre en un área geográfica. La computación onírica siempre está al borde del fin. Los sueños van y vienen, desapareciendo con la luz del día. La computación onírica podría entenderse como el paso de mundos en la oscuridad de la noche. ¿Cuáles son esos mundos de posibilidades? Los sueños computacionales son sueños con un potencial efecto de retención. No son sueños almacenados en bases de datos a la espera de ser extraídos y transformados en forma de producción de valor, sino sueños que se niegan a desaparecer ante la llamada luz de la razón (la Ilustración). Sueños que perduran como una señal, que replican y generan deseos colectivos de vida que no son capturados por las tecnologías del cálculo.

En *Technics and Time 4*, Bernard Stiegler escribe que

> la facultad noética del sueño es la función de exsomatización que permite la realización de los sueños, que son bifurcaciones potenciales. Y es lo que permite que estos sueños se concreticen en función de la producción que pasa por la invención, el descubrimiento, la

creación y, de forma más general, el cuidado y, en particular, la educación (2021: 59).

La investigación sobre los sueños ha cuestionado desde hace tiempo la reducción del soñar al yo. Mientras los sueños procesan el mundo, pueden crear nuevos mundos (incluidas distopías). Mientras nos refugiamos en nuestro propio mundo, lo que descubrimos allí es todo menos singular, por extraño, intenso, erótico o violento que sea. Hace tiempo que nos despedimos de la distinción entre lo normal y lo anormal, pero ¿qué significa eso en esta era de la cosmotecnia?

El asalto a la consciencia por la velocidad de las señales (redes sociales, infocapitalismo) produce un inconsciente completamente empobrecido. El resultado: el fin de los sueños. Si existe una correlación entre los medios y los sueños (lo que Stiegler llama *exosomatización*, o la exteriorización de los sueños), entonces necesitamos diseñar medios que organicen la intensa fragmentación del ruido (entropía, para Stiegler). Esto puede significar crear nuevas narrativas, pero no en el discurso infantil de la narración que impregna muchos grados universitarios de medios y comunicación. Fundamentalmente, «la facultad de soñar es la condición de la facultad de conocer» (Stiegler, 2019b). Sin sueños, renunciamos a la capacidad de saber, de orientarnos en este mundo y, fundamentalmente, de conservar la autonomía en la toma de decisiones.

En su ensayo sobre «Traum und Existenz» de Ludwig Binswanger, Michel Foucault señala que los sueños tienen sus propias leyes, poderes dinámicos, estructuras específicas, imaginarios, densidad e incluso una voluntad divina (1986: 33). Stiegler retoma este texto, destacando la observación de Binswanger sobre la frecuencia de los sueños de vuelo. Estos sueños se encuentran entre los más emocionantes y extáticos en las raras ocasiones en que se deslizan en nuestra vida onírica. Los sueños de vuelo de las patentes de reparto de drones de Amazon solo pueden ser deprimentes.

Después del acceso a internet, está el acceso a los sueños. ¿Alguna vez te preguntaste cómo funciona la alteración del estado de ánimo? ¿Alguna vez buscaste una biblia teórica sobre cómo los sueños se entrelazan con el mundo en línea? No busques más allá del libro de Valentina Tanni, *Exit Reality*, para saber más sobre *vaporware*, trastiendas digitales y sus universos estéticos. ¿Qué significa cuando decimos que las narrativas se están «produciendo» y que las vibraciones se pueden «programar»? ¿Es este el sueño de anoche o la comprensión de que estás atrapado en una caverna digital, también conocida como el «platóptico»?[133] Tomemos el género *weirdcore*, definido por Tanni como «tener un sueño estando despierto», en contraste con el *dreamcore*, que es como «estar despierto mientras sueñas». Tanni cree que se puede jugar en los paisajes oníricos en los que entras. ¿Quieres revivir tus recuerdos y reproducir tus sueños? Esta es la hauntología de Mark Fisher puesta en acción, convertida en código ejecutable. Tanni: «Internet no es un lugar para expresar miedos, angustias y frustraciones. También es una fuente potencial de trauma» (2024: 179).

En el pasado, comprender los sueños era una técnica de interpretación: extender el objeto sobre la mesa, desmenuzarlo y revelar sus símbolos subyacentes y significados ocultos. Si bien en el pasado esto era casi siempre una escritura sagrada, por ejemplo, para Spinoza, durante el siglo XX también podía ser una pintura, una fotografía, un collage, una película, una instalación, una performance o (un flujo de) objetos digitales. La premisa aquí es la presencia de una narrativa que conecta los destellos de imágenes que presentan los personajes y las situaciones que recordamos al despertar. Este es el acto hermenéutico, que el psicoanálisis dominó como pocas disciplinas. La hermenéutica es tan poderosa debido a las historias que descubre y, al descubrirlas, narra y reelabora. Crea narrativas en primer lugar. Hay una clara crisis de la hermenéutica. Una crisis de los sueños. La técnica clásica de desplegar el cadáver de los sueños sobre la mesa ya no es suficiente para la interpretación. En cualquier caso, culturalmente hemos perdido esas habilidades a gran escala. La crisis de la creciente diferencia se ha descarrilado. Un ejemplo es el Talmud y la contienda de lecturas hermenéuticas que amplían el espectro de la interpretación como variación. *La Cábala y su simbolismo* de Scholem es un ejemplo de lo que él llamó una guía para la anarquía religiosa. Seamos realistas: los sueños pronto serán buscables, listos para ser estimulados, otro espacio publicitario extractivista. El objetivo del proyecto Dreamful Computing, del cual leerán algunos hallazgos preliminares en este ensayo programático, será contrastar el enfoque hermenéutico con la tecnoutilización de los sueños.

133 Término acuñado por el artista visual Vladen Joler, que mezcla la caverna de Platón con el panóptico de Bentham [N. del T.].

10.
Desmantelando redes
Una respuesta al romanticismo offline

«Nadie puede pensar si no se detiene». Hannah Arendt / «Con unas pocas flores en mi jardín, una media docena de fotos y algunos libros, vivo y sin envidia». Lope de Vega / «"¡Lo auténtico!", dije, levantándome del wáter». Denise Levertov

El «cambio de actitud», de establecer conexiones a romperlas, es visible en todas partes. ¿Significa esto que el aislamiento social finalmente se reconoce como un problema social? Tras dos largos años de confinamientos por la covid-19, difícilmente puede ser así. ¿Cómo interpretar la oleada de literatura académica y cursos digitales sobre bienestar? ¿Son simplemente llamados a restablecer el equilibrio? ¿Cómo podemos analizar desde esta perspectiva el auge de la pandemia de la soledad? ¿Puede realmente ayudar a los desesperados un fin de semana desconectado en el bosque? Es evidente que muchos de estos programas reparativos suelen promoverse desde una posición generacional y social específica, la de quienes ya cuentan con una rica vida social fuera de internet.

Para mí, estar conectado es un tiempo precioso. ¡Hay tanto que hacer en internet! ;) Suelo pasar mis días con colaboradores y amigos, asistiendo a reuniones y eventos, montando en bici, caminando y leyendo libros, revistas y periódicos. Miro hacia afuera y me pierdo en mis pensamientos. Ser de la vieja escuela (de antes del teclado) significa que desconectarme es agradable, pero no lo hago por motivos terapéuticos. Veo películas y televisión, escucho CD y radio, pero nunca he deseado una «dieta mediática». Tampoco tuve que pasar por un síndrome de abstinencia por una adicción a las noticias (como mis amigos). Con las redes sociales llegó el deseo de estar conectado. Hoy en día, agotado por una larga jornada de trabajo, también anhelo visitar un *reality park*[134].

La tensión entre lo *offline* y lo *online* ha estado presente desde el principio. Siguen surgiendo nuevas variantes de la misma dialéctica, desde reediciones del análisis marxista de clase sobre los «gestores de información» hasta los últimos consejos *new age* para sanar el cuerpo y el alma dañados por las cibertecnologías. Considerando la cantidad de publicaciones que surgen, es lógico hablar de una oleada de «estudios sobre la desconexión». Mi trabajo y el del Institute of Network Cultures pueden o no formar parte de estos[135].

Actualizando el grafiti de Debord de 1953, *Ne travaillez jamais*, nunca trabajes, es fácil idear el eslogan *Ne connectez jamais*, nunca te conectes. Como escribe Marc Léger en *Don't Network*, esta frase –como toda negación– es contradictoria (2018: 3). Lo que necesitamos es reflexionar sobre la negación de la conectividad. Si bien señala que la futura revolución cultural estará necesariamente en red, Léger afirma que «la pregunta para nosotros, sin sucumbir al determinismo, es hasta qué punto el paradigma de la red permite o previene la radicalización». Siempre ha habido prácticas de resistencia de los usuarios contra las mismas plataformas que millones de usuarios han ayudado a construir. Pero hasta ahora, se desconoce el número de detractores. Se hacen bromas sobre quienes regresaron en silencio, primero a Facebook, luego a Twitter/X.

La adhesión al objeto es absoluta. Las tres primeras décadas de internet se han definido por la transformación del neoliberalismo en desigualdad social, lo que ha resultado en la desintegración de la democracia en un régimen autoritario. El hecho histórico es innegable: internet ha impulsado este proceso. ¿Son las buenas intenciones de los hackers del *software* libre, los activistas de medios tácticos, los artistas de la red y las *startups* creativas las culpables de este giro dialéctico, o simplemente hemos perdido la partida? ¿Deberíamos abrir un tribunal tecnológico de la ONU que los procese a ellos, o, mejor dicho, a nosotros? ¿Inscribirnos en santuarios de atención? En fin. La

134 Consulta el texto de Adilkno «Visit Reality Park Romania and Enjoy Dracula Land», en <https://networkcultures.org/bilwet-archive/adilkno/dracula.txt>.

135 Mi descontento varía, desde un ensayo de mediados de los años noventa, escrito junto con Pit Schultz, republicado en *Jugendjahre der Netzkritik* hasta mi discurso inaugural en 2005, «The Principle of Notworking» y Unlike Us, una red, eventos y publicaciones que iniciamos junto a Korinna Petalis en 2011, así como el trabajo que he realizado con Ned Rossiter (Lovink y Rossiter, 2018).

tendencia *offline* debería verse dentro del panorama general de fallos del sistema, al mismo nivel que las interrupciones y los apagones de la red. Los estados de excepción son la nueva normalidad, independientemente de quién sea el culpable.

Al igual que en la charla motivacional de Zuckerberg a su comunidad de usuarios, a la gente lo de desconectar se lo presenta como un objetivo positivo: bien por ti. Mientras que la figura del *networker* convierte la conexión en un imperativo moral, el romántico *offline* convierte la proximidad física en un significado perdurable. Si bien la conexión es técnica y vacía, y solo plantea la posibilidad de intercambio, la desconexión tiene un vacío de significado similar. Las empresas de redes sociales pueden usar las conexiones para venderlas a terceros, pero esto puede variar según el usuario. Una conexión no implica un compromiso igualitario ni un símbolo de la vida social. El problema aquí es que la conexión se reduce a la intencionalidad subjetiva.

Si bien en sus inicios, la creación de redes pudo haber tenido implicaciones idealistas y empoderadoras dentro de comunidades conocidas y supervisables, con el tiempo, la lógica de la conectividad se replegó hacia la infraestructura técnica a gran escala y la esfera económica de la extracción (de datos). No basta con señalar conjuntos humanos y no humanos cuasi neutrales de actores-redes. Pronto nos cansamos del «trabajo» de la creación de redes. Pero tranquilos, la máquina acabó encargándose de esa tarea. TikTok incluso dejó de lado el ruido social: se podía deslizar sin necesidad de crear redes. A partir de cierto punto, no tienes ni idea de quiénes son todas esas personas. «Tienes 5496 seguidores». Claro. Este es el nihilismo real. Ese es el momento en que lo analógico regresa, generando esa sensación de calidez, ese único espacio real para los equipos humanos, frente a la frialdad de lo digital.

Un glosario al final de la antología de 2021 *Networks*, compilado por Clara Wieghorst y Lea P. Zierott, ofrece un catálogo de estrategias de desconexión. Esto varía desde estados de ánimo como la nostalgia analógica, el uso de libros de papel y mapas o máquinas de escribir, hasta el retiro a «zonas muertas» donde se prohíben las torres de transmisión 5G y de otro tipo, hasta fines de semana de desintoxicación digital y productos de belleza. Como lo describe Cal Newport, el consejo dominante se presenta como «minimalismo digital». Esta idea fue popularizada anteriormente en Europa por Peter Sloterdijk en *Has de cambiar tu vida* como «arte del autogobierno» (2012: 293), que, según el glosario, es «coherente con la agenda neoliberal de crear individuos resilientes que se responsabilicen de su propia salud (mental) y eficiencia laboral» (Wieghorst y Zierott, 2021: 87).

En uno de los textos, el sociólogo hamburgués Urs Stäheli observa un agotamiento de las redes y un deseo de ser inalcanzable. Con un retraso de una década, la teoría alemana descubre la fatiga de la red y afirma que la desconexión es, de hecho, productiva. La fiebre de la red se describe aquí en términos patológicos. Se cita al psicólogo gestalt Conrad, quien afirmó que «el deseo insaciable de conectar es característico de las etapas iniciales de la esquizofrenia» (Stäheli, 2021a: 11). Stäheli presenta el tropo de la sobreconexión sin percatarse de que el mundo ya ha superado las redes. Los usuarios están atascados en la trampa aún más profunda de la plataforma. Esquizofrénicos o no, solo pueden recordar con nostalgia los días pasados de las redes sociales, un proceso manual que se volvió automatizado. Solo necesitamos deslizar, desplazarnos e interactuar. Su artículo en inglés se basa en un estudio de 550 páginas escrito en alemán y titulado *Soziologie der Entnetzung*, publicado también en 2021. En él, Stäheli traza las fronteras de la relacionalidad, desde la introversión de Tarde y la indiferencia de Simmel, la disociación de Latour, las normas de conectividad de Luhmann, la disrupción comunicativa de Deleuze hasta la desarticulación de Laclau y Mouffe. Stäheli enfatiza el aspecto indulgente de un mar amorfo de información. Menciona el síndrome de apofenia, por ejemplo, considerado un síntoma temprano de esquizofrenia cuando las personas comienzan a ver patrones en datos aleatorios, conocido como la otra cara de la indiferencia.

Hay amplia evidencia de que la hiperconectividad conlleva una complejidad descuidada. Como plantea *Undoing Networks*, ¿quién puede permitirse retirarse? Los trabajadores precarios se ven obligados a buscar constantemente trabajo. «Lo analógico» puede ser el nuevo «lo orgánico» o «lo bio», pero la comida bio no es precisamente barata[136]. Hacer *networking* por el simple hecho de hacer *networking* puede ser absurdo y agotador, pero también es una señal del «opcionalismo» propio de los milenials, la desesperación y el aburrimiento. Dejar todas las opciones abiertas hasta el momento es una pésima manera de optimizar la vida (y, por lo tanto,

136 En el nuevo régimen dietético y terapéutico, lo digital se considera una toxina, en analogía con el azúcar, el alcohol o las drogas, que debe eliminarse del cuerpo mediante un trabajo disciplinado sobre uno mismo, mientras que lo analógico representa una especie de superalimento. Stäheli (2021b), p. 8.

lo opuesto a la «vida vacía»). La visión de Stäheli también puede interpretarse como una crítica a la decadente civilización occidental y su obsesión por la aceleración y la distracción, en la que nuevos eventos, amigos, problemas y movimientos van y vienen. El problema que aún persiste es la tesis de Manuel Castells de que el poder de los flujos prevalece sobre el flujo del poder. Esta imagen mental sigue vigente. Y mi actualización: ¿para qué desmantelar las plataformas del desastre si no hay perspectivas de una vida mejor posterior?

En consonancia con Sloterdijk, desconectarse se percibe aquí como un acto individual. Es un hábito, logrado mediante una forma nietzscheana de «ejercicio negativo» para trascender la voluntad debilitada. Superar la tentación forma parte del trabajo constante sobre el Yo, extendiendo el periodo de desconexión poco a poco. Siguiendo a Sloterdijk, la repetición es la esencia del ser humano. Nunca nos ejercitamos solo una vez. En cambio, existe una necesidad constante de entrenar la voluntad débil –si es necesario– mediante aplicaciones móviles motivacionales. Lo *offline* se enmarca aquí como una característica especial de la condición antropotécnica *online*. A falta de una agenda colectiva para un cambio radical, la dependencia tecnológica sigue sin resolverse, por lo que el entrenamiento minimalista puede continuar indefinidamente. Desconectarse no se propone como un *potlatch* colectivo liberador, a pesar del auge de los festivales y discotecas sin teléfonos. Las zonas temporalmente autónomas siguen siendo la excepción a la regla.

Como Tero Karppi enfatiza en su libro de 2018 *Disconnect,* las conexiones siempre son frágiles y deben sostenerse, mantenerse y gestionarse. En el momento en que dejas de hacerlo, la red se desmorona. Este es el «trabajo» en la «red». El arte del mantenimiento de la red es una dinámica tecnosocial a menudo pasada por alto, un elemento de «cuidado» ajeno a la plataforma, donde la mayor parte de este trabajo se automatiza o simplemente se deja de lado. Todo funciona a la perfección, hasta el momento en que decides irte. Desconectarse, eliminar perfiles de la lista de amigos y borrar una cuenta debería ser algo indoloro y fácil de ejecutar. Sin embargo, la plataforma claramente lo convierte en un verdadero fastidio.

El mundo *offline* es el lugar al que se acude para liberarse de la necesidad de experimentar. El gesto *offline* anhela un paso decisivo hacia una solución permanente, y el momento de la desaparición individual se cruza con el rechazo colectivo. Hasta entonces, el enfoque de acción directa se ha vivido como una decepción, ya que gigantes tecnológicos como Google, Facebook y Microsoft pueden seguir alimentando tu perfil, independientemente de si has eliminado tu cuenta y permaneces desconectado. No hacer nada ni moverte puede no impedir que otros sigan alimentando un perfil *online* sin consentimiento. La captura incesante de datos convierte todos los gestos personales aquí mencionados en gestos simbólicos, principalmente para tranquilizar al usuario. Cuanto más se sepa sobre la captura sistemática e implícita de datos que igualmente tiene lugar, más deberían etiquetarse las diversas tácticas de desconexión como opciones de estilo de vida sin impacto real. Mira mi genial escudo protector. ¿A quién le importa si mejoro mi calificación antropotécnica, hago una dieta restrictiva del móvil, tengo una jaula de Faraday para bloquear señales y me escondo en la espesura de los bosques para protegerme de las oleadas de información?

¿A quién le interesa desmantelar las redes? ¿Sería la interferencia con las ganancias, como las protestas contra Tesla de 2025, el mejor contrapunto? La percepción de las redes sociales puede no ser suficiente para contrarrestar la conectividad en red y la autooptimización. Dejar de seguir y eliminar amigos solo tiene sentido en momentos de éxodo masivo, cuando millones abandonan sus aplicaciones y los miles de millones en línea siguen adelante. Como remedio personal, darse de baja de suscripciones puede parecer una liberación de diez segundos, pero dejar de seguir a otros conocidos puede convertirse rápidamente en un gesto desagradable y sentirse como una derrota miserable. Todo esto deja el movimiento difuso de descontento con la conexión en suspenso permanente, hasta que finalmente llegue el momento. Algunos llevan más de una década esperando un cambio en el ánimo mundial. ¿Es la adicción a internet tan intensa, tan sofisticada en términos de una modificación del comportamiento a largo plazo que ha redirigido permanentemente los patrones neurológicos en el cerebro del usuario?

En *Off the Network*, Ulises Mejías comenta con ingenio que «las redes digitales son opresivas no por ser digitales o redes *per se*, sino por ser parte de un orden capitalista que genera desigualdad» (2013: 5, 14, 16). Lo que ahora se denomina centralización de plataformas, en 2013 Mejías lo denominó nodocentrismo. «El modelo de red representa una colonización de nuestro poder colectivo para imaginar la comunidad». Si bien pudo haber sido atractivo distinguir entre redes (sociales) y comunidades (virtuales), lo cierto es que en Estados Unidos el marketing corporativo encumbró estos términos y los hizo intercambiables. Algo parecido ocurrió poco después con los términos «red» y «plataforma».

Más relevante aún es el llamado de Mejías a la alteridad y la otredad, y a cómo «imaginamos y afrontamos la diferencia». Esta perspectiva también debería aplicarse a la dicotomía entre lo digital y lo virtual, que, de hecho, es una réplica de lo mismo de siempre y no crea «diferencia».

En consonancia con el Manifesto for Destructionist Film[137], la energía aquí está dedicada a lo negativo. Lo offline es negativo, no una compensación positiva que continúa la división, la extracción y, en última instancia, la brutalidad. Otros pensadores radicales desarrollan propuestas prácticas para ayudar a la clase trabajadora creativa (también conocidos como nómadas digitales). Su objetivo es resistir las presiones del capitalismo de plataforma utilizando tácticas de holgazanería, creando «zonas temporalmente autónomas» donde se puedan vivir otras vidas. Uno podría pensar en Uncanny Valley de Anna Wiener. Mi favorito es Offline Matters de Jess Henderson (2020), un manual que actualiza los trucos de sabotaje autonomistas italianos de la década de los setenta para el precariado prime déclassé. En este caso, la «operación para la restauración de la dignidad de los trabajadores» está dirigida a repartidores, codificadores expatriados, diseñadores de aplicaciones, comercializadores aburridos, influencers empobrecidos y otras industrias creativas irregulares. Hay mucho más que hacer que reducir las horas en las redes sociales. Su consejo para sus compañeros impostores: hablar con desconocidos, cuestionar las normas sociales, usar un reloj, flexibilizar las palabras, establecer límites en el trabajo remunerado, distinguir la crítica del cinismo, controlar lo que haces, recuperar tu vocación creativa, estar alerta, crear un antiplan, caminar, caminar, caminar, dejar el teléfono en casa, disfrutar del juego, respetar tus imperfecciones. Henderson descarta cualquier forma de solucionismo en el estilo de vida. «Baila entre la soledad y la unión. Es la danza de saber que tu tiempo es tu elección». Recuerda a sus lectores que ir al gimnasio mientras escuchas podcasts instructivos de influencers famosos no te hará sentir mejor. Conclusión: «Sal al mundo y jódelo de una forma hermosa».

137 <https://destructionist.international/Manifesto>.

11. Publicaciones expandidas y la red de arte en streaming

En este capítulo, combino dos cuestiones de investigación aplicada que confluyen y están en marcha en nuestro Institute of Network Cultures: los experimentos de publicación híbrida[138] y la transmisión de video. Las publicaciones del INC siempre han contenido enlaces web (sí, impactante), referencias a Wikipedia, ilustraciones digitales como *gifs* y memes, y archivos de audio y vídeo incrustados, todo ello publicado bajo una licencia Creative Commons. Estas prácticas mundanas deberían ser evidentes, pero no lo son. La libre mezcla de formatos y formas de expresión ha vuelto al punto de partida y, una vez más, se siente como una práctica desviada. El cómo hemos llegado a esta lamentable situación no es el tema que nos ocupa. La Gran Regresión de la web tiene un precio en términos de restricción de la libertad tecnológica. En cambio, demos espacio a los experimentos y a dos conceptos en particular: el vídeo como publicación y la unión híbrida.

Antes de profundizar en términos superpuestos como la publicación híbrida, urgente y expandida, retrocedamos a los intentos de la década de 1990 por actualizar la noción de *Gesamtkunstwerk* de Richard Wagner, la obra de arte colectiva que fusiona todos los sentidos en una experiencia

138 La primera parte de este capítulo es una versión abreviada y editada del ensayo «Bookness in the Arts», escrito en 2022 para la publicación de Valiz *Future Book(s)*, (Pol y Vostermans, 2023: 232-239). Agradecemos los extensos comentarios de Silvio Lorusso, Florian Cramer, Miriam Rasch y Sepp Eckenhaussen.

intensa. ¿O deberíamos decir manipulación sensorial? Las obras de arte que se limitan a expresar forma y belleza o documentan la realidad, pero que reivindican la totalidad, han sido a menudo catalogadas como espectáculo popular y cursi. Durante la década de 1990, innumerables libros, CD-ROM, juegos, piezas de realidad virtual, conferencias, performances y exposiciones celebraron la llegada de la era multimedia[139]. Se abrieron puertas técnicas y sensoriales a la percepción. La idea mcluhanesca, materializada en los acontecimientos y conciertos de la década de los sesenta, consistía en superar los medios «parciales» (teatro, radio, prensa escrita, cine). El salto revolucionario no solo estaba destinado a tener lugar en el escenario o en la pantalla, sino que también requería un enfoque activo del participante interactivo. Crear hipervínculos fue el primer paso, pero el objetivo final fue superar el momento visualmente atractivo y combinar texto, sonido, imágenes, cuerpos y espacios en obras maestras atemporales.

En octubre de 1990, volví a Berlín tras ser golpeado por *skinheads* neonazis en la zona este (que entonces era otro país). Me negué a rendirme. Antifa significa no retroceder. Decidí defender mi pasión por la lengua, la teoría y la cultura del debate alemanes de esta ciudad brutal y herida. Así que regresé. Durante mi segunda estancia de un año, me enfrenté a muchos bandos en el turbulento período de reunificación posterior al Muro. Esta vez, no estaba investigando tanto el fascismo histórico; me centraba en la teoría contemporánea de los medios alemanes. Al igual que en 1983-1984, seguía desempleado, mientras los Países Bajos atravesaban otra crisis económica, y fui recibido de nuevo en la antigua casa okupa de la Potsdamerstrasse.

Mientras tanto, me convertí en editor de la revista de video/artes mediáticos *Mediamatic*, donde presenté el círculo de Friedrich Kittler al mundo anglófono. Mi reseña de *Theorie der neuen Medien* de Norbert Bolz es relevante en este contexto[140]. Este clásico de la teoría de los medios consiste en un tríptico de Wagner-Nietzsche, Benjamin y McLuhan. A diferencia de nuestra era visual, la primera era de los medios se centró

139 Una antología completa en inglés que cubre el movimiento (histórico) desde la integración, la interactividad, la narratividad y la inmersión hasta la hipermedia es *Multimedia, From Wagner to Virtual Reality* (Packer y Jordan, 2001).

140 <https://www.mediamatic.net/nl/page/84105/theorie-der-neuen-medien-norbert-bolz>. Norbert Bolz se convertiría posteriormente en un abierto pensador populista de derechas, partidario de la colaboración con el partido de extrema derecha Alternativa para Alemania.

en los oídos y la creciente sensibilidad auditiva, primero en el Festspielhaus de Bayreuth y luego en la práctica médica de Freud. Lo que inicialmente se percibía como una disonancia chirriante también fue elogiado como una técnica de composición revolucionaria, libre de cualquier resolución, que daba a la música acceso a estados de ánimo inexplorados, desde el éxtasis dionisíaco hasta las formas más oscuras de melancolía. La primacía de lo óptico, que domina la vida intelectual a través de la lectura y la escritura, se ve despojada de su poder en las obras de Wagner para que la música pueda afectar directamente al cuerpo. Durante la música lenta y estática (que permanece en el mismo acorde durante un largo tiempo), la embriaguez y el ensueño se comunican técnicamente con los sentidos. Lo que comenzó en la alta cultura con Wagner se convertiría más tarde en música de cine, jazz y rock.

El reencantamiento esférico del mundo racional, esbozado por Bolz y Kittler como el camino de *Parsifal* a Pink Floyd, puede extenderse fácilmente al presente digital, como muestro en este capítulo. No estoy revelando ningún secreto al decir que el programa de Bayreuth sigue siendo un proyecto inacabado.

Veamos primero cómo respondió la industria editorial a las grietas en el imperio del libro en papel. Si bien el número de plataformas de publicación se multiplicó durante la última década, el poder de control de las grandes empresas se mantuvo tan dominante como siempre[141]. Si bien aplicaciones como Substack y TikTok se popularizaron rápidamente, el *statu quo* editorial demostró ser notablemente resiliente. ¿O deberíamos decir estático y deprimido? Tras un breve momento revolucionario tras el lanzamiento del iPad (2010), el mercado se consolidó con Amazon, Barnes & Noble, Rakuten Kobo, Hanvon y Onyx como líderes. Los lectores electrónicos siguen siendo un mercado relativamente especializado en comparación con los teléfonos inteligentes e incluso los portátiles (quizás debido al declive de la lectura en general). En cuanto al contenido, nunca debe subestimarse a gigantes conservadores como Bertelsmann, RELX Group y Pearson y su lógica de análisis de plataformas. Otros guardianes incluyen a los editores, las becas de investigación y los fondos culturales que subsidian la producción y el marketing en redes sociales. Los críticos y los *influencers* pronto se sumarán

141 El carácter de libro se define aquí como las cualidades de un libro que trascienden del papel al formato digital y viceversa. Véase <https://www.philobiblon.com/bookness.shtml>.

después de que se invierta un presupuesto de marketing en una publicación. En general, el campo de los lectores electrónicos ha permanecido estancado y cerrado durante una buena década, dominado por desastrosos sistemas de gestión de derechos digitales y una migración aún peor del *software* y el contenido a la nube.

En el sector editorial, la visibilidad de los autores en internet ha pasado de los sitios web, las búsquedas y los *rankings* de Google Académico a las redes sociales. En respuesta, varios escritores, investigadores y artistas están abandonando las mediciones de impacto basadas en datos y optando por la experimentación híbrida. La cobertura periodística tradicional, los programas de entrevistas y las listas de los más vendidos siguen siendo relevantes. El pequeño mundo editorial independiente ya no se preocupa únicamente por el valor contracultural de su propia imagen de identidad *cool* (tipografía y diseño gráfico) y ha reorientado su práctica hacia herramientas de código abierto, flujos de trabajo experimentales y nuevas comunidades. Buenos ejemplos son la empresa flamenco-holandesa PrePostPrint, el repositorio de publicaciones de código abierto con sede en Bruselas, y los productos de la Fundación Coko. Otras fuentes de inspiración podrían ser la Biblioteca de Impresión Artística bajo Demanda, desarrollada por la Universidad de Núremberg, el Archivo de Publicaciones Postdigitales de Silvio Lorusso, la Wiki de Publicaciones Experimentales del Instituto Piet Zwart de Róterdam, el Compendio de Publicaciones Abiertas del Reino Unido, sin olvidar el Kit de Herramientas de Publicación Expandida que INC coprodujo entre 2023 y 2025. Las investigaciones futuras deberían respaldar estas iniciativas y abordar la cuestión más compleja de dónde se estancó la revolución del libro «multimedia» y por qué estas alternativas no lograron expandirse. La investigación de INC identificó cuatro razones:

1. Innovaciones fragmentadas y repetitivas.
2. *Software* inaccesible o poco fiable.
3. Inseguridad económica de las editoriales.
4. Falta de modelos viables de ingresos y gobernanza[142].

142 Tomado de la solicitud de ciencias aplicadas RAAK/NWO holandesa del INC que fue rechazada. El hecho de que trabajásemos con pequeñas organizaciones generó en la comisión poca confianza en que pudiéramos generar un impacto significativo en el mercado. Protestamos enérgicamente contra esta decisión. Además, varias solicitudes internas de COECI fueron rechazadas por razones

A medida que disminuía el número de librerías y aumentaba el control de Amazon sobre la distribución, floreció la producción de publicaciones independientes en línea. Otro factor impulsor fue el rechazo a los formatos de conocimiento dominantes, como los artículos de revistas arbitradas, las monografías académicas, los libros de texto y las antologías, tal como los definía y controlaba Publishing Tech. El punto de partida histórico fueron los medios alternativos posteriores a 1968, que controlaban su cadena de producción, desde el contenido, la composición tipográfica, el diseño gráfico, las imprentas y las instalaciones de encuadernación hasta los canales de distribución y las librerías. Todo esto estaba al servicio de una vibrante confluencia de cultura underground, movimientos sociales y centros de arte alternativo. Durante la década de los noventa, esta infraestructura paralela integrada se deshizo, creando un enfoque transicional de «medios tácticos» consistente en mezclas locales de fanzines, sellos y radio pirata/gratuita, hasta CD-ROM y experimentos de televisión por cable. Este enfoque resultó en un cambio tecnocultural hacia lo multimedia y las redes informáticas. A finales de la década de los noventa, internet se convirtió rápidamente en la plataforma dominante de publicación y distribución. El entusiasmo postdigital que propagó un retorno a la cultura de los «creadores» de materiales tipo fanzine a mediados de la década pasada, no ha podido (aún) hacer virales sus «actos de belleza sin sentido».[143]

En 2004, el Institute of Network Cultures comenzó con un blog, algunas listas de correo electrónico (alojadas en nuestro servidor <listcultures.org>) y tres series de artículos: los folletos llamados Cuadernos de Red, que se publicaron en formato PDF y en una versión impresa gratuita (11 títulos, hasta 2014)[144], las publicaciones anuales del INC (ahora 17 en total, con el número 18 en camino)[145] y los Estudios en Culturas en Red, una serie monográfica en papel casi completamente subvencionada,

similares, lo que paralizó la investigación editorial ampliada del INC. Reelaboramos las solicitudes de subvención en un texto programático, coescrito por Sepp Eckenhaussen, Geert Lovink y Carolina Pinto, en <https://networkcultures.org/expub/2024/11/13/exploring-expanded-publishing-experiments-not-yet-another-tool/>. También existe un Manifiesto de la Editorial Ampliada, en <https://etherport.org/publications/inc/expub_Expert_Session/chapters/01-manifesting-expub.html>.

143 Las ferias de libros y fanzines de arte y las redes de librerías de artistas siguen siendo excepciones eficientes y resilientes.

144 <https://networkcultures.org/publications/#net-notebook>.

145 <https://networkcultures.org/publications/#inc-reader>.

publicada por NAi/010 en Róterdam (6 títulos, hasta 2013)[146]. El género estratégico de las monografías en inglés de autores y autoras «emergentes», provenientes de redes, colectivos, movimientos sociales y ONG, resultó ser el más difícil de descifrar. La idea era que dichas monografías pudieran impulsar las carreras de pensadores de nuevos medios aún no consolidados. Sin embargo, la serie NAi tuvo que suspenderse después de la crisis financiera posterior a 2008 debido a los brutales recortes presupuestarios en el sistema de arte holandés que depende de subvenciones. El editor no sabía cómo venderlos y no gastó dinero en marketing. Cualquiera puede hacer los cálculos cuando los costes de producción eran de hasta 25 000 euros para una tirada de 1000 copias, vendiendo cada ejemplar por 25 euros en las librerías. Al final, el esfuerzo alcanzó altos niveles de absurdo. La publicación independiente a nivel profesional, pagando salarios dignos a escritores, editores, diseñadores, impresores, logística y libreros, solo podía hacerse en una economía de escala o con un generoso sistema de subvenciones. En ese período, INC se retiró al dominio virtual «gratuito» y lanzó la serie «Theory on Demand», reduciendo radicalmente los costes mientras exploraba los límites de la publicación digital (al ofrecer una opción triple de publicaciones que consisten en un libro en PDF, EPUB e impresión bajo demanda)[147]. A día de hoy, unos pocos miembros de los comités de financiación holandeses deciden qué libros de arte y teoría se publican en este país.

En algún momento, INC comenzó a publicar investigaciones sobre adaptación de *software* y diseño de series, que consolidó en manuales y presentó en eventos.[148] Cabe destacar el proyecto de investigación

146 <https://networkcultures.org/publications/#studies>.

147 <https://networkcultures.org/publications/#tod>. En 2009, INC lanzó la serie «Theory on Demand», basada en la investigación inicial de Margreet Riphagen y la diseñadora Katja van Stiphout. ToD se convirtió en nuestra serie híbrida de libros electrónicos más exitosa, producida principalmente por becarios, con el número 58 publicado en 2025. Para el INC, la publicación experimental no consistía simplemente en código de GitHub o un diseño gráfico único y atractivo. El enfoque serializado permite colaborar con los autores para publicar sus obras en formato electrónico y PDF en la web, a la vez que siguen estando disponibles en papel como impresión bajo demanda (Lulu). Lo único que falta es el enlace a la librería.

148 Conferencias y talleres, en parte organizados junto con los socios de INC en Róterdam, la academia de arte Willem de Kooning de Róterdam y Varia: «The Unbound Book» (2011, Ámsterdam/La Haya), «Boek uit de band» (2012), «Off the Press» (2014, Róterdam), «Urgent Publishing» (2019, Arnhem), In-Between Media (2023) y el maratón de entrevistas Conversations in Expanded Publishing (Roma, 2024, con ensayos, transcripciones y vídeo, en <https://expanded

aplicada de INC que dio lugar al Kit de Herramientas de Publicación Híbrida (2013-2015)[149]. Este manual, aún popular, introdujo el flujo de trabajo de publicación de bajo coste e independiente de la plataforma, con descuentos, haciendo hincapié en la creación de epubs para *smartphones* y tablets.

> El kit de herramientas está dirigido principalmente a editoriales que, en la mayoría de los casos, no pueden permitirse externalizar el diseño de libros electrónicos a proveedores externos; en segundo lugar, está dirigido a quienes desean controlar el proceso de diseño[150].

En aquel momento, existían grandes expectativas sobre las posibilidades de la intercomunicación entre medios. Sin embargo, las diferentes especificaciones de los lectores electrónicos y la lentitud del desarrollo del formato acabaron distanciando y aburriendo a los creadores de arte y diseño. Era un rollo codificar epubs para diversos formatos corporativos en constante evolución para leer en el transporte público, en una cafetería, en la playa o en la cama. ¿Por qué fuimos tan ingenuos al pensar que estos dispositivos democratizados y omnipresentes difundirían aún más el conocimiento y crearían una ciudadanía crítica? ¡Qué suposición burguesa tan anticuada! ¿Acaso la multiplicación de contenido en diversas plataformas de distribución era la única manera de sostener la implosión de la galaxia Gutenberg? ¿No era mejor admitir la derrota y celebrar el analfabetismo universal, como proclama Ian F. Svenonius en su libro de 2023, *Against the Written Word,* un libro que «libera a los lectores de la lectura, a los escritores de la escritura y a los libreros de vender sus despreciables productos»?[151]

De 2015 a 2018, incluso existió una entidad semiseparada junto al INC. PublishingLab, coordinado por Margreet Riphagen con Silvio Lorusso como programador principal, fue lo que sentó las bases para

publishing.com/>). También, tenga en cuenta los siguientes blogs: *Out of Ink* (2011-2017), *Making Public* (2018-2021), *Going Hybrid* (2022-2024) y *Expanded Publishing* (2023-2025). Todos ellos están en línea, en <https://www.networkcultures.org/projects>.

149 <https://networkcultures.org/blog/publication/from-print-to-ebooks-a-hybrid-publishing-toolkit-for-the-arts/>.

150 *Idem.*

151 Svenonius (2023). El libro incluye una sinopsis de Frogman Mo que advierte: «El alfabeto ha muerto; ahora nos hemos liberado de los libros y la lectura para siempre. ¡Cuidado, matemáticas! Luego le tocará a los números».

nuestra segunda investigación de ciencias aplicadas de dos años, llamada Making Public, que se centró en el concepto de «publicación urgente» (2018-2020). El problema central fue la creciente brecha de velocidad entre la investigación y la publicación, que se volvería vital durante la siguiente crisis del coronavirus, cuando los resultados de la investigación (médica) tuvieron que compartirse lo antes posible. Si bien la reflexión reclama su propio tiempo-espacio que no puede minimizarse, la parte de producción puede acelerarse. ¿Está la publicación en la era de la comunicación digital en tiempo real condenada a un papel de documentar los hechos *a posteriori*? Los editores siempre han desempeñado un papel en iniciar y estimular el debate público, un papel que ha disminuido constantemente en las últimas dos décadas. Velocidad, impacto o calidad: ¿qué prefieres?

El informe de investigación de 2020 del INC, *Here and Now,* analiza la tensión entre velocidad y calidad[152]. En un informe relacionado, Florian Cramer contrasta las estrategias editoriales de Jordan Peterson con las de ContraPoints y plantea los siguientes aspectos de la urgencia:

1. Velocidad, gracias a la inmediatez de YouTube como medio de publicación, en contraste con la publicación tradicional;
2. Alcance, gracias a la ubicuidad de YouTube/internet;
3. Aprovechar las subculturas existentes y los deseos, discursos e inquietudes populares (a diferencia de los académicos, los medios de comunicación tradicionales y las editoriales tradicionales, que no están en contacto con ellos);
4. Partidario: dividir a la audiencia en seguidores o adversarios;
5. *Memebilidad*: donde la calidad de una declaración no reside tanto en su razonamiento o consistencia, sino en su potencial de viralización[153].

¿Cómo pueden los libros «lentos» relacionarse con las visualizaciones de videos en línea y memes virales compartidos por millones de personas? El criterio debería ser la capacidad de respuesta, no solo la velocidad. Diferentes velocidades y culturas mediáticas pueden armonizarse

152 <https://networkcultures.org/makingpublic/2020/05/20/here-an.%20.d-now-explorations-in-urgent-publishing/>.
153 <https://apria.artez.nl/what-is-urgent-publishing/>.

mutuamente. Esto requiere una combinación adecuada de credibilidad callejera y alfabetización digital. Esta habilidad iconográfica permite cambiar fácilmente de contexto, desde debates intelectuales, referencias filosóficas y conceptos artísticos hasta iconos de la cultura pop, de una manera que los *influencers* de la teoría del arte de hoy combinan Substack (rápido), Discord (conectado, de colaboración colectiva) y podcasts (recogidos algorítmicamente por redes sociales y motores de búsqueda). Es posible mantener una cuenta temporal de memes en Instagram, publicar ocasionalmente en sitios consolidados como *e-flux*, escribir para una revista impresa y recopilar material para una publicación en papel.

Durante las últimas décadas, los flujos de trabajo de los diseñadores de libros no han cambiado mucho. El *software* por defecto, tanto en la industria como en el ámbito educativo, sigue siendo la suite de Adobe. La transición de Adobe a Creative Cloud en 2013 supone un cambio significativo dentro de este paradigma de diseño. Sin embargo, esta pérdida de la «soberanía digital» del diseñador que no puede trabajar con una copia del programa sin conexión, no ha modificado el flujo de trabajo fundamental del proceso de impresión, ya que el *software* aún no puede generar sitios web ni libros electrónicos. En cambio, Adobe ha centrado su atención en la extracción de datos. Posteriormente, Experience Cloud de Adobe incorporó datos y análisis al trabajo creativo.

El modelo de flujo de trabajo de publicación del INC, desarrollado inicialmente por Michael Murtaugh y mejorado posteriormente por André Castro, es único porque la base de datos de la publicación no se almacena en InDesign, sino en GitHub (ahora propiedad de Microsoft). Esto lo hace menos dependiente de Adobe (pero más dependiente de otro gigante de las TI). En su blog *Entreprecariat*, Silvio Lorusso cuestiona esta dependencia de las grandes tecnológicas del diseño y la educación en diseño[154]. En este sentido, debemos analizar el vínculo entre la desilusión sobre el posible papel del diseño como agente de cambio y la mayor automatización de la profesión mediante plantillas estandarizadas y plataformas de *software* basadas en la nube. Recientemente, el INC lanzó Etherport, una herramienta al margen de Adobe desarrollada por Open Source Publishing y el INC que conecta directamente los blocs de notas colaborativos (Etherpad) a un sistema de publicación

154 Blog *Entreprecariat* de Silvio Lorusso, en <https://networkcultures.org/entreprecariat/>. Véase también la página are.na de Lukas Engelhardt, en <https://www.are.na/lukas-engelhardt/channels>.

de doble formato. La configuración permite trabajar simultáneamente en la versión web y la versión impresa de un libro mientras se escribe, edita y diseña de forma colaborativa. Etherport es la primera herramienta en línea de código abierto que escribe y diseña un libro. Esta configuración nos permitió trabajar simultáneamente en las dos versiones mientras escribíamos y editábamos juntos en tiempo real[155].

En la era de las redes sociales, todos los videos, audios y textos subidos, los «me gusta», comentarios y deslizamientos pueden considerarse como «publicaciones». Ya no se trata de consumo pasivo. Cada visualización produce datos. Todas las definiciones de lo que son los medios han cambiado radicalmente. ¿Qué es un libro? Puede que aún exista un objeto de papel real, pero la producción y la compra ocurren dentro de sistemas de datos en red y logísticas del mundo real. Es vital llegar al otro lado y comprender la apariencia física como una forma más o menos aleatoria. En lugar de dividir la cultura y la técnica, es esencial ver las publicaciones, ante todo, como objetos digitales o técnicos, como lo describen Simondon, Stiegler y Hui (véase Hui, 2023). La digitalización ha dividido la cultura del libro y la lectura en una cultura digital funcionalista y una cultura impresa esteticista. Podría decirse que los libros de la «galaxia Gutenberg» siempre han sido objetos técnicos, a pesar de la tendencia a celebrar los libros de papel como un bastión analógico contra los gigantes tecnológicos.

Existe también un punto de vista opuesto que considera los libros como objetos nostálgicos, algo tristes, materializaciones innecesarias, aceleradores inútiles del cambio climático que llevamos con nosotros, artículos innecesarios, *premium* y mediocres de una época pasada, símbolos de «bosque muerto» de la destrucción de la naturaleza, de una era industrial de reproducción mecánica que carece de funcionalidades vitales del siglo XXI como la búsqueda, las metaetiquetas y el vídeo. ¿Por qué no podemos hacer clic en los libros y deslizar las páginas? Los defensores de la realidad aumentada dirían que ya podemos... Los códigos QR (que se popularizaron durante los años de la covid-19) muestran el camino. Hasta entonces, libros, periódicos y revistas han permanecido como árboles muertos, objetos estáticos, congelados y cápsulas del tiempo que almacenan la obra histórica del autor. Este enfoque de «monumento cultural» obviamente ignora la idea del «libro vivo» que forma parte de una red social en constante cambio que rodea el estatus aparen-

155 <https://www.etherport.org>.

temente singular del «autor». Ideas, historias y referencias, orales o almacenadas, siempre han existido. Los libros siempre han sido híbridos. Esta es la belleza de la vida después de la muerte de los libros como condensaciones temporales del conocimiento[156].

Los experimentos aquí analizados parten del supuesto de que el contenido y los formatos alternativos deben considerarse un solo proyecto. A día de hoy, el pensamiento disidente se limita a las arquitecturas mediáticas dominantes de épocas pasadas: desde la lectura extensa de revistas, el artículo de revista académica y el editorial periodístico, hasta el manuscrito extenso. Debatir el contenido de un libro con el autor dentro del libro ha sido posible durante décadas. Sin embargo, la cultura de comentarios «tóxicos» en redes sociales ha sido tal que todos los intentos de debatir y generar una reflexión pública crítica en torno a un contenido han sido frustrados. En el rígido sistema actual, el contacto directo con los flujos de comunicación de los usuarios en línea sigue siendo utópico. El contenido se comprime y la experiencia de la generación Z empieza y termina con el resumen meme de los asuntos. ¿Y por qué no? El problema aquí no es tanto el repliegue de la intelectualidad en la torre de marfil de la academia. La cuestión es cómo librar la guerra contra los troles y las opiniones equivocadas del *Otro en línea*. Ya no faltan los dispositivos de transcripción y traducción. Existen posibles vías para crear diálogos (globales) entre grupos sociales aislados. De hecho, no nos interesa el debate racional basado en hechos, argumentos y retórica. Esto dificulta, cuando no imposibilita, mejorar las herramientas de publicación social en línea.

Permítanme destacar un aspecto de la publicación experimental que merece mayor atención: la crítica de la revisión por pares y los mecanismos alternativos de garantía de calidad editorial. Hasta ahora, los experimentos de publicación digital se centraban principalmente en los formatos y la distribución en plataformas. Sin embargo, la «democratización» de la publicación implica, en última instancia, también la apertura de las competencias editoriales tóxicas, a menudo anónimas. El rediseño de la selección de contenido (colaborativa) en una era en la que (al menos en las zonas «libres» del mundo) cualquier cosa puede publicarse en línea se ha visto eclipsado por el auge de nuevas vías como

156 Consulta los diseños para un formato de fanzine académico, en <https://networkcultures.org/makingpublic/2019/12/05/re-inventing-the-afterlife-of-periodicals-through-the-zine-format/>.

los algoritmos de las redes sociales, los *influencers*, los moderadores de contenido sofisticados y la inteligencia artificial.

Si bien las noticias falsas son ya una categoría consolidada, este culto a la desconfianza organizada contra el periodismo informativo no se ha extendido (todavía) al ámbito editorial. Si bien existen buenas razones para sospechar de la agenda ideológica de gigantes como Penguin Random House, Springer, Elsevier y Hachette, existe una falta de debate público sobre su influencia. La ciencia abierta debería abrirse aún más y no limitarse a muros de pago y bases de datos cerradas. Si bien el creciente poder de los gigantes tecnológicos (Google, Amazon, Apple y Microsoft) está en la mente de todos, el debate social general simplemente no se centra en el ámbito editorial. La práctica del acceso abierto, moralmente corrupta (pagar una fortuna para que tu artículo sea de libre acceso), que contribuye activamente a las ganancias de los gigantes conglomerados editoriales, solo contribuye a la sensación general de malestar y estancamiento. Solo a través de becas de investigación aprobadas se cuenta con fondos para publicar en las llamadas revistas de alto impacto, lo que sofoca el debate y alimenta aún más las teorías conspiranoicas como las antivacunas.

Gran parte de lo que se discute aquí se reduce a una pregunta de definición: ¿Qué es un libro o una revista en la era de la web? Se trata de una cuestión filosófica, económica y técnica. En una serie de cinco artículos, Hugh McGuire propone desarrollar una definición de libro, independiente de la plataforma, como una sutil colección de textos, como una representación internamente completa de un conjunto de ideas o emociones transmitidas a los lectores en diversos formatos[157]. A menudo se enfatiza la delimitación y completitud de un libro para que el lector pueda sumergirse en un universo contenido.

Tanto para autores como para lectores, los libros pueden considerarse máquinas espirituales, dispositivos para la concentración de la mente distraída. Independientemente del formato, lo que se enfatiza aquí es la «libertad», definida como la belleza de la limitación, la aceptación de lo incluido y lo excluido. Frente al gesto romántico de rescatar el libro como proyecto humano histórico, podemos situar el «libro

157 <https://hughmcguire.medium.com/what-is-a-book-in-the-age-of-the-web-part-1-of-5-3a529701e0df>. Véase también su intento colectivo de 2012 de definir el campo con un manifiesto futurista, en <https://book.pressbooks.com/>.

ilimitado» como parte de una ecología de medios digitales en la que se construye un almanaque fluido y diverso a partir del contenido distribuido. Una obra de arte total temporal, curada (de forma «limitada») con enlaces a textos, vídeos, audio, imágenes y materiales extraídos de las redes sociales. Frente a la reducción purista del libro como expresión plena de una idea o concepto, vemos emerger una cultura de versionado que acepta –y manipula– la forma inestable y siempre cambiante del universo.

A continuación, exploraré el «vídeo sin límites». Mostrar imágenes en movimiento en un espacio físico o un entorno digital es una de ellas, pero ¿qué ocurre cuando consideramos el vídeo como una publicación? Tras el «cine expandido» y el auge del videoarte, seguido del auge del vídeo digital (producido en ordenadores), el INC entró en la historia del vídeo con el lanzamiento de YouTube (2006). La red VideoVortex trazó un mapa de la estética y la política del vídeo online. Tras una conferencia en Malta en 2019, se publicó el tercer volumen de *VideoVortex Reader*. Salió durante el primer año de la covid-19, en el que hicimos balance de 15 años de investigación[158]. Posteriormente, las repentinas experiencias de streaming colaborativo en Zoom, Skype, Teams y Twitch lo cambiaron todo, una tendencia que se aceleró aún más con la adopción masiva de aplicaciones de videochat como Messenger, WhatsApp y FaceTime. En 2022, se lanzó el canal de vídeo propio del INC, The VOID (coordinado por Tommaso Campagna). Se describe como «un proyecto de vídeo táctico y un espacio de publicación audiovisual para la investigación práctica. Al establecer estudios híbridos de streaming temporales, fusionamos producción, distribución y archivo en un solo evento».[159] Casi al mismo tiempo, UKRAiNATV entró en escena.

El proyecto de arte en streaming UKRAiNATV se fundó en Cracovia, Polonia, semanas después de la invasión rusa a gran escala de Ucrania, cuando el INC, Waag y muchos otros lanzaron la campaña Tactical Media Room en solidaridad con Ucrania. Me encantó su estética psicodélica de «núcleo de esperanza» al entrar en su transmisión en directo. En contraste con los clips de *influencers* sobreproducidos en Instagram y TikTok, y la actitud de la BBC de periodismo profesional

158 *Video Vortex Reader #3* (Lovink y Treske, 2020). En particular, la introducción y la siguiente reseña histórica de Geert Lovink y Sabine Niederer, «Video Vortex and the Promise and Perils of Online Video Art», pp. 21-30.

159 <https://networkcultures.org/void/about/>. Uno de los primeros proyectos de The VIOD fue la producción de Kawayoku Inception, de Noura Tafeshi.

comprometido en tiempos de guerra, las extravagantes performances de Deep Europe fueron un oasis de tecnología lenta. Los participantes se juntan en los sofás. La eliminación de mesas y sillas es un gesto simbólico y pragmático que invita al espectador a adentrarse en un reino espiritual que niega la tóxica cotidianidad capitalista de extracción, violencia y guerra.

UKRAiNATV surgió como un proyecto de la ONG Fundacja36,6 que ya operaba en paralelo al departamento de Intermedia de la Facultad de Bellas Artes. Un grupo internacional de artistas multimedia, periodistas, activistas, refugiados, migrantes, expatriados y residentes locales de Ucrania, Polonia, Bielorrusia, Italia y muchos otros países ha producido transmisiones web semanales en directo. El equipo se describe a sí mismo como «personas necesitadas, refugiados, artistas nómadas, fanáticos de la tecnología, expatriados y migrantes que no se sienten seguros para expresarse libremente (entendiendo esto en todos sus sentidos) en sus propios países o Estados y que están encontrando nuevas oportunidades en estos entornos experimentales»[160]. Los programas de transmisión en directo, de 3 a 4 horas de duración y que aún se realizan, se distribuyen a través de diferentes canales como YouTube, Twitch, Facebook y, posteriormente, la alternativa descentralizada PeerTube.

Descubrimos UKRAiNATV como parte de nuestra campaña local de solidaridad con Ucrania, llamada Tactical Media Room[161]. Unos meses después, pasé unos días con su fundador y coordinador, Roman Dziadkiewicz (Rom), quien vino a verme a Varsovia durante mi primera visita a Polonia. Enseguida conectamos y comenzó la colaboración. UKRAiNATV representaba una alternativa radical al estado de soledad y desesperanza que implicaba navegar entre el flujo interminable de informes de Telegram, vídeos de drones, imágenes de webcams de devastadores ataques rusos en centros urbanos, propaganda de Putin e informes simbólicos de Occidente. El punto de encuentro mixto se describe como

> la televisión más pobre y extraña que existe, que enciende hogueras digitales. Algunas tranquilas y acogedoras, otras alegres y eufóricas, pero

160 <https://ukrainatv.streamart.studio/ukrainatv/>.

161 <https://networkcultures.org/tactical-media-room/category/ukraine/>. En julio de 2022, se publicó un volumen de la serie «Theory on Demand», *Dispatches from Ukraine*, que reunía textos relacionados: <https://networkcultures.org/blog/publication/dispatches-from-ukraine-tactical-media-reflections-and-responses/>.

> siempre conectando en una realidad fracturada por la agresión y el genocidio rusos. Nuestra estética #HOPECORE no es bonita ni tranquilizadora porque la esperanza nunca es pura en tiempos de guerra[162].

Dos colores definen el proyecto: el verde y el rosa. El verde representa la pantalla verde necesaria para el croma, lo que permite insertar otro fondo en la escena[163]. También representa la sostenibilidad y la voluntad de acabar con el uso de tecnologías extractivas. Este uso barato y táctico de una pieza textil para alterar situaciones y atraer a otros a otros lugares también se conoce como el Pacto Verde. Es un Nuevo Pacto para superar las crisis autoritarias de nuestro tiempo. El rosa, color antibélico, asociado con la ternura, el afecto y la moderación de la agresión, representa un arcoíris de personalidades, idiomas, culturas y formas de expresión. Se rebela abiertamente contra la unidad gris de los imperios pasados y futuros y su empresa colonial que busca dominar, separar y, en última instancia, exterminar a los demás y las formas de alteridad. Tanto Putin como los nacionalistas de derechas de Europa del Este intentan activamente destruir este espíritu. Su manifiesto de 2023 declara: «Añadimos ruido para recordarnos la materialidad del medio, una estética que nos mantiene cuerdos, una distorsión en la ilusión de que las cosas son bonitas o feas. Aceptamos, pero no fetichizamos, el fallo técnico». Cualquier forma de purismo y totalidad puede, y de esta manera será contaminada, enriquecida y socavada. «Desconfiamos de la política de identidad porque justifica y normaliza la autorepresentación individual, sacrificando nuestra naturaleza inherentemente relacional. Ahora se celebra el individualismo a expensas de la comunidad».

Lo que destaca es la rebelión estética contra la acelerada compresión del tiempo que impulsa las plataformas de redes sociales. Únete a la transmisión atemporal contra el régimen de 30 segundos de Instagram y TikTok y disfruta de lo que EL Putnam (2024: 37-48) describe como «la estética de la duración»[164]. Sesiones de improvisación interminables

162 Del Manifiesto de UKRAiNATV, en <https://networkcultures.org/tactical-media-room/2023/10/05/ukrainatv-manifesto/>. Sitio web de UKRAiNTV: <https://ukrainatv.streamart.studio/knowledge>; vídeo de presentación de 2023, en <https://vimeo.com/832230288> y el archivo completo de YouTube, en <https://www.youtube.com/@streamartstudio>.

163 <https://www.canva.com/learn/green-screen/>.

164 El énfasis de la cobertura en directo «no se centra necesariamente en el desarrollo de la acción a medida que sucede, sino en la posibilidad de que algo *suceda*» (Putnam, 2024: 45). En el caso del enfoque de Stream Art Network, esto puede

contra el formato digital dominante de información breve: «Ellos tienen todo el dinero, pero no el tiempo, nosotros tenemos todo el tiempo, pero no el dinero». Por eso existen las transmisiones. Haz teatro, no guerra. Esta actitud se basa en nociones anteriores del usuario soberano que capta una señal, se une y abandona las coordenadas espaciotemporales cuando otras necesidades lo llaman. La transmisión, ya sea en directo o recién archivada, es un flujo multidimensional. Para UKRAiNATV, la transmisión es «una intersección entre personas y máquinas, *hardware* y *software*, infraestructuras y *performances*, en una corriente fresca de energías circulantes. Hablamos de enredos humanos y no humanos. Para nosotros, lo virtual es igual a potencial». A la guerra a gran escala se opone la vida a gran escala; representaciones de teatro clandestino polaco de mala calidad «durante las cuales el desacuerdo se encuentra con el abrazo y la discordia se mezcla con la paz».

La pantalla verde tiene su propia lógica, diferente de la caja negra (teatro) y el cubo blanco (museo). Si bien las instituciones de arte y educación apoyan el Pacto Verde, no participan (ni están realmente interesadas) en su contenido. La transmisión en directo semanal no es un canal de noticias 24/7 con elementos repetidos al principio y al final de cada hora ni una obra de teatro. Lo que define la estética de la pantalla verde no es solo la mezcla psicodélica y la superposición, el reflejo y la escala de elementos (haciéndolos más grandes o más pequeños), sino el potencial de atraer a amigos ucranianos como socios iguales (usando croma). Esto crea una esfera de vídeo distribuida en el espíritu de una red. Comenzando con la iniciativa de vídeo The VOID del INC, la Academia de Arte de Trondheim (Florian Schneider) y estudios intermitentes en Kiev como re:frame. Se unieron más nodos: Konfluxus en Budapest, 3022 en Vilnius y el CDI de la Universidad de Warwick, iniciados por Michael Dieter. Mención especial merece la colaboración con Chicks on Speed/Alex Murray-Leslie, con quien UKRAiNATV ha realizado varias transmisiones en directo a lo largo de los años. Posteriormente, en 2024, se creó Stream Art Network, que inicialmente

---

no ser un problema central. Visualmente hablando, con tantas capas, colaboradores y fuentes que se unen, existe un mayor riesgo de que ocurran demasiadas cosas. Basándose en la individualización de Simondon, sus experiencias como *camgirl* y sus sesiones de Zoom durante la covid-19, Putnam no incluye la transmisión conjunta desde un estudio, enfatizando el elemento colectivo de la unión híbrida para expresar la solidaridad entre localidades.

unió cinco iniciativas[165]. Se trata de una unión híbrida, no solo en espíritu, sino también en pantalla, en directo y en capas, que se transforma, con la incorporación de estudios temporales de Leópolis, Járkov, Roma, Berlín, Barcelona, Tiflis, Nueva York y, por supuesto, Kiev. Como lo describen Gleb y Sofiia, miembros principales y ambos originarios de Ucrania: «Para Ucrania, somos ciudadanos virtuales. Para nuestras familias, nos convertimos en avatares. Y para nosotros, el hogar se ha convertido en un tercer espacio»[166].

El filósofo Konrad Wojnowski, residente en Cracovia, se unió al equipo en 2023. En un ensayo sobre la filosofía de streaming de UKRAiNATV, describió lo que le sucedió:

> En cuestión de semanas, este grupo de locos logró transformarme de un ferviente escéptico y profeta de la tecnoalienación a través del objetivismo científico a un defensor aún más entusiasta de la magia y los signos del zodíaco. Finalmente comprendí lo que significa que hay poca distinción entre magia y tecnología[167].

Por muy fuerte y enérgica que se expresara, nunca igualaba la energía de los miembros de su equipo.

> UKRAiNATV crea flujos turbulentos de datos, imágenes, sonidos y personas. Magia del caos. Se presenta como un ciclo: el caos forma orden, se disuelve de nuevo en el caos y luego se transforma en otra entidad. La estética permanece ruidosa y distorsionada, reflejando

165 <https://networkcultures.org/void/2024/11/14/launch-of-the-stream-art-network-san/>. No se puede proporcionar una lista de todos los participantes y eventos; una selección: 3022 en Vilna, en <https://3022.place/>, la beca Pacesetters de la UE, en <https://pacesetters.eu/taking-off>, el evento Meta forum X en Budapest, en <https://www.youtube.com/playlist?list=PLjmgN0Vx5Fs4h98FvZpW0sF3yXucBlmer>, Konfluxus en Budapest, en <https://konfluxus.github.io/>, el canal CDI de Warwick, en <https://warwick.ac.uk/fac/cross_fac/cdi/tv/>. Se recomienda encarecidamente el informe de Xenia Mirharodskaya de julio de 2024 sobre su visita a Kiev, en <https://networkcultures.org/tactical-media-room/2024/07/12/echoes-of-war/>. Se puede encontrar un mapa técnico sobre cómo conectar varios estudios (incluyendo imagen y sonido en directo), elaborado por el mismísimo maestro de la coctelería, Gleb Dovzhuk, en <https://www.researchcatalogue.net/view/3548841/3548842/0/0>.

166 Gleb Dovzhuk y Sofiia Reznichenko, reflexión sobre el trabajo de UKRAiNATV (borrador), mayo de 2025.

167 <https://networkcultures.org/tactical-media-room/2024/04/26/ukrainatv-streaming-philosophy-by-konrad-wojnowski/>.

un mundo donde los objetos no son fijos, sino que cambian constantemente.

Según Wojnowski, las distorsiones *glitchy* y psicodélicas hacen evidente la inquietud original por la guerra que se libra en el país vecino. Esta psicodelia no es al estilo de Merry Pranksters, sino algo punk y metálica.

> La mentalidad global está fallando. En consonancia con la ideología #HOPECORE, el arte de UKRAiNATV nunca representa, sino que siempre proyecta una imagen hacia el futuro. La pantalla verde nos permite quitar la realidad de debajo de las personas captadas por la cámara.

Quizás lo hayas adivinado: «El estudio de UKRAiNATV es un paraíso de ensueño para las multitudes neurodivergentes, también conocidas como inadaptados: aquellos a quienes les cuesta permanecer quietos y cuya pasión se considera excesiva según las normas sociales». O entiendes de qué va o no lo entiendes (lo cual también está bien, añade Konrad). Después de un tiempo, uno también nota que antiguas capas culturales emergen a la superficie, pero nunca de una manera conservadora-nacionalista. Piensa en folclore y rituales espirituales (de brujas). Se encienden velas y se hacen pequeñas hogueras: todas referencias al arte escénico de los años setenta. Alguien asume la tarea de releer la ciencia ficción de Lem con estas imágenes en mente. Los expertos de la región serán capaces de hacer un análisis cultural mucho más completo. La cuestión es que es inútil rastrear las imágenes superpuestas hasta un pasado oscuro, también conocido como heroico y vanguardista, ya que hay un consenso unánime: la señal de UKRAiNATV nos llega desde el futuro.

Describamos las imágenes en constante cambio y transformación que pasan. Según Rom, se centra en la exploración de la hibridez frente a la pureza en favor de la mezcla y la superposición, deformando lo ordinario y creando «una coexistencia y fusión de órdenes diversos y la presencia simultánea de humanos y no humanos (avatares, datos, máquinas) tanto en el ámbito analógico como en el digital, tanto en línea como desconectado».[168] La cita proviene del artículo «Stream Art or The

168 <https://networkcultures.org/tactical-media-room/2023/12/21/stream-art-or-the-third-vant-garde-introduction-to-hybrid-togetherness/>.

Third Avantgarde: Introduction to Hybrid Togetherness», escrito a finales de 2023. El texto programático se mueve desde el multilingüismo como práctica poscolonial hasta la estética circular de Florian Schneider, el énfasis en el proceso sobre el producto, la importancia de la coautoría y el papel igualitario de los no humanos, como bots y avatares. La tecnicidad está ahí para ser utilizada. Véase la conmutación de paquetes. «¡O nos bloquean a todos, o algún día triunfaremos!». Las dificultades con la infraestructura se hacen explícitas:

> La pugna constante entre las instituciones artísticas tradicionales y los modelos de internet basados en plataformas busca su tercer espacio. Este espacio se encuentra fuera de la caja negra y el cubo blanco (por un lado), así como fuera del régimen de los «me gusta» de YouTube, una plataforma centralizada, hermética y que representa la web 2.0 neoimperial[169].

Los brillantes colores del arcoíris dominan aquí y nos recuerdan a la cultura psicodélica. Nada de sombrío existencialismo en blanco y negro. Bienvenidos a este viaje a las profundidades de la Máquina. Todo ya está distorsionado y desincronizado. En lugar de simplemente copiar las destructivas imágenes cotidianas de la guerra, el desafío aquí es la imagen contra la imagen. ¿Qué tipo de realidad audiovisual puede superar la violencia? La duplicación del sufrimiento y la destrucción ya no tiene sentido. Mira una grabación de un dron destruyendo un tanque y su tripulación, y los habrás visto todos. La repetición irregular no nos hará recordar más ni nos proporcionará una comprensión más profunda de la guerra del siglo XXI. El enfoque punk de invertir los signos, añadiendo aún más ruido, se deja de lado en favor del enfoque jipi de sobrecodificar la miseria con energías utópicas, lo que molesta por igual a la personalidad autoritaria.

La fusión de imágenes y la improvisación telemática poseen un potencial inmenso e impredecible para generar nuevos significados, hechos y categorías mediante la fragmentación, la desfragmentación, el acoplamiento, la división y la circulación. En lugar de transmitir mensajes pesimistas, nos centramos en transformar los contextos institucionales y reivindicar la propiedad colectiva de los medios para un cambio efectivo. Rom enfatiza la plena integración de la tecnología en la imagen.

169 *Idem.*

Durante la transmisión, siempre vemos a los operadores en acción; ya no están detrás de las cámaras. «Resaltamos los roles subjetivos y creativos de los individuos, no tanto frente a la cámara –un modelo de celebridad del siglo xx que debería trascenderse–, sino detrás de ella y en las mesas de producción»[170]. Más allá de las cámaras web, Rom enfatiza que

> el arte en *streaming* tiene sus raíces en las tradiciones de la televisión experimental, así como en las metodologías de los VJ y DJ, las emisiones de radio, las actividades de los estudios TRV/AV y los laboratorios de investigación. Se origina en las tradiciones de captura y piratería de prácticas de ingeniería y trabajo de señales, más que únicamente en las prácticas escénicas y las actuaciones con docucámara[171].

Rom enfatiza la actitud necesaria, pero en última instancia improductiva, de los artistas de su generación de cuestionarlo todo, no solo las instituciones poscomunistas, el mundo importado de las ONG, el neoliberalismo y sus esfuerzos colectivos.

> La desconfianza en las instituciones es, sin duda, una larga tradición en nuestra región. Participé en las últimas protestas contra el régimen comunista y en los primeros movimientos anticapitalistas y altermundialistas. Desde el principio, observé críticamente el llamado desarrollo del mercado del arte en Polonia y Europa Central[172].

Durante mucho tiempo, Rom vio el arte como un laboratorio de sensibilidad y una nueva forma de percibir y mostrar el mundo. «Creía en la mezcla de medios, rompiendo sus límites, la sublimación, la transgresión, la materialidad, la corporeidad, la libertad y la revolución sexual en el contexto poscomunista. Creía en dispersar la autoría y crear zonas temporales». Si bien Rom en el pasado puede haber tenido sus propias ilusiones sobre el papel del arte, hoy en día, ya no cree en nada. Y añade: «Tampoco creo en la creencia. Pero tampoco necesito seguir creyendo; lo que estaba destinado a suceder, sucedió. Y las cosas siguen

170 *Idem.*
171 *Idem.*
172 <https://networkcultures.org/tactical-media-room/2025/01/09/the-origins-of-ukrainatv-interview-with-roman-dziadkiewicz/>.

desarrollándose; hemos activado un algoritmo de conexiones y las verdades se filtran por las grietas de la existencia». La urgencia, en este caso, la guerra en Ucrania, desencadenó una cadena de eventos y conexiones que la historia juzgará más adelante.

Otro texto fundamental fue escrito por Giulia Timis, artista italo-rumana de VRChat que formó parte de UKRAiNATV desde septiembre de 2022 hasta junio de 2023. Escribió su tesis de maestría en la Academia Brera sobre sus experiencias y posteriormente se unió a INC, convirtiéndose en miembro clave de The VOID. En el ensayo, compara UKRAiNATV con la emisora de radio B92, que se opuso a la maquinaria bélica de Milosevic en Serbia y fue una de las primeras en utilizar la transmisión de audio por internet. Basándose en Susan Sontag, también investiga la estética actual del testimonio visual, alineándose con quienes «intentan equilibrar el deseo de documentar la realidad con la conciencia de no convertir el sufrimiento humano en un espectáculo sensacionalista»[173]. La siguiente parte de su texto está dedicada a la fotógrafa de la Guerra Civil Española, Gerda Taro. Mientras presencia los horrores, lo que Timis admira de esta «jóven con una cámara Leica» es su entusiasmo por la vida: «Con su propia existencia, yuxtapone lo sagrado con lo profano, sin renunciar al ocio ni siquiera durante la guerra». En la práctica de realidad virtual de Giulia, «visuales coloridos y sesiones psicodélicas de DJ se entrelazan con temas bélicos». El texto de Sontag sobre «Esperando a Godot» en Sarajevo resuena profundamente en Giulia. «Siento una fuerte conexión con quienes se esfuerzan por mantener viva la escena cultural en tiempos de guerra. Las prácticas culturales pueden ayudarnos a establecer alianzas horizontales, basadas en la igualdad de los participantes, y a desarrollar un vínculo de empatía con quienes nos rodean». Ella ejemplifica esto con la historia del vínculo que se creó durante cada transmisión web semanal en directo, «que nos proyectaba a un momento de existencia performativa, que continuaba como un viaje psicodélico, incluso después de que la obra terminaba».

Si bien aquí se enfatiza el aspecto de ahora o nunca de la transmisión en directo conjunta, hay que decir que la mayoría accederá al material más tarde a través de uno de los archivos de video. Quiero terminar aquí con las prácticas inspiradoras de la rama del INC, The

173 <https://networkcultures.org/longform/2024/07/16/witnessing-ukrainatvs-anthologies-and-how-to-not-just-watch/>.

VOID, que se toma muy en serio la alfabetización visual y el videoensayo como formas críticas de conocimiento. Esto se teoriza en su manifiesto de TV Teletext[174], además de una serie de cinco partes sobre la teoría de entrada <-> salida a cargo del miembro de VOID, Jordi Viader Guerrero[175]. El cruce de formatos es clave aquí: pasar del vídeo en directo a las conferencias editadas, agregar materiales visuales enriquecidos, y viceversa. Transcribir videos y publicarlos como texto y leer teoría durante las transmisiones web, con resultados en papel, VHS, eventos, fiestas e internet, sin olvidar los experimentos con formas federadas de distribución. El objetivo es trascender la documentación y la difusión. La estética reclama su lugar más allá del credo de McLuhan de embellecer los desguaces.

La estrategia aquí no es resignarse ni retirarse, sino ampliar los límites de la publicación expandida (incluida la integración total del vídeo) que tienen el potencial de superar los formatos cerrados para hacer que las cosas sean públicas. El objetivo es derribar los muros entre las industrias mediáticas que de todos modos se están desmoronando, sin crear nuevos conglomerados. «Esto no es solo una forma de hacer, sino también una forma de ver»[176]. La guerra por la atención está en su apogeo. En lugar de enfoques moralistas y disciplinarios hacia la generación Z, es crucial tener enfoques inclusivos que permitan medios de expresión más amplios que integren *software* libre y de código abierto, metadatos rebeldes y eventos (en directo). Una cosa es segura. El apoyo a las prácticas mediáticas independientes, la investigación artística y los experimentos de base seguirán siendo vitales si las industrias arcaicas no cumplen la promesa de una rica experiencia de lectura multimedia en la era digital.

174 <https://networkcultures.org/void/2024/02/28/the-void-teletext/>.

175 <https://networkcultures.org/void/2024/11/28/input-%e2%86%94%ef%b8%8e-output-part-5-mundane-places-of-intelligence/>. En su serie de cinco partes, Guerrero sitúa la transmisión en directo en el contexto de «la transición de la computación de un paradigma de cálculo lógico, deductivo y exacto a uno de aproximación estadística contextual, espacial o topológica. [...] Cables. Mezcladoras. Ordenadores. Cámaras. Servidores. Instituciones públicas. Plataformas privadas. Pies descalzos. Maletas. Todo se complica rápidamente». Cita de la segunda parte.

176 Más exploraciones de los elementos móviles de la publicación y de los enfoques experimentales de los objetos editoriales en (AA. VV., 2025: 7-10).

12.
¿Qué son actualmente las redes sociales?[177]

«50 % emocionada, 5 % asustada, 35 % agotada, 15 % eufórica vengativa». Melissa Mesku / «Estoy a punto de enviarles a todos en el avión un PDF de *Historia y conciencia de clase*». Julia / «Lamentamos informarles que su yo virtual es estadísticamente inamable». Acid Horizon / «Vivir mi verdad es agotador... Voy a empezar a vivir mi mentira de ahora en adelante». Dee / «Tienes la oportunidad de dejar una reseña de una estrella». / «Lo que no puedes ver no te hará daño». Deep Truism / Titular: «Un nuevo estudio demuestra que participar en el discurso en línea equivale a fumar cinco paquetes de cigarrillos». / «Uso la tecnología para odiarla como es debido». Nam June Paik / «No eres responsable de la versión de ti que existe en la mente de los demás». @browntopink / «No recuerdo las publicaciones en redes sociales que he leído, ni las comidas que he comido; aun así, me han formado». Emerson / «¿Contra quién luchamos si no contra nuestro propio doble?». Yves Bonnefoy / «La ausencia, la forma más alta de presencia». James Joyce

Make Community Great Again: compra tu gorra roja aquí. Se rumorea que las redes sociales, enterradas en las profundidades de las plataformas, aún existen. El yo vanidoso está atrapado en una cueva de Platón, intentando interactuar mientras observa el espectáculo proyectado. Solo queda generar «me gusta» y emojis irónicos; débiles señales de lazos a punto de disolverse. Se acabaron los rizomas[178]. El tiempo dedicado a

177 Una versión anterior de este ensayo aparece en la antología *From Net, City, World to Cloud, Market, Sea – Metaphors of the Internet* (Havlíková *et al.*, 2024).

178 Presentar el rizoma como alternativa al árbol y su estructura radicular ya no es productivo. Estamos atrapados en el árbol (estructura). Véase Deleuze y Guattari (1977), quienes analizan la posibilidad de tener rizomas dentro de la estructura del árbol, pero esto nunca puede calificarse de «exilio interior», un concepto

los amigos ha disminuido drásticamente en favor de las noticias y el contenido de *influencers*[179]. En este rediseño de la creación de mundos, pasando de una tormenta de mierda a otra, ya no hay contribuciones ni intercambios, solo pequeñas respuestas y rastros digitales invisibles. En respuesta, una «reunión de las tribus» fuera de las plataformas puede sonar atractiva, pero, ¿dónde está ocurriendo? Dentro de las redes sociales, las redes se han convertido en chats grupales opcionales y temporales, que responden con ansiedad a crisis reales que claman por una respuesta colectiva. Todo esto se desarrolla en una época de «opcionalismo», impulsada por la actitud de que la vida es una carta de menú, normalizando el hábito de cambiar las propias decisiones mucho después de haber hecho el pedido.

Utilice la aplicación de planificación de eventos llamada Partiful, que facilita la vida opcional en una ventanilla única. «La forma más fácil de que tus invitados estén en sintonía»[180]. La aplicación sondea a tus invitados, quienes pueden elegir una opción: «cinco irán a tu fiesta, otros tres podrían»[181]. «Los mensajes, las *stories* y los chats grupales no son suficientes, especialmente al invitar a amigos de amigos. Te mereces una página de fiesta que impulse tu evento y facilite a los invitados la información que necesitan». El objetivo es fomentar la presencia del Otro como una *opción* («puede que no quiera hablar contigo, pero aun así te busco»). La aplicación básicamente facilita el rastreo digital. Partiful tiene una solución para automatizar escaneos sociales rápidos: «Todos estamos demasiado ocupados para quedar en persona con desconocidos. Queremos facilitar que conozcas a amigos de amigos de forma informal en grupos mientras te lo pasas genial»[182]. Al final, el «amigo» resulta desagradable, soso y anticuado debido a sus inevitables imperfecciones. Subcontratar y automatizar el proceso de selección simplifica la vida. Menos mal que existe Partiful.

Si bien las plataformas de redes sociales anteriores se diseñaron para ofrecer contenido de forma gratuita (a cambio de extracción de datos

---

que se refiere a la incapacidad de escapar por completo de las limitaciones de la estructura actual de las redes sociales.

179 En 2023, el tiempo dedicado a ver el contenido de amigos fue del 22 % en Facebook y del 11 % en Instagram. Este tiempo compartido se ha reducido al 17 % y al 7 % este año, respectivamente. En <https://www.businessinsider.com/meta-reveals-decline-friend-content-instagram-facebook-amid-ftc-trial-2025-4>.

180 <https://partiful.com/>: «Planifica eventos (literalmente) en segundos».

181 <https://networkcultures.org/geert/2022/03/09/worlds-of-networks-centre-pompidou-ircam-exhibit-conference/>.

182 <https://networkcultures.org/blog/publication/extincion-internet/>.

y anuncios), cada vez más redes sociales especializadas se centran en la monetización. Si bien las criptomonedas pueden haber superado o no el último ciclo de auge (comprar en la baja), millones de personas (en su mayoría hombres jóvenes) participan en ellas. Lo que se intercambia aquí no son solo *tokens*, sino también metadatos de las transacciones. Además de Kickstarter, Patreon, GoFundMe y Substack, existen sitios para adultos como OnlyFans y Sunroom («Gana dinero por existir»), «un espacio para que las mujeres ganen dinero creando contenido y conectando con sus comunidades». El usuario ya no quiere ser utilizado. En cambio, los «creadores» interactúan con sus «seguidores» publicando «actualizaciones informales, publicaciones personales, historias jugosas entre bastidores y sesiones de fotos». Sunroom está dirigido por y para mujeres, y promete «tener siempre en cuenta el contexto y promete nunca automatizar una decisión que afecte el sustento de un creador», un indicador de que la gente está harta de las decisiones algorítmicas y los servicios personalizados dirigidos por bots, que llevan a bloqueos en la sombra y censura aleatoria.

Al buscar el término «red social», los buscadores evitan amablemente mostrar sugerencias. Mientras que Google menciona la película de Hollywood de 2010 sobre los inicios de Facebook, DuckDuckGo sustituye el término sin rodeos por «redes sociales». Desde la conquista de las redes sociales en internet, las máquinas han asociado la palabra «red» con las «conexiones del mundo real». Negando su pasado en red, el poder tecnosocial está reduciendo el término al ámbito de la interacción demasiado humana. Tomemos como ejemplo el Centro Pompidou de París, que en 2022 acogió la exposición «Mundos de redes»[183], una pequeña pero significativa señal de que la musealización de las redes está en camino. Si internet se definió en su día como una «red de redes», la pregunta es si esta infraestructura a escala planetaria de cables, torres 5G y centros de datos está «muerta por dentro»: bots e IA que generan datos que generan más datos. Tras la digitalización de todo, el sistema ya no necesita buenas intenciones como la interacción social o las dinámicas comunitarias.

Analicemos la mitología popular en torno a la «teoría del internet muerto»[184], que comenzó a circular ampliamente en 2021. Esta teoría

183 <https://networkcultures.org/geert/2022/03/09/worlds-of-networks-centre-pompidou-ircam-exhibit-conference/>.

184 <https://es.wikipedia.org/wiki/Teor%C3%ADa_del_internet_muerto>.

afirma que el contenido es producido principalmente por bots y LLM como ChatGPT, y es seleccionado por algoritmos para «manipular a la población y minimizar la actividad humana orgánica». Otros describen el lamentable estado de la esfera pública digital con la frase «internet está roto». Ya en la primera frase, la página de Wikipedia relacionada enmarca el tema como una teoría de la conspiración. La cuestión aquí es cómo relacionar una cultura de sospecha sobre el contenido en línea y los mensajes virales en redes sociales con el medio en sí. Tomemos como ejemplo las diversas historias de terror *creepypasta*[185] que se copian y pegan por todo internet y que se han apoderado de todos los canales. Se ha hundido profundamente en el nivel de protocolo, donde los ingenieros de Google y Meta han tomado el control de los órganos de gobernanza, asegurando nodos y vías vitales, imposibilitando revertir la ola de automatización de contenido. Aquí, vemos que la fantasía paranoica y la crítica a las plataformas políticas se acercan peligrosamente. Este es el vórtice negativo en acción. Aunque la teoría crítica considera que su tarea es investigar las condiciones mentales dentro del «platóptico», sus resultados no pueden afirmar ingenuamente que simplemente trabaja en pos del bien común de la ilustración y el progreso[186].

La proclamación de que «las redes están muertas» es vieja noticia en lo que respecta a los grados de libertad comunicativa de las redes sociales, su funcionalidad limitada de interfaz gráfica de usuario (GUI) y las respuestas irónicas estandarizadas, y la aparente ausencia de control sobre las cajas negras. No es tecnología, pero el estado de ánimo popular ha cambiado. Harold Rosenberg escribió en 1959 que la

> «intelectualización de lo kitsch» se justifica diciendo que, nos guste o no, la sociedad de masas va a seguir presente en el futuro previsible y, por consiguiente, su «cultura», la «cultura popular [no debe] abandonarse al populacho»[187].

185 <https://en.wikipedia.org/wiki/Creepypasta>.

186 Véase el vídeo de Vladen Joler (<https://extractivism.online/>) , en el que introduce este término, fusionando la caverna de Platón con el panóptico de Bentham: «En este conjunto de alegorías, millones de cavernas o celdas forman la estructura única e invisible del panóptico (<https://extractivism.online/#ref-06-bottom>). La torre central de esta estructura tiene dos funciones principales: (1) proyectar el contenido en las paredes de las cavernas y (2) vigilar y capturar las sombras digitales de los prisioneros reflejadas en la pared opuesta».

187 Rosenberg, citado en Arendt (2018), p. 253.

En *Exit Reality*, Valentina Tanni (2024) ya no reflexiona sobre la pérdida social y la miseria de la condición de plataforma. Lo que queda de internet es un viaje interior a través de espacios vacíos, limpios y liminales. La red ya no es un espacio social que debate y luego actúa. Vemos cómo la realidad cambia una vez que la soledad masiva se presenta como algo dado. El confinamiento por la covid-19 ha sido la nueva normalidad durante una década. Lo que se busca es la nostalgia de los años noventa, un afán pixelado por revivir recuerdos de 64K. Ya no existen objetivos colectivos más allá del consumo de lo bizarro, desde el *traumacore* y el *weirdcore* hasta el *dreamcore* y el *corecore*. La esencia aquí reside en la propia estética compartida, explorando la tradición de las trastiendas con las inquietantes melodías del *vaporwave*. Una vez traspasado el umbral, la pesadilla procesual ya no se distingue de la magia experimentada en la aldea onírica. Tanni relata con entusiasmo su viaje por la madriguera del conejo, «que no solo es profunda, sino insondable». Solo con la producción constante de nuevas vibraciones se puede mantener el optimismo. Cuando el mundo es un pastel, siempre hay más por explorar.

La arquitectura de las plataformas de redes sociales unipersonales ha hecho prácticamente imposible centrarse en la función original de las «redes sociales»: un primer paso necesario para alcanzar la autoorganización y la movilización en términos de protesta y estructuras contrahegemónicas. Todo se ha convertido en una experiencia borrosa con mensajes personales, actualizaciones de *influencers* y sitios de noticias, mezclados con anuncios, que se actualiza constantemente, lo que dificulta dejar de navegar para centrarse en tareas e intercambios más allá de los «me gusta». Lo que antes se denominaba la promoción de «lazos débiles» para aumentar artificialmente el número de seguidores se ha convertido ahora en el cultivo de relaciones parasociales unilaterales que pueden fácilmente dar la impresión de pseudorredes que necesitan un mantenimiento constante (debido al alto tráfico)[188]. Lo que algunos llaman «autenticidad fabricada» es, de hecho, un regreso a la lógica del teleadicto de la era pasada televisiva.

188 Para más información sobre esto, consulta la publicación del blog de Linh Smooke «Confession of a Millennial Fangirl: On Parasocial Relationships, Internet Celebrities, & Social Media», en <https://linhdaosmooke.com/blog/confession-of-a-millennial-fangirl-on-parasocial-relationships-internet-celebrities-amp-social-media>.

El paradigma de red anterior sugería sujetos libres y liberados, que se conectan libremente y se mueven para explorar en busca de asociaciones que les sean útiles. La lógica de la plataforma, por otro lado, presenta al usuario como un ser indefenso, encerrado en la comodidad de un jardín amurallado, vulnerable a noticias falsas, estafas, hackeos y amistades engañosas con celebridades. La plataforma ofrece a las ovejas indefensas protección dentro del rebaño masivo: tal vez no sea yo quien se vea afectado por el virus. «El usuario es demasiado perverso para ser libre». El sujeto digital ya no puede sobrevivir fuera del ámbito de la plataforma. Sin redes alternativas a la vista, el agotamiento y el colapso se convierten en la última esperanza.

Décadas atrás, las redes se promovían como herramientas liberadoras para liberar a las personas de comunidades cerradas y oprimidas como la familia, el pueblo y la iglesia. Las redes priorizaban la autodeterminación por encima de las determinaciones fijas de género, raza y clase. Pero ni siquiera una década después de la era dorada de las redes, las plataformas de identidad centralizadas reprimieron los experimentos anónimos, fragmentando la sociedad de la información, de nuevo, en esferas de identidad inamovibles. Aquí, las redes abiertas fueron reemplazadas por cámaras de eco y burbujas de filtro, alimentadas por guerras culturales que consolidan aún más las políticas de identidad. Los vínculos sociales *offline* y los compromisos a largo plazo se están desmoronando. Como lo expresa Zygmunt Bauman, la identidad es una tarea y ya no más algo dado[189]. Como él mismo lo describió, hablamos con desconocidos sobre otros desconocidos. La seguridad de la plataforma, en contraste con la incertidumbre y la fluidez de la red, ayuda a superar el miedo a no ser aceptado, visto ni reconocido por los demás. Este es el juego que los proveedores de plataformas juegan con la soledad: la ansiedad más extendida en la sociedad de masas. En una sociedad en constante cambio, lo que permanece igual es la pequeña colección de aplicaciones más usadas en tu teléfono. Constantemente olvidamos cosas, salvo volver a las redes sociales para ver las últimas actualizaciones. Estamos comprometidos con la plataforma.

Hay suficientes razones para quejarse de los artistas que no pueden borrar Instagram y descubren el cambio de aires que genera el uso de memes políticos en TikTok y YouTube. Desde Signal, Telegram, Jitsi,

189 Citado de la intervención de Zygmunt Bauman en la conferencia «Re-Publica» de 2015 en Berlín, en <https://www.youtube.com/watch?v=CGk-iaTr9hk>.

Cryptpad, Discord y Mastodon hasta Matrix, existen multitud de alternativas: los servidores autogestionados del Fediverse están listos para ser instalados y utilizados. Lo mismo puede decirse del concepto de redes organizadas, desarrollado por Ned Rossiter y por mí en 2005, que aboga por reemplazar las plataformas de enlaces débiles con redes de enlaces fuertes, y que puede considerarse un mensaje en una botella para tiempos mejores[190]. El problema actual no es la heroica lucha entre alternativas utópicas y la malvada corriente dominante, sino la de escalar ahora o trabajar en nuevos comienzos mediante un cambio de hábitos. ¿Pueden los movimientos sociales impulsados por los acontecimientos permitirse el lujo de dejar atrás a los gigantes tecnológicos, sabiendo que controlan las mentes de los milenials y la generación Z? La ironía del activismo actual reside en que la mayor parte de las luchas internas y las políticas identitarias se desarrollan en plataformas corporativas estadounidenses, no fuera de ellas, y mucho menos contra ellas. Esta línea de pensamiento puede fácilmente desembocar en un juego de acusaciones, enfrentando a los sujetos neoliberales entre sí. El surgimiento de la red bien podría interpretarse como una lógica capitalista tecnosocial inmanente, un producto amoral de su propio proceso de hiperoptimización.

¿No estaba la red moralmente en bancarrota al instigar la lógica de la plataforma? ¿A quién le importa? Nunca es tarde para proclamar un renacimiento de la red. Todo vuelve, y, después de todo, estar en una red se considera la naturaleza misma de la condición humana. Si queremos volver a la esencia del modelo de red, algo a lo que podemos recurrir son los escritos especulativos del psiquiatra francés Ferdinand Deligny. ¿En qué constelación social pueden invertirse las jerarquías? Según Deligny, red y sociedad no son lo mismo. «Eso que llamamos sociedad, donde la posibilidad de disfrutar al máximo puede volverse tan restrictiva, tan inclinada a la subyugación, que las redes se tejen al margen de la sociedad abusiva» (Deligny, 2015: 41). Antes de precipitarnos hacia nuevos comienzos, cincuenta años después del inicio de la saga de la red, debemos preguntarnos, con Deligny: «¿Se debe –se puede– completar una red?». Anticipándose a la crítica al tecnosolucionismo, Deligny escribe que «la red no es una solución, sino un fenómeno perdurable, una necesidad vital». La belleza de esto reside en su naturaleza incompleta. Las redes no son productos terminados que se compran.

190 El trabajo sobre este concepto se ha reunido en Lovink y Rossiter (2017).

Simplemente no existen. Su encanto reside en el fastidio de que requieren un cuidado constante. Lo que Deligny no previó fue la posibilidad técnica de producir redes. Para Deligny, las redes son parte de la naturaleza viva. La araña representa al constructor solidario de redes, mientras que los terminales y los humanos representan el aspecto social de la construcción de redes.

Tomemos como ejemplo el movimiento italiano Reclaim the Tech, que comenzó en 2022, y que está en Bolonia y Nápoles. Reclaim the Tech puede interpretarse como la respuesta de la nueva generación al estancamiento de las agendas tecnológicas alternativas anteriores. Desde el acceso abierto, el *software* libre y el código abierto, los bienes comunes creativos hasta las campañas en redes sociales, el uso «táctico» de Second Life y aventuras similares en realidad virtual y videojuegos, también conocido como el metaverso. Las agendas feministas, queer y ecológicas radicales contemporáneas que abordan las relaciones de poder en la tecnología son perspectivas vitales que deben abordarse e implementarse en código, diseño y arquitectura. Sus herramientas son un sitio web y un grupo de Telegram[191]. El cambio climático y el extractivismo son reales y ya no son temas marginales. La IA está diseñada para consumir ingentes cantidades de electricidad. Este es el núcleo de las estrategias capitalistas actuales. Descolonizar la tecnología no es solo uno de los muchos problemas posibles; afecta a la esencia de la producción de valor actual. No seamos liberales ni celebremos ingenuamente las microluchas. ¿Qué es urgente? ¿Qué hay que hacer? ¿Construir armas antidrones? ¿Detener la construcción de más centros de datos?

Preguntémonos primero: ¿qué significa recuperar? En aquel entonces, el movimiento británico de los años noventa «Reclaim the Streets» buscaba retomar la calle como espacio público libre, contra la represión y la vigilancia policial, y contra el coche como medio de transporte dominante en las ciudades. Esto, a su vez, se basó en una protesta feminista de 1977 contra la violencia patriarcal llamada «Reclaim the Night». Recuperar significa retomar el territorio perdido. ¿Qué significa esto para el contexto tecnológico? ¿Sigue siendo la respuesta «programar o ser programado», como se titulaba el folleto de Douglas Rushkoff de 2011?

Quienes no estén preparados para hablar de plataformas también deberían guardar silencio sobre la tecnología. Las plataformas son la

191 <https://reclaimthetech.it> y <https://t.me/reclaimthetech>.

forma hegemónica de organización social (aunque subconsciente, rara vez mencionada). Las plataformas actuales están retrocediendo aún más bajo el signo del «tecnofeudalismo». Cualquier movimiento que pretenda desarrollar alternativas en este campo debe tenerlo en cuenta. Reclaim the Tech no es un gesto vacío. La regulación mediante multas no marcará la diferencia. Organizar formas colectivas de rechazo (en particular, en lo que respecta a la IA) será el camino a seguir. El rechazo requiere una postura pública que conlleva posibles consecuencias personales.

Luca Recano, uno de los organizadores de Reclaim the Tech, explica que la red no ha sido tecnológicamente autosuficiente hasta ahora. «La contradicción entre redes a pequeña escala, plataformas e infraestructuras planetarias está presente, desde el ámbito geopolítico hasta el de las formas autónomas de organización social y vida cotidiana»[192].

La idea de Reclaim the Tech es moverse simultáneamente «con, en contra y más allá» de los límites de las tecnologías y abordar distintas cuestiones. No se limita al cliché del «*geek* masculino» del *software* libre o de código abierto, sino que lo abre a las agendas de género y poscoloniales. Abandonar las plataformas donde amigos y comunidades aún están «atrapados» es difícil, a la vez que contradice la autonomía proclamada. Para Luca, la diversidad no puede ser la única reivindicación. Para Reclaim the Tech, abrazar la diversidad «también significa desafiar principios y suposiciones con personas y comunidades que comparten las mismas preocupaciones y opresión, pero no las mismas herramientas utilizadas para decodificar, organizar y subvertir. El entorno de aprendizaje debe ser recíproco, asincrónico y no pacificado. Desarrollar relaciones con docentes, estudiantes, desarrolladores, activistas, ingenieros, abogados, periodistas, investigadores y artistas de diferentes edades y orígenes culturales, políticos y sociales significa abrir diálogos sobre diversas formas de crítica para que se puedan compartir experimentos sobre usos «militantes».

Sandro Mezzadra, desde Bolonia, nos insta a cuestionar nociones como la computación de la pila planetaria, y aboga por una multiplicación de pilas (en contra de las atractivas ofertas de Microsoft y Google de una solución en la nube todo en uno, fácil y asequible, como la que se ofrece a muchas instituciones educativas y pequeñas empresas, mientras

192 Citas de un intercambio de correos electrónicos, 24 de julio de 2024.

que aumenta los precios una vez que los clientes se enganchan). Sin embargo, las tensiones entre las redes locales y la geopolítica actual se están convirtiendo en un problema cada vez mayor. «Lo que llamamos la "forma en red" es cada vez más constitutiva de la naturaleza misma de los movimientos sociales, y están en marcha múltiples intentos de confrontar, incluso secuestrar, la "infraestructura planetaria". Me impresionó el libro de Rodrigo Nunes, *Neither Vertical nor Horizontal: A Theory of Organization*. Es una buena manera de repensar la cuestión de la organización política desde la perspectiva de una teoría de redes ambientales»[193]. A partir de aquí, sigue siendo importante experimentar con arquitecturas alternativas que se sitúan entre la «soberanía de datos», los medios independientes y las formas autónomas de autoorganización.

Franco Berardi respondió de otra manera, admitiendo que no ha podido pensar en el futuro.

> Esto es muy malo, lo sé, pero es una especie de ceguera. Mi punto de vista es el de una madre que ha perdido a sus hijos por una bomba (israelí, rusa, lo que sea...). No imagina un futuro porque no lo quiere. He llegado al punto de no desear ninguna mejora porque todo está perdido. Para mí, después de Gaza, ya no hay posibilidad de alegría. Si me preguntas cuál es el futuro de la red, no puedo pensar en otra cosa que no sea la guerra. Por supuesto, me equivoco. También Adorno se equivocó cuando dijo que la poesía era imposible después de Auschwitz. Quizás los jóvenes amigos de Reclaim the Tech puedan inventar la alegría después de Gaza, pero no quiero saber nada de esto. Recuerdas las palabras de Gershom Scholem: «El Mesías vendrá, pero no quiero verlo»[194].

Emanuele Braga, de Milán, respondió días después de regresar de Cisjordania:

> La idea de que la vigilancia como técnica de subyugación militar y colonial es real no ha hecho más que crecer en mi mente. Todo ya existe como un laboratorio avanzado: reconocimiento facial, control de movilidad, pulseras electrónicas para monitorear a los trabajadores, uso de

193 Citas de un intercambio de correos electrónicos, 27 de julio de 2024.
194 Citas de un intercambio de correos electrónicos, 29 de julio de 2024.

> datos proporcionados por plataformas globales para perfilar el posicionamiento político y la libertad de expresión, todo ello conectado al gatillo de una ametralladora. El aspecto social comienza con una cámara, se convierte en una plataforma y se transforma en una prisión o en un misil lanzado por un dron[195].

En lugar de «otra internet», Braga quiere empezar con la cuestión de la tierra y el dinero.

> Las redes alternativas a la plataforma que libra la guerra han comprendido que la palanca para la emancipación es, ante todo, económica: soberanía alimentaria, hídrica y financiera; en Palestina, hay un movimiento que rechaza los fondos de la economía de donantes pos-Oslo porque conllevan condiciones inaceptables. En respuesta, están creando fondos comunes incondicionales.

Esto encaja con la trayectoria que Braga y otros describieron en el desarrollo de espacios económicos alternativos, el debate en torno a la Renta Básica Universal para el Arte y la conversación iniciada por Lumbung desde la Documenta quince de 2022, creando lo que él llama «un nuevo frente contra la filantropía tóxica. Construir fondos comunes incondicionales y autogestionados podría ser el terreno más fértil para la creación de redes». La soberanía tecnológica comienza con la generación de flujos de ingresos, la reducción de la dependencia de los donantes y el desarrollo de una «computación permanente» autónoma: un movimiento que sabe cómo reparar a la vez que escala con soluciones híbridas, combinando lo real y lo virtual, la tecnología tradicional y la nueva, lo local y lo global.

195 Citas de un intercambio de correos electrónicos, 25 de julio de 2024. Para más información sobre su trabajo, véase <https://instituteofradicalimagination.org/>.

13.
Vita Tactica y los principios de la permahibridación

«Que los puentes que quemo iluminen el camino». Camiseta / «Un pueblo sin poesía es un pueblo derrotado». Mahmoud Darwish / «Ser libre requiere fortaleza. Por eso buscan debilitarnos». Observación / «Hay una grieta, una grieta en todo. Por ahí es por donde entra la luz». Leonard Cohen / «La Fiesta Mundial ha comenzado oficialmente, hermanos y hermanas, preparen sus radiocasetes». Arrested Development / «Resiste al martillazo, porque eres el clavo que sobresale». Advertencia / «La atención es un arte marcial». Erik Davis / «No participes. Bloquea y muévete. No respondas. Bloquea y muévete». Consejo / «Que esta oscuridad sea un campanario». Rilke / «Un paso en la nieve es suficiente para sacudir la montaña». Edmond Jabès / «¿Listo para dejar de comerciar y comenzar a creer en algo?». Eslogan criptográfico / La promesa: «Lo que no puede continuar, cesará». / Un tutorial sobre la descortesía coercitiva y la evasión de culpas / «Escríbeme sobre esperanza y amor, y sobre corazones que resistieron». Emily Dickinson

¿Bajo qué circunstancias tecnológicas es soportable la vida? Recientemente, Tayikistán abolió la responsabilidad penal por los «me gusta» en redes sociales; al menos tenemos eso. Antes de abrir grandes perspectivas sobre las urgencias geotecnológicas, parece prudente reducir la cultura crítica de internet a un nivel donde artistas, activistas y diseñadores puedan marcar la diferencia. En este sentido, la implementación de los principios de la «permahibridación» es el enfoque de este capítulo final. Una rebelión contra la obsolescencia programada está en marcha: la Rebelión de la Extracción[196]. La plataforma representa la traición a

196 Este capítulo final se basa en un breve ensayo «The Internet of Dead Things», escrito a mediados de 2024 para la publicación de *NoSchool Nevers*, , editada por

lo posible. La plataforma reduce las posibilidades de acción, dejando a los usuarios sin voz ni voto. La solución no pasa solo por consumir menos y reciclar más. Consistirá en una integración de productos y servicios antiguos y nuevos, mezclando la belleza de lo analógico y lo digital, lo real con lo imaginario, lo cotidiano con lo inusual, lo local y lo remoto en una «convivencia híbrida» vibrante y dinámica de encuentros reales y virtuales entre localidades relevantes. Harold Innes ya señaló que «las enormes mejoras en la comunicación han dificultado la comprensión».[197] Revertir la entropía sigue siendo una cuestión estratégica. El reto consistirá en concebir, diseñar y ampliar el decrecimiento, a la vez que se incrementa la diferencia.

Lo que Ocean Cleanup está implementando para los plásticos[198] pronto se implementará para el *hardware*, el *software* y el contenido. Redes de materiales que recopilan todo, desde tocadiscos, reproductores de DVD y VHS, PC, tabletas y portátiles, sintetizadores, móviles y *smartphones*, conmutadores, placas base y amplificadores, walkman, iPods, radios, televisores y proyectores de vídeo. La idea es reparar y reensamblar algo nuevo a partir de elementos existentes. ¿Te gustan los CD, los casetes, los discos o los reproductores de ocho pistas? Necesitas limpiar tu mente. Recopilarlos será solo la primera etapa, e hibridarlos será la segunda, sintetizando el pasado y el presente, así como el alta y la baja tecnología. La integración del *hardware* de segunda mano en la vida cotidiana de miles de millones de personas ya es una realidad. Bienvenidos a la quinta revolución industrial.

Tomemos como ejemplo la radio por Internet Teufel (diseñada en Berlín), una caja de sonido que combina las antiguas ondas FM con audio en *streaming*[199]. O la historia de un amigo que para su cumpleaños le

Benjamin Gaulon, en <https://networkcultures.org/blog/publication/the-internet-of-dead-things/>. La versión inicial contó con la colaboración de Aymeric, Jaromil, Letizia, Chloë, Victor, Felipe, UKRAiNATV, Luca, Emanuele, Donatella, Tiziana y otros miembros de la red italiana Reclaim the Tech. Agradecemos a Silvio y Sepp su extensa contribución. Una mención especial aquí a la contribución de Nancy Mauro-Flude a este campo, en particular <https://networkcultures.org/performanceofcode/2023/09/05/the-dance-of-repair-amid-the-vestiges-of-digital-obsolescence/> y <https://networkcultures.org/performanceofcode/2024/08/13/principles-of-permacomputing-from-the-south-dynamic-relational-processes-organisms-making-and-doing-transformations/>.

197 Cita tomada de *The Tyranny of Now* de Nicholas Carr, <https://www.thenewatlantis.com/publications/the-tyranny-of-now>.

198 La limpieza más grande de la historia: <https://theoceancleanup.com/>.

199 <https://teufel.de/stereo/radio>.

regalaron un Tamagotchi de primera generación: «Todos creían que era de los 2000, pero es completamente nuevo». El romanticismo europeo *offline* y la añoranza de una vida sin notificaciones no se desvanecen. El teléfono vintage con un chip antiguo está de moda. No tienes opción. ¿Cuál será el tuyo? ¡Sorpresa! El fetichismo táctico de los productos básicos de los medios te llega en forma de auténticas vibraciones. Por fin, un *software* universal sostenible funcionará en todos los dispositivos, sin importar su antigüedad ni versión.

No más MacBook Pro que solo funcionen hasta macOS Catalina. No más servicios en la nube, no más servicios de suscripción de *software* forzados. Si la IA tiene algún uso, exijamos a este demiurgo que resuelva la cuestión del *software* de una vez por todas (y que se deshaga del *software* libre que solo los *geeks* pueden usar). El enfoque de la e-equidad es integral y restaura la unidad del *hardware*, el *software*, el contenido y la cultura del usuario: interactuando con la basura holística. Todo puede ser (y será) revivido. Revivamos los medios muertos de Bruce Sterling y devolvamos la vida al «fantasma analógico en la carcasa». Exijamos justicia para los vertederos de electrónica tóxica y sus trabajadores. Ya hay una serie de retromovimientos planetarios en marcha. No hay necesidad de nuevos modelos ni vibraciones efímeras. El objetivo será reutilizar, reintegrar y recuperar el espíritu que una vez vivió en lo profundo de esos dispositivos como parte de una nueva alineación cultural.

Bernard Stiegler (2021) escribió que

> el verdadero poder de una institución negentrópica y antiantrópica reside en su potencial energético, que sabe conservar y reservar para nuevas transformaciones, lo que le permite posponer la esclerosis institucional irreversible. Dicha institución reconoce la transformación como su modo de existencia. La capacidad de transformación debería, por lo tanto, convertirse en objeto de un cuidado institucional específico y primordial.

Aceptemos, pues, el reto de la transformación, exijamos lo imposible y comencemos a escalar la permacomputación[200]. En lugar de lamentar –una y otra vez– la apropiación por parte del capitalismo buitre

200 El proyecto se describe como «una invitación a repensar colectiva y radicalmente la cultura computacional. No se trata de una solución tecnológica que busca

de un movimiento tecnológico de vanguardia bienintencionado, será importante imaginar alternativas reales que puedan superar esta lógica cultural sin salida. Otra escala es posible. Esto forma parte de lo que Shintaro Miyazaki llama contradanza en la digitalidad. Pero, ¿quién compone nuestras contramelodías? Está bien pedir contraalgoritmos y un procomún solidario[201]. Es un llamado a la tecnodiversidad criolla, pero, ¿qué hay que aprender de las décadas pasadas?

Ya no es posible ignorar la bancarrota moral del *software* libre/de código abierto y su apropiación por parte de los gigantes tecnológicos, una situación en la que los hackers estuvieron, y siguen estando, involucrados. La insolvencia ética de Linux es total (por no hablar del genio del *software* libre, Richard Stallman). Todos (excepto un grupo cada vez más reducido de hombres mayores hackers) pueden ver que la elección entre la «caja negra» propietaria o el *software* libre ya no es una alternativa atractiva, especialmente para la generación Z, que creció con plataformas fluidas de «jardín amurallado». Incluso cuando apelamos a la razón y resumimos las ventajas objetivas del *software* libre, se deja de lado un elemento profundamente humano: ¿cuáles son las razones subliminales e ideológicas para no apostar por el cambio? ¿Por qué todos los artistas geniales y alternativos de Instagram no tienen ni idea de *software* libre? El capitalismo de plataforma ha inutilizado los términos «abierto» y «libre» y, con ellos, su preocupación por la privacidad individual.

La lucha se ha centrado en la alfabetización digital sobre algoritmos discriminatorios[202]. Una cosa persiste: el poder reside en la firme voluntad de empresas como Microsoft y Google. Todo su *software* es ahora un servicio en la nube, intrínsecamente encapsulado en cajas negras, encerrado en centros de datos remotos. La negativa individual no basta. Es necesario descifrar las cajas negras. Exponerlas a la luz como primera etapa y mostrar el lado material de la IA como segunda: sus cables, centros de datos y diagramas de algoritmos, filtros y perfiles. Un panorama devastador para el usuario encadenado. ¿Qué debería suceder después de que toda la evidencia sea mapeada y visualizada estéticamente? Si el

---

un problema», en <https://permacomputing.net/>. Según su sistema de creencias, *perma* y crecimiento no van juntos.

201 Véase <https://meson.press/books/counter-dancing-digitality/>.

202 En *What Design Can't Do*, Silvio Lorusso habla de la diferencia entre el intelectual técnico (que tiene acceso a los sistemas) y el intelectual de la técnica, que tiene que ver con la alfabetización y la ética.

«arte de la evidencia» no forma parte de un movimiento más amplio, puede quedar fácilmente atrapado en las colecciones de museos y en el circuito de galerías de «prácticas sociales».

Ya no deberíamos conformarnos con criticar la caja negra desde fuera. La larga marcha del arte permahíbrido se está desarrollando bajo las instituciones. Su objetivo es derribar los muros que separan las unidades de almacenamiento climatizadas del museo de las cloacas de Reddit y fomentar la polinización cruzada de esferas que hasta ahora han estado cuidadosamente separadas. Expulsar a los curadores y sus equipos de marketing, a los diseñadores de experiencias de clientes, a los historiadores del arte y a otros guardianes de la caja negra. La estética sintética del arte permahíbrido forma parte de una crítica infraestructural más amplia. Las ruinas de la caja negra se transformarán en palacios híbridos.

La espera ha terminado. Sal al mundo exterior, ávido de alternativas que puedan expandirse. Pero, ¿por qué tantos de nosotros no tenemos ni idea de cómo implementarlas? ¿Por qué la secuencia de exageración, venta y traición de las *startups* es la única opción? Se debería pensar en reparar y reconfigurar al mismo tiempo que en la tercera R: rechazar. El nuevo signo de la lucha de clases es un gesto, el derecho a no ser resumido, como en el caso de la IA. Muchos coinciden en que, a partir de ahora, los movimientos de tecnología alternativa deben negarse a ser neutralizados, aplastados y silenciados. Pero esto también implica negarse a rendirse, a ser fragmentados y a ser reducidos a la lógica de la moda.

Recuperar, la cuarta R, significa retomar el territorio perdido. ¿Qué significa esto en el contexto tecnológico? La respuesta puede ser simple: programar o ser programado (como se titula el folleto de Douglas Rushkoff). No hablamos de programación en el sentido de codificación, sino de programación en el sentido de asamblea política, el programa de un movimiento o un partido. No hace falta saber JavaScript para eso. Lo que se necesita es un programa con múltiples y diversos puntos en común.

Reclaim the Tech va más allá al afirmar: «somos tecnología». Esto significa que la tecnología ya no es un fenómeno pasajero que se nos impone. La tecnología reside en nuestro interior; la llevamos bajo la piel. Es íntima, como las aplicaciones *femtech* para la menstruación, como describe Morgane Billuart en su libro *Cycles*[203]. En el caso de las redes

203 <https://www.setmargins.press/books/cycles-the-sacred-and-the-doomed/>.

sociales, la tecnología ha moldeado nuestro bienestar mental. Aprenderemos a vivir con ella, a movilizar el cuidado como principio general y, colectivamente, a transformar el veneno en una cura: el *pharmakon* del que a menudo hablaba Bernard Stiegler.

Para que esto suceda, la intención de la tecnocultura debe ser superar la nostalgia auténtica por lo viejo y el anhelo artificial por lo nuevo. Superemos tanto la retromanía como la «adicción al futuro», esa que imponen los donantes, y empecemos a acostumbrarnos a la idea de la tecnología atemporal. La reutilización implica ensamblajes únicos de tecnología antigua que utilizamos para crear nuevos estilos y modos de expresión. El objetivo es evitar la regresión a un pasado que fue –y un presente que sigue siendo– patriarcal, totalitario, racista y violento. El pasado puede integrarse plenamente en el futuro: *hybridpunk*. Ni *steampunk* ni *cypherpunk*: hay que dejar atrás el falso romanticismo por las ruinas industriales. No se dejen seducir por los señuelos de la derecha libertaria. Y recuerden, la miseria tecnológica neoliberal es real. Este movimiento busca superar la regresión y el estancamiento involuntarios: la decadencia de nuestro tiempo. El problema cultural actual es que, aunque podamos imaginar todas las soluciones posibles, seguimos chocando contra los enormes muros corporativos de la nube. En lugar de agotamiento y depresión, ampliemos los grados de libertad (que no debe confundirse con la «libertad» para la élite)[204]. Debemos celebrar los movimientos culturales liberadores. La cultura de lo extraño debe transmitirse a las nuevas generaciones una y otra vez. Este es un rito de paso tecnocultural. Enloquece, pero no sigas los pasos de tu celebridad, *influencer* o gurú. Conviértete y supera a los héroes del pasado (y sus peculiares extensiones tecnológicas).

El diseño tecnocultural puede tomar dos direcciones: de adentro hacia afuera y de afuera hacia adentro. Ambas incluirán lo extraño[205]. Está el Commodore 64 con un chip Nvidia Blackwell B200 para ayudar a

204 Como escribió Bertrand Russell: «Quienes abogan por el capitalismo suelen recurrir a los principios sagrados de la libertad, que se encarnan en una máxima: a los afortunados no se les debe restringir su tiranía sobre los desafortunados» (2004: 148).

205 Lo híbrido entre lo antiguo y lo nuevo sí resulta extraño, y ya nos rodea. Véase el ensayo de Silvio Lorusso «Deepdreaming Willy Wonka: AI Weird as the New Kitsch», en <https://silviolorusso.com/publication/ai-weird-as-the-new-kitsch/>. Escribe: «¿Existe algo que *no* nos resulte extraño hoy en día, en nuestro entorno tecnosocial? Y, sin embargo, parece que toda esta rareza nos ha anestesiado hasta el punto de que, si algo tiene sentido, lo consideramos falso y desconfiamos. Un

los punks solares en sus rituales de generación de imágenes. Se insertó un Intel 386 en el teléfono lento para proporcionar comunicación a velocidad humana. También me gustaría saber qué es el vídeo en línea de baja tecnología. «¿Puede ejecutar Doom?»[206]. Piensen en una IA generativa liberada de las cadenas de sus centros de datos. Al principio, todo esto parecerá retro, tosco y posindustrial[207]. Una vez ampliada, la tecnología híbrida parecerá normal y ya no llamará la atención, a menos que viajemos a otras partes del mundo, donde diferentes arreglos y costumbres tecnológicas nos sorprenderán.

Los medios antiguos y nuevos no coexisten simplemente en universos espacio-temporales paralelos. Durante la vibrante era multimedia de los años noventa, el sueño era sintetizar audio, vídeo y texto con el olfato, los gestos y la distancia. Necesitamos usar la única puerta de enlace digital para impulsarlos y converger forzosamente todos los niveles posibles de significado en una plataforma de comprensión universal. La síntesis no era su ideal cultural en la teoría de la mezcla de la misma época. La mezcla permitió diferentes tecnologías y ritmos. El papel que la privacidad, la antivigilancia, las criptomonedas y el *blockchain* pueden desempeñar en esto será un tema que deberá debatirse y probarse.

No se necesita ni lo nuevo ni el regreso a lo mismo de siempre, sino algo radicalmente distinto. Por el contrario, la cultura digital actual es inmovilista, no evasiva. Carece de dirección y destino. La voluntad de organizarse está ausente ahora que incluso las redes de bajo compromiso han sido sustituidas por la plataforma. El *Zeitgeist* es regresivo, lo opuesto a aceleracionista. No hay una meta hacia la que avanzar, a cualquier velocidad. Tampoco hay disolución del yo en el ámbito virtual. La nube es lo nuevo pero pasado de moda. Nada es más aburrido que lo puramente virtual. Nada es más corporativo que el centro de datos. Lo que experimentamos es una secuencia interminable de breves estallidos de felicidad seguidos de largos períodos de agotamiento. Este ritmo cultural dominante ha tenido un efecto devastador en la búsqueda e implementación de alternativas sostenibles. La optimización predictiva ha

---

toque de extrañeza es lo que esperamos, porque *lo extraño se ha vuelto tan normal que su ausencia resulta extraña*».

206 <https://canitrundoom.org/>.

207 Pero recuerden que lo retro y lo torpe todavía están aquí: aerolíneas que funcionan con disquetes, personas mayores que usan Windows 98, infraestructuras críticas como puentes que dependen de ordenadores 3086 y burocracias alemanas que funcionan con máquinas de fax.

borrado la energía interior para la rebelión. Lo que queda son estallidos de rabia, que acaban convirtiéndose en movimientos sociales erráticos, una dinámica alimentada por la corta capacidad de atención.

La pregunta de hoy es cómo visibilizar la (pos)colonialidad en la tecnología y el diseño. Vemos esto surgir no solo en el caso de las materias primas, sino también en el contexto del «colonialismo de datos». Una cosa es exigir la descolonización de todo. La tecnología no renunciará voluntariamente a su dominio de lo nuevo en favor de la «criollización tecnológica»[208]. Descolonizar la tecnología no es solo uno de los muchos problemas posibles; afecta a la esencia de la producción de valor actual. Seamos cautelosos, no de nuevo hablando en nombre de otros, sino actuando juntos, creando culturas de «unión híbrida»[209] que superen los nuevos encierros geopolíticos y otras formas subliminales y explícitas de *tecnoapartheid*. La violencia tecnológica actual abarca desde el sesgo algorítmico y la exclusión hasta la destrucción militar real de tierras, ciudades y vidas.

Abundan las aplicaciones alternativas, los diseños innovadores, las interfaces artísticas, las hojas de ruta y las estrategias de salida. El éxodo no se transmitirá en directo. El mundo no puede esperar a que se implementen los principios de prevención de datos.[210] Rechacemos el *ethics washing*, rechacemos la gubernamentalidad. Detengamos los flujos de datos de una vez por todas. Dado que la «privacidad» de los datos ha demostrado ser un abismo legal indeterminado, la siguiente opción disponible serán mecanismos y filtros integrados que impidan que los datos salgan de los dispositivos y las aplicaciones. Esto incluye la prohibición mundial de la (re)venta de datos robados. Apostar por un colapso global del sistema debido a la entropía no es más que una estrategia nihilista.

208 Para más información sobre esto, véase <https://www.cambridge.org/core/journals/cambridge-journal-of-postcolonial-literary-inquiry/article/creolization-hybridity-and-archipelagic-thinking-interrogating-inscriptions-of-postcolonial-agency/>.

209 Como se explicó en el capítulo anterior, el concepto central de UKRAiNATV es la unión híbrida. Véase <https://ukrainatv.streamart.studio/knowledge/>.

210 <https://dataprevention.net/index.html>. La idea es migrar del fallido discurso de la «protección» a la prevención de datos, alejándose del énfasis de la «mentalidad» neoliberal en el diseño y la arquitectura centrales. «La idea ya no es filtrar, instalar bloqueadores y construir muros, protegiendo arquitecturas en última instancia inestables y abiertas. La prevención de datos no es un ataque, solo se percibe como un sabotaje por parte del aparato que necesita alimentarse de datos. No creemos en formas seguras de gestionar los macrodatos recopilados para monitorear y controlar a las poblaciones».

En lugar de apoyar ciegamente el tecnooptimismo sobre la viabilidad de alternativas sostenibles (incitando a los ciudadanos-usuarios a realizar el cambio de comportamiento necesario), es esencial cuestionar la retórica de la «transición» en sí. La «industria del cambio» está en manos de la consultoría global, cuyas hojas de cálculo son incapaces de representar la profundidad –y la suciedad– de la regresión realmente existente. Desde esta perspectiva, las tecnologías de la información y la comunicación e internet son meras herramientas cuya arquitectura y propiedad ya no deben cuestionarse.

Si sus principios no se localizan, las alternativas no sirven de nada. Independientemente de lo difícil que sea, el lugar concreto es donde todo comienza, aunque los memes de concepto como los de la «permahibridación» puedan globalizarse y descontextualizarse, lo que permite su transferencia a otros lugares. Consigamos máquinas de aprendizaje que trabajen con datos pequeños y procesen conocimiento contextual. Surgiendo tras la Revolución (la R mayúscula), las «tiendas de barrio» de Tecnología Urbana para el Pueblo no solo ofrecerán reparaciones, tendrán una impresora y quizás incluso un fax, y recibirán entregas, sino que también ofrecerán una gama local única de emuladores, cables, repuestos y baterías nuevas y usadas. Son puntos de conexión híbrido-social por excelencia.

La dimensión de la reparación es solo una parte de CrisisStack. El aspecto del *wetware* «corporal» es otro en la Operación Limpieza Tecnológica. Pero también hay una agenda estética. Piense en la propuesta de McLuhan de embellecer los desguaces. En lugar de externalizar la basura, viviremos en ella durante bastante tiempo. La mayoría de los residuos ya son inmateriales, por no mencionar el daño mental que se volverá en contra de la sociedad. A pesar de las urgencias, el diagnóstico debe preceder a la reparación. Nos enfrentamos a la tarea casi inimaginable de crear formas de resistencia clandestina que no sean (inmediatamente) capturadas y reprimidas. Objetivo: derrocar la alianza impía del control tecnológico totalitario y el autoritarismo de derechas/libertario. No hay beneficio del colapso, solo de la unión híbrida. La primera tarea será hacer nuevamente visible el daño (mental).

La plataforma ha muerto; vivan las redes. Pero ¿dónde está nuestra adaptación tecnológica de la «rebelión contra la muerte» de Elias Canetti? En lugar de la actual arquitectura amo-esclavo, cada potente *smartphone* que llevamos cerca puede ser designado como parte de las redes en las que participamos. Theo Priestley: «Con las redes autónomas, es casi como si cada ser humano del planeta actuara como un nodo, como una especie de Protocolo de Red Humana que reemplazara los antiguos protocolos TCP/IP». Una red, almacenamiento y un ordenador están integrados para pagar a los creadores de contenido e impedir plataformas monopolísticas que no pertenecen a nadie y son gestionadas por todos.[211]

Para superar las plataformas de redes sociales, debemos superar nuestra ignorancia sobre ellas. La negación activa en nombre del optimismo cultural no servirá de nada. La negación del pesimismo no es lo mismo que el optimismo. Como se argumenta aquí, no sirve desconectarse y volver a los mismos hábitos en línea dos días después. El objetivo debería ser lograr una indispensabilidad táctica y convertir las plataformas en herramientas que se puedan dejar de lado después de usarlas (no en tijeras que empiezan a gritarte, presionándote para que las uses de nuevo).

JP Hill escribió en marzo de 2025 que la estrategia de Trump de «inundar la zona» está provocando que algunas personas pasen constantemente a su siguiente paso y consejo:

> No pasen a la siguiente publicación, al siguiente tuit, al siguiente boletín. En cambio, descubran cómo sumarse a la verdadera resistencia en este momento crucial de nuestras vidas. Tómense el tiempo para alejarse del terreno de juego de los multimillonarios fascistas y averigüen cómo pueden unirse y organizarse con otras personas decididas a luchar contra este régimen autoritario[212].

En la conclusión de su libro *The Tech Coup: How to Save Democracy from Silicon Valley*, la política liberal neerlandesa Marietje Schaake resume el desafío europeo:

> Construir la soberanía europea exclusivamente a través de la regulación, sin la disponibilidad de tecnología europea, ha demostrado ser un gran desafío. En última instancia, una regulación exitosa también

211 Theo Priestley, «The Failure of Web3, The Death of the Internet and the Rebirth of Many to Come», publicado el 21 de marzo de 2024 en <https://medium.com/@theo/the-failure-of-web3-the-death-of-the-internet-and-the-rebirth-of-many-to-come-856879e48fdf>.

212 <https://www.jphill1.com/p/las-redes-sociales-son-la-casa-que-siempre?r=1sqq5>.

> debería impulsar una transformación en el mercado, construyendo un ecosistema tecnológico inclusivo, basado en normas y equitativo. Lograrlo implica armonizar las oportunidades de inversión, la educación y la atracción de talento en veintisiete jurisdicciones (2024: 183).

También señala que la eficacia de las leyes depende de su capacidad de aplicación. «La falta de recursos podría explicar por qué no se ha logrado todo lo que los legisladores esperaban» (*ibid.*: 181).

Como decía el meme: «Esperar a Bruselas es como esperar a Godot». Debido a la velocidad de los acontecimientos, que se transmiten a través de la tecnología a la velocidad de la luz, la teoría, el arte y la academia se han visto obligados a asumir un papel reactivo-reflexivo. Como hace siglos que se nos agotó el tiempo, quiero presentar cuatro pasos modestos y concretos para combatir el pesimismo actual. La lista de 2025 se basa en una similar de 2022 de mi libro *Atascados en la plataforma*. Modesta porque no ha cambiado mucho, y mucho ha empeorado. Todas están escritas en el espíritu del llamado de Arendt a un nuevo comienzo tras la fase liminal pos-covid y las nociones de esperanza de Han[213], que nacen del afán de ser proactivos en un momento en que las urgencias claman por la solidaridad y las respuestas políticas.

1. Deja de deslizar y aprende a usar memes

En esta era pos-Gutenberg en constante evolución, los memes deberían considerarse técnicas de compresión cultural con significados complejos. «Los memes son jeroglíficos a través de los cuales se manifiesta el futuro»[214]. El conocimiento del poder de los memes se ha desarrollado durante las últimas dos décadas en las profundidades de la web. Esta magia debe estudiarse, reconocerse, democratizarse y politizarse aún más. Las imágenes, sonidos y vídeos irónicos y ambivalentes son parte integral de la ciberguerra actual y no pueden simplemente ignorarse y dejarse de lado por los «hechos» y la «verdad» que proporcionan fuentes «fiables» de conocimiento y transferencia cultural. «Nuestras armas más efectivas, y la

213 Han sobre la esperanza: <https://elpais.com/eps/2024-08-22/la-esperanza-el-arma-secreta-del-filosofo-byung-chul-han.html>. Su libro original, en alemán, *Der Geist der Hoffnung*, se publicó en 2024.

214 <https://dark.fi/insights/memetic-warfare.html>.

derecha que las ha adoptado, pueden no ser las huelgas, los boicots ni el poder de la dialéctica. Podrían responder con "qué vergüenza", "esto es una mierda" y "esto parece una mierda"», sugiere dark.fi. Nuestro Institute of Network Cultures ha contribuido a este campo con tres *Critical Meme Readers* (2021-2024), repletos de estudios de caso, contratácticas y reflexiones teóricas. En este sentido, también es importante el trabajo crítico sobre los *incels* y la masculinidad tóxica de Kate Babin y Francesco Barchiesi, por ejemplo. La magia de los memes es una poderosa fuerza simbólica que al mismo tiempo necesita ser deconstruida y apropiada. Necesitamos aprender de los surrealistas, quienes supieron combinar la intoxicación con la organización. La reacción ya está en marcha. Silicon Valley lo tiene claro: acepta la realidad de que no eres una víctima de las redes sociales y que tú eres la causa del problema. La integración activa de los memes en la cotidianidad híbrida puede liberar a muchos del desplazamiento interminable. En esta era del *storytelling*, la necesidad de comprender ganchos, tramas, atractores y guiones es inmensa[215].

2. Separar las noticias de las redes sociales e integrar los sistemas de pago

Defender lo social. En sintonía con la propuesta de transición de plataforma a herramienta, existe una idea simple, pero de gran alcance: separar las herramientas de redes sociales de las noticias, los anuncios y la actividad de bots[216]. La cuestión de cómo lograrlo ya se ha planteado con frecuencia (mediante políticas, grupos de presión y acciones de abajo a arriba). En cualquier caso, la exigencia de separar las esferas pública y privada es nueva, ya que la industria se esfuerza por ir en la dirección opuesta, la integración total de todas las funciones en una sola aplicación. La vida social, ya sea virtual, real o híbrida, es demasiado importante como para ser organizada –y alterada– por algoritmos o IA. En lugar de continuar con aplicaciones todo en uno, es necesaria una bifurcación de funciones para abrir nuevos espacios de innovación. Lo mismo puede decirse de las noticias y el periodismo, que deben dejar

215 Véase Citton (2025), un llamado a comprender mejor la fuerza emancipadora de los mitos (muy similar a iniciativas y debates de la década de los setenta).

216 Nicholas Carr (2025: 61) sugiere que la eliminación de la comunicación interpersonal y de radiodifusión se remonta a la Ley de Telecomunicaciones de Clinton de 1996.

de quejarse del dominio de las plataformas, abandonarlas y empezar a crear sus propios formatos, incluyendo modelos de ingresos sostenibles. El método disimulado para meter noticias en las redes sociales debe cesar. Lo mismo puede decirse de los mensajes comerciales. El caso opuesto se da con la integración de pagos, una medida que las plataformas prefieren a los servicios «gratuitos» que han sido motivo de frustración por decenios. Volver a hacer atractivos los pagos sigue siendo una de las muchas maneras de superar las dificultades actuales. La redistribución de la renta y la riqueza debe exigirse e implementarse en el código.

3. Desmantelamiento de infraestructuras centralizadas, fortalecimiento de la proximidad y la pluralidad de las tecnologías de la información

Se avecina un renacimiento de los servidores locales y la construcción de redes seguras y de confianza. Llámese EuroStack desde abajo o no, la responsabilidad de mantener la propia infraestructura requiere concienciación, acción y modelos sostenibles. Las instituciones, grandes o pequeñas, tendrán que reconstruir sus servidores internos. Esta es una dura lección aprendida. La externalización a centros de datos, a la vuelta de la esquina y a otros continentes, fue una trampa. Necesitamos una pluralidad de sistemas operativos e instalaciones de almacenamiento.

Como lo expresó Yuk Hui[217],

> Un pluralismo que sea epistemológico a la vez que tecnológico, una práctica basada en una matriz de biodiversidad, no-diversidad y tecnodiversidad, que sugiero como punto de partida para concebir un pensamiento planetario.

La infraestructura local puede facilitar servicios de streaming y bibliotecas, y utilizarse en la cultura y la educación.

217 <https://www.e-flux.com/journal/151/652979/on-the-recurrence-of-neoreactionaries/>.

4. Redes organizadas y coordinación de la resistencia

Como sugiere Andreas Malm en *Cómo hacer estallar un oleoducto*, «el sabotaje puede hacerse con suavidad, incluso con cautela» (2021: 79). Esto forma parte de la *Vita Tactica* «antifa». ¡Levántate, el nunca más es ahora! La negativa y el sabotaje no son equivalentes a la violencia, y mucho menos al terrorismo, como repiten una y otra vez Trump, Musk y sus intelectuales autoritarios. Derribar lo viejo y construir lo nuevo no es una ofensa. Protestar no es un delito. Sí, la resistencia tendrá un precio y hay que estar preparados para las resistencias y los reveses, y estar juntos en ello. Es necesario que haya más intercambio de experiencias sobre la organización y la participación en movilizaciones masivas, no solo para organizar grandes manifestaciones, sino también técnicas de contrahegemonía para detener las tomas de control populistas de derecha en los medios, la cultura y las artes. Demos forma a un concepto radical de libertad técnica y social que no sea ni liberal-conservador ni libertario de derechas. Si las redes sociales tradicionales ya no pueden utilizarse con fines organizativos y de aprendizaje, la pregunta es qué papel desempeñará la comunicación digital. Las investigaciones previas sobre cómo podrían ser las «redes organizadas» siguen pendientes. La experimentación lo es todo. Tomemos como ejemplo al *care punk* que se opone a los sistemas que reducen la acción humana a una mercancía[218]. No existen recetas probadas. Todo está ahí para ser imaginado, construido y aprovechado.

218 «El *care punk* defiende la autonomía, el apoyo mutuo y el desafío a la explotación, exigiendo una redistribución del poder y la responsabilidad a través de acciones propositivas y prácticas», en <https://news.dyne.org/the-rise-of-the-carepunks/>.

Bibliografía

AA. VV. (2025), *Conversations on Expanded Publishing*, Institute of Network Cultures, Ámsterdam.

Adilkno (1998), *Media Archive*, Autonomedia, Brooklyn.

Arendt, Hannah (1974), *Los orígenes del totalitarismo*, Taurus, Madrid.

— (2006), *Sobre la violencia*, Alianza editorial, Madrid.

— (2009), *La condición humana*, Paidós, Buenos Aires.

— (2018), *Entre el pasado y el futuro*, Partido de la Revolución Democrática, Ciudad de México.

Arkenbout, Chloë y Galip, Idil (2024), *Critical Meme Reader #3, Breaking the Meme*, Institute of Network Cultures, Ámsterdam.

Avanessian, Armen (2022), *Konflikt*, Ullstein, Berlín.

Bal, Mieke (ed.) (2024), *The Architecture of Loneliness*, Valiz, Ámsterdam.

Baudrillard, Jean (2000), *Las estrategias fatales*, Anagrama, Barcelona.

Behar, Katherine (2016), *Bigger Than You: Big Data and Obesity*, Punktum Books, Earth, Milky Way.

Benasayag, Miguel (2022), *The Tyranny of Algorithms*, Europa Editions, Londres.

Berardi, Franco (2021), *El tercer inconsciente. La psicoesfera en la época viral*, Caja Negra, Buenos Aires.

— (2024), *Quit Everything, Interpreting Depression*, Repeater Books, Londres.

Billuart, Morgane (2024), *Cycles, the Sacred and the Doomed. Inquiries in Female Health Technologies*, Set Margins', Eindhoven.

Bishop, Claire (2024), *Disordered Attention*, Verso, Londres.

Bolz, Norbert (1990), *Theorie der neuen Medien*, Raben Verlag, Múnich.

Canetti, Elias (1981 [1961]), *Masa y poder*, Muchnik Editores, Barcelona.

Campagna, Federico (2018), *Technic and Magic, The Reconstruction of Reality*, Bloomsbury, Londres [(2024), *Técnica y magia. La reconstrucción de la realidad*, trad. Giuseppe Maio, Enclave de Libros, Madrid].

Carr, Nicholas (2025), *Superbloom, How Technologies of Connection Tear Us Apart*, W.W. Norton, Nueva York.

Castaneda, Carlos (1993), *El arte de ensoñar*, Seix Barral, Barcelona.

Ceccarelli, Marta (2024), *Internet's Dark Forests: Subcultural Memories and Vernaculars of a Layered Imaginary*, Institute of Network Cultures, Ámsterdam.

Chun, Wendy (2021), *Discriminating Data*, MIT Press, Cambridge.

Citton, Yves (2025), *Mythocracy, How Stories Shape Our Worlds*, Verso, Londres.

Couldry, Nick y Mejias, Ulises A. (2023), *El costo de la conexión: Cómo los datos colonizan la vida humana y se la apropian para el capitalismo*, Godot, Buenos Aires.

Damato, Christian Nirvana (2024), *Medial Disorders*, Inactual, Bolonia.

Danilova, Nina (2023), *Watching Oneself Live: Contemporary Art Negotiating the Temporality of Déjà-Vu* [tesis doctoral], Universidade Católica Portuguesa, Lisboa.

Dean, Jodi (2025), *Capital's Grave, Neofeudalism and the New Class Struggle*, Verso, Londres.

Deleuze, Gilles y Guattari, Félix (1977), *Rizoma*, Pre-textos, Valencia.

Deligny, Fernand (2015), *The Arachnean and Other Texts*, Univocal Publishing, Minneapolis.

Diana, Stefano (2016), *Noi Siamo Incalcolabili*, Stampa Alternativa, Viterbo.

Didion, Joan (2012), «John Wayne: Canción de amor», en Joan Didion, *Los que sueñan el sueño dorado*, Mondadori, Barcelona.

Domhoff, G. William (2022), *The Neurocognitive Theory of Dreaming*, MIT Press, Cambridge.

Durand, Cédric (2021), *Tecnofeudalismo. Crítica de la economía digital*, Kaxilda, Donostia.

Eco, Umberto (1986), *Travels in Hyperreality*, Secker & Warburg, Londres.

Fernandez, Luke y Matt, Susan J. (2019), *Bored Lonely Angry Stupid*, Harvard University Press, Cambridge.

Foucault, Michel; Binswanger, Ludwig y Hoeller, Richard Keith (1986), «Dream, Imagination, and Existence», *Review of Existential Psychology & Psychiatry*, vol. XIX, núm. 1.

Geoghegan, Bernard Dionysius (2023), *Code*, Duke University Press, Durham.

Grech, Alex (ed.) (2023), *Young People and Information, A Manifesto*, 3CL Foundation, La Valeta.

Haidt, Jonathan (2024), *La generación ansiosa. Por qué las redes sociales están causando una epidemia de enfermedades mentales entre nuestros jóvenes*, Deusto, Barcelona.

Ha, Byung-Chul (2023), *La crisis de la narración*, Herder, Barcelona.

Haraway, Donna (1995), «Manifesto para *cyborgs*: ciencia, tecnología y feminismo socialista a finales del siglo XX», en Donna Haraway, *Ciencia, cyborgs y mujeres. La reinvención de la naturaleza*, Cátedra, pp. 271-272.

Hartmann, Detlef (1981), *Die Alternative: Leben als Sabotage, Zur Krise der technologischen Gewalt*, Iva-Verlag, Tubinga.

Havlíková, Tereza; Kochanek, Julia y Ostertag, Anneliese (Zentrum für Netzkunst) (eds.) (2024), *From Net, City, World to Cloud, Market, Sea – Metaphors of the Internet*, Distanz Verlag, Berlín.

Heilbron, Johan (1995), *The Rise of Social Theory*, Polity Press, Cambridge.

Henderson, Jess (2020), *Offline Matters*, BIS Publishers, Ámsterdam.

Hui, Yuk (2023), *Sobre la existencia de los objetos digitales*, Materia oscura, Segovia.

— (2024), «Why Cybernetics Now?», en Yuk Hui (ed.), *Cybernetics in the 21st Century*, Hanart Press, Hong Kong.

— (2025), *Arte y cosmotécnica*, Caja Negra, Buenos Aires.

Hertz, Noreena (2021), *El siglo de la soledad. Recuperar los vínculos humanos en un mundo divido*, Paidós, Barcelona.

Israel, Jonathan I. (2023), *Spinoza, Life and Legacy*, Oxford University Press, Oxford.

Jaeggi, Rahel (2023), *Fortschritt und Regression*, Suhrkamp, Berlín.

Joossen, Joost (2025), *The Little Book of Solitude*, Luster, Amberes.
Karppi, Tero (2018), *Disconnect*, University of Minnesota Press, Minneapolis.
Karppi, Tero; Stäheli, Urs; Wieghorst, Clara y Zierott, Lea (2021), *Undoing Networks*, meson press, Luneburgo.
Kishik, David (2023), *Self Study, Notes on the Schizoid Condition*, ICI Berlin Press, Berlín.
Kittler, Friedrich A. (1993), *The Truth of the Technological World: Essays on the Genealogy of Presence*, Stanford University Press, Stanford.
Kornbluh, Anna (2023), *Immediacy or, The Style of Too Late Capitalism*, Verso, Londres.
Krumme, Coco (2023), *Optimal Illusions, The False Promise of Optimization*, Riverhead Books, Nueva York.
Krzykawski, Michael; Toffoletto, Edoardo y Stiegler, Bernard (2021), «Internation and Institutions», en Stiegler, Bernard e Internation Collective (ed.), *Bifurcate*, Open Humanities Press, Londres.
Lacan, Jacques (2007), *Mi enseñanza*, Paidós, Buenos Aires.
Lamantowicz, Lysiane (2024), «Alone and Connected», en Mieke Bal (ed.), *The Architecture of Loneliness*, Valiz, Ámsterdam.
Léger, Marc James (2018), *Don't Network*, Minor Compositions, Colchester.
Lenhard, Philipp (2024), *Café Marx: Das Institut für Sozialforschung von den Anfängen bis zur Frankfurter Schule*, C.H. Beck, Múnich.
Lindqvist, Sven (2004), *Exterminad a todos los salvajes*, Turner, Madrid.
Lorusso, Silvio (2024), *What Design Can't Do*, Set Margins', Eindhoven.
Lovink, Geert (2019), *Tristes por diseño. Las redes sociales como ideología*, Pluto Press, Londres.
— (2022), *Extinction Internet*, Institute of Network Cultures, Ámsterdam.
— (2023a), *Atascados en la plataforma. Reclamando Internet*, Bellaterra Edicions, Manresa.
— (2023b), «Bookness in the Arts», en Pia Pol y Astrid Vostermans (eds.), *Future Book(s)*, Ámsterdam, Valiz.
Lovink, Geert y Rossiter, Ned (2018), *Organization after Social Media*, Minor Compositions, Colchester.
Lovink, Geert y Treske, Andreas (2020), *Video Vortext Reader #3*, Institute of Network Cultures, Ámsterdam.

Lütticken, Sven (2025), «Improbable Probabilities», *e-flux journal*, núm. 151, en <https://www.e-flux.com/journal/151/651614/improbable-potentialities/>.

Malm, Andreas (2021), *How to Blow Up a Pipeline*, Verso, Londres [(2022), *Cómo dinamitar un oleoducto. Nuevas luchas para un mundo en llamas*, Errata Naturae, Madrid].

Mau, Steffan (2017), *Das metrische Wir, Über die Quantifizierung des Sozialen*, Suhrkamp, Berlín.

Mbembe, Achille (2022), *Brutalismo*, Paidós, Barcelona.

Mejias, Ulises Ali (2013), *Off the Network*, University of Minnesota Press, Minneapolis.

Menasse, Eva (2023), *Alles und nichts sagen, Vom Zustand der Debatte in der Digitalmoderne*, Kiepenheuer & Witsch, Colonia.

Monnin, Alexandre (2023), «Retour sur les communs négatifs», *Multitudes*, vol. 93, núm. 4, pp. 47-54

Morton, Timothy (2013), *Hyperobjects*, University of Minnesota Press, Minneapolis [(2018), *Hiperobjetos. Filosofía y ecología después del fin del mundo*, tad. Paola Cortés Roca, Adriana Hidalgo, Buenos Aires].

Mozorov, Evgeny (2022), «Crítica al tecnofeudalismo», en *New Left Review*, núms. 133/134, marzo-junio, pp. 99-140.

Myzaki, Shintaro (2023), *Counter-Dancing Digitality*, meson press, Luneburgo.

Nakamura, Lisa (2002), *Cybertypes, Race, Ethnicity, and Identity on the Internet*, Routledge, Nueva York.

Frédéric Nayrat (2021), «The Zombies of the Digital, in: The Ethos of Digital Environments», en Susanna Lindberg y Hanna-Riikka Roine (eds.), *The Ethos of Digital Environments: Technology, Literary Theory and Philosophy*, Routledge, London.

Nio, Maurice (2024), *The Suspense of Architecture, The Necessity to Shine*, Uitgeverij 1001, Ámsterdam.

O'Connor, Justin (2024), *Culture Is Not An Industry*, Manchester University Press, Mánchester.

Packer, Randall y Jordan, Ken (2001), *Multimedia, From Wagner to Virtual Reality*, W. W. Norton & Company, Nueva York.

Paglia, Camille (1990), *Sexual Persona*e, Yale University Press, New Haven [(2020), *Sexual Personae*, Deusto, Barcelona].

Pasquinelli, Matteo (2023), *The Eye of the Master*, Verso, Londres.

Pepi, Mike (2025), *Against Platforms. Surviving digital utopia*, Penguin Random House, Londres.

Pol, Pia y Vostermans, Astrid (2023), *Future Book(s)*, Valiz, Ámsterdam.

Porter, Theodore M. (1995), *Trust in Numbers. The Pursuit of Objectivity in Science and Public Life*, Princeton University Press, Princeton.

Portnoy, Ethel (1985), *Broodje Aap*, Uitgeverij De Harmonie, Ámsterdam.

Putnam, EL (2024), *Livestreaming, An Aesthetics and Ethics of Technical Encounter*, University of Minnesota Press, Minneapolis.

Rao, Venkatesh (2022), *A Dreaming World*, 4 de agosto, en <https://www.ribbonfarm.com/2022/08/04/a-dreaming-world/#more-7702>.

Rasch, Miriam (2020), *Frictie: Ethiek in tijden van dataïsme*, De Bezige Bij, Ámsterdam.

Riesman, David *et al.* (1950), *The Lonely Crowd*, Yale University Press, New Haven.

Ronell, Avital (2024), *America, The Troubled Continent of Thought*, Polity, Cambridge.

Russell, Bertrand (2004), *Sceptical Essays*, Routledge, Londres [(2024), *Ensayos escépticos*, trad. Miguel Pereyra, Tomás Fernández Aúz y Beatriz Eguibar, RBA, Barcelona].

Safranski, Rüdiger (2023), *Einzeln sein, eine philosophische Herausforderung*, Fischer Verlag, Fráncfort del Meno.

Sbordoni, Alessandro (2024), *Semiotics of the End, On Capitalism and the Apocalypse*, Institute of Network Cultures, Ámsterdam.

Schaake, Marietje (2024), *The Tech Coup*, Princeton University Press, Princeton.

Schneider, Nathan (2024), *Governable Spaces*, University of California Press, Oakland.

Schrader, Niels y Seijdel, Jordine (2024), *Acid Clouds: Mapping Data Centre Topologies*, Nai010, Róterdam.

Silverman, Jacob (2025), *Gilded Rage, Elon Musk and the Radicalization of Silicon Valley*, Bloomsbury, Londres.

Sloterdijk, Peter (2012), *Has de cambiar tu vida. Sobre antropotécnica*, Pre-textos, Valencia.

Später, Jörg (2016), *Siegfried Krakauer, Eine Biographie*, Suhrkamp Verlag, Berlín.

Stäheli, Urs (2021a), *Soziologie der Entnetzung*, Suhrkamp Verlag, Berlín.

— (2021b), «Undoing Networks», en Tero Karppi *et al.*, *Undoing Networks*, meson press, London, en <https://doi.org/10.14619/153-2>.

Stiegler, Bernard (2019a), *The Age of Disruption: Technology and Madness in Computational Capitalism*, Polity, Cambridge.

— (2019b), «Dreams and Nightmares: Beyond the Anthropocene Era», trad. Daniel Ross, *Alienocene: Journal of the First Outernational*, vol. 5, junio.

— (2020), *Nanjing Lectures*, Open Humanities Press, Londres.

— (2021), *Technics and Time 4*, manuscrito inédito traducido y transcrito al inglés por Daniel Ross.

Stiegler, Bernard e Internation Collective (ed.) (2021), *Bifurcate*, Open Humanities Press, Londres.

Streeck, Wolfgang (2022), «In the Superstate: What is technopopulism?», *London Review of Books* 27, enero, en <https://www.lrb.co.uk/the-paper/v44/n02/wolfgang-streeck/in-the-superstate>.

Svendsen, Lars (2017), *A Philosophy of Loneliness*, Reaktion Books, Londres.

Svenonius, Ian F. (2023), *Against the Written Word*, Akashic Books, Brooklyn.

Szepanski, Achim (2024), *In the Delirium of the Simulation: Baudrillard Revisited*, Becoming x NON, Chipre/Alemania.

Tanni, Valentina (2024), *Exit Reality*, Nero, Roma.

Terranova, Tiziana (2022), *After the Internet, Digital Networks between Capital and the Common*, Semiotext(e), South Pasadena.

Varoufakis, Yanis (2024), *Technofeudalismo. El sigiloso sucesor del capitalismo*, Deusto, Barcelona.

Wieghorst, Clara y Zierott, Lea (2021), «Glossary», en Tero Karppi *et al.*, *Undoing Networks*, meson press, London, en <https://doi.org/10.14619/153-2>.

Will-Zocholl, Mascha & Roth-Ebner, Caroline (eds.) (2021), *Topologies of Digital Work: How Digitalisation and Virtualisation Shape Working Spaces and Places*, Palgrave Macmillan, Londres.

Wilson, Colin (1956), *The Outsider*, Victor Gollancz, Londres.

Whyte, William H. (1961), *El hombre organización*, Fondo de Cultura Económica, México.

Žižek, Slavoj (2015), *Menos que nadas. Hegel y la sombra del materialismo dialéctico*, Akal, Madrid.

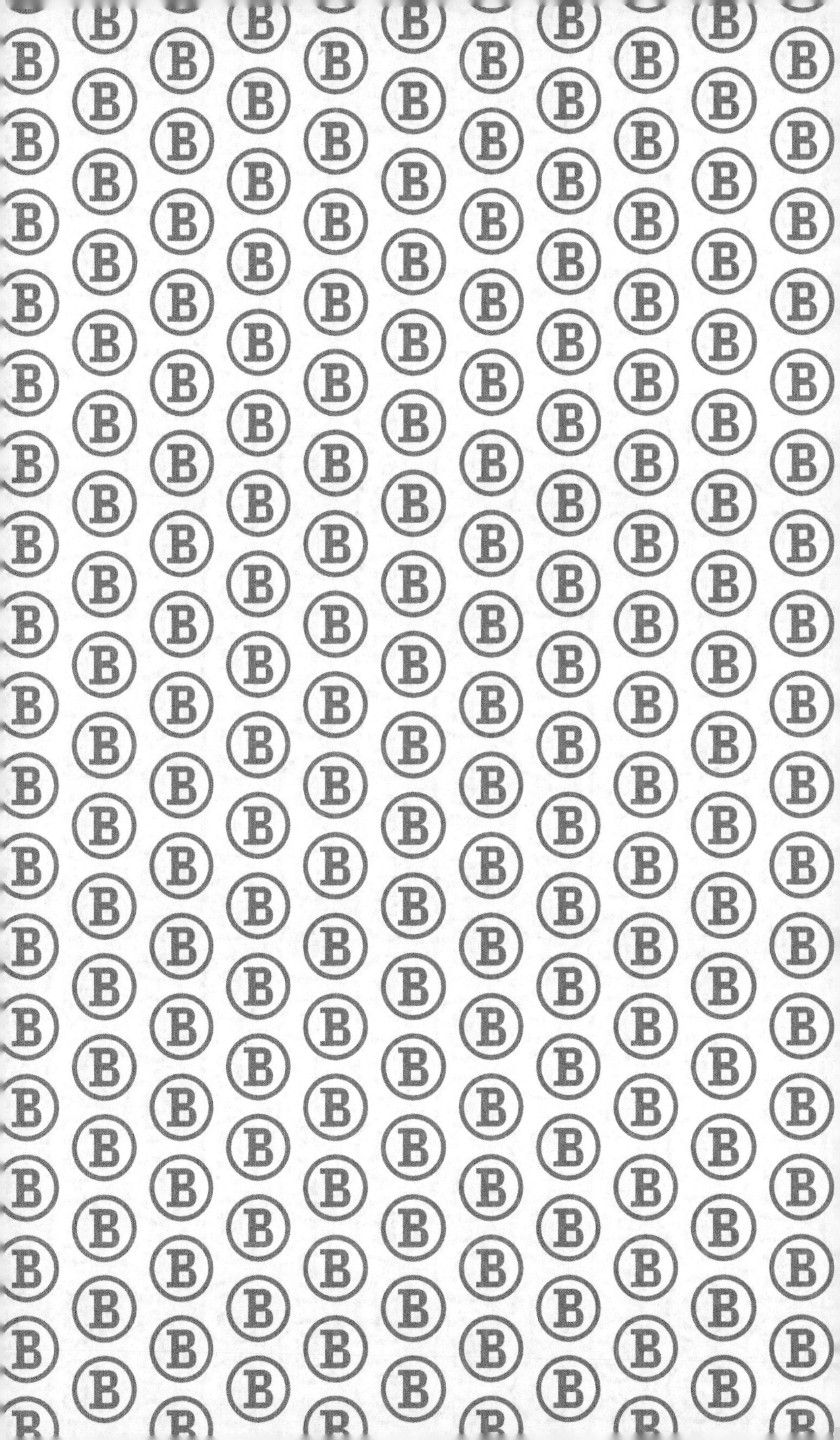

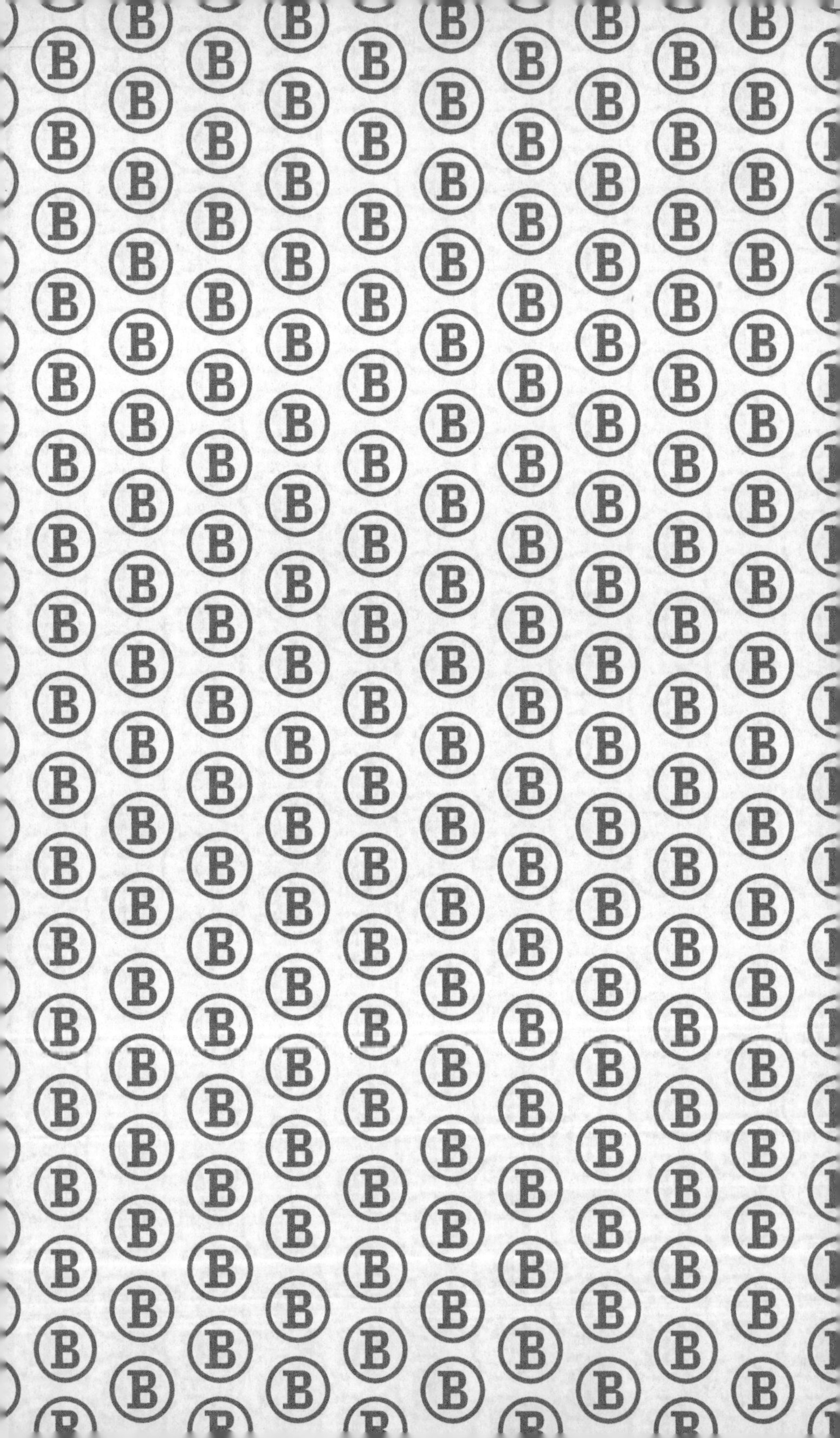